U0527525

近思录

国学入门读本
中国古代第一部哲学选辑之书

（宋）朱熹　吕祖谦／编
曲君伟／注译

时事出版社
北京

图书在版编目（CIP）数据

近思录 /（宋）朱熹，（宋）吕祖谦编；曲君伟注译 . —北京：时事出版社，2021.1

ISBN 978-7-5195-0119-8

Ⅰ. ①近… Ⅱ. ①朱… ②吕… ③曲… Ⅲ. ①理学 – 中国 – 南宋 ②《近思录》– 注释 ③《近思录》– 译文 Ⅳ. ① B244.7

中国版本图书馆 CIP 数据核字（2019）第 053706 号

出 版 发 行：	时事出版社
地　　　 址：	北京市海淀区万寿寺甲 2 号
邮　　　 编：	100081
发 行 热 线：	（010）88547590　88547591
读者服务部：	（010）88547595
传　　　 真：	（010）88547592
电 子 邮 箱：	shishichubanshe@sina.com
网　　　 址：	www.shishishe.com
印　　　 刷：	三河市华润印刷有限公司

开本：670×960　1/16　印张：28　字数：465 千字
2021 年 1 月第 1 版　2021 年 1 月第 1 次印刷
定价：68.00 元
（如有印装质量问题，请与本社发行部联系调换）

前言

宋代是文化的大繁荣、大发展时期，传统的儒学有了新的发展。宋代理学以儒家思想为基础，吸收佛教和道教思想，形成新儒学，出现了很多学术大家，经常相互探讨。其中朱熹、张栻、吕祖谦在当时极负盛名，并称"东南三贤"，其中朱熹更是公认的理学发展之集大成者。

朱熹曾经住在今江西省铅山县鹅湖山麓的鹅湖寺，这里因此发生了一场著名的中国传统哲学辩论——"鹅湖之会"。事情发生在南宋淳熙二年（1175年）。因朱熹"理学"和陆九渊"心学"理论之间有很大的分歧，大儒吕祖谦为了调和两方的观点分歧，出面邀请陆九龄、陆九渊兄弟前来与朱熹见面。六月初，陆九龄、陆九渊兄弟应约前来，与朱熹在鹅湖寺进行了辩论。

"鹅湖之会"堪称中国哲学史上的典范。这场辩论的核心是"教人之法"，朱熹强调"格物致知"，穷尽事物之理，主张多读书、多观察，根据经验分析、归纳得出结论；而陆氏兄弟主张"发明本心"，认为"格物"就是体认本心，心明则万事万物的道理自然贯通，最重要的是尊德性、养心神。双方进行了十分激烈的辩论，争论了三天，各自阐述了自己的学术观点，均无法说服对方，最后不欢而散。

"鹅湖之会"虽然没有达到吕祖谦的最初目的，但这次两派文化鸿儒经典的学术盛会，却给后世带来了深远的影响。事实上，吕祖谦要促成朱熹与陆氏兄弟的相会，一方面想要让他们在学术上"会归于一"，另一方面也是因为自己与朱熹有很深的学术交往和合作。而对于朱熹来说，"鹅湖之会"只是把学术上的争议公开化了，在此之前，朱熹的思想已经逐渐成熟，与吕祖谦合作编著的《近思录》，就是二人思想的重要体现。

在这一年初，吕祖谦从浙江金华来到福建，与朱熹在寒泉精舍会面，二人探讨理学，一起研读了周敦颐、张载、程颢、程颐"北宋四子"的著作，相聚四十余日。二人感慨前人著作范围广博，初学者不容易把握要义，于是精心选择了部分内容，编为十四卷的《近思录》。

朱熹与吕祖谦合作编著《近思录》可谓得心应手。对于"北宋四子"的学问见解，朱熹早已潜心苦读多年，做过许多考订、注释，也经常讲解这些内容。《近思录》的编纂，是他们在常年对"北宋四子"的思想研读和文献搜集的基础上，又做了系统性的分类。

《近思录》的内容体系按照朱熹与吕祖谦的理学思想编排而成，书中既有宇宙生成的世界本体，又有孔颜乐处的圣人气象；既有个人格物穷理、修身齐家的方法，又有治国平天下的圣贤道统理论。《近思录》讲的是中国古代儒家的思想文化，对现代人的读书治学有很大的学习价值。现代教育也可以从中获得指导和借鉴。

在中国理学史中，《近思录》具有十分重要的地位，这本书确立了儒家的道统，传播了理学的思想内容，后人对此书评价很高。清代著名的经学家江永评价道："凡义理根源，圣学体用，皆在此编"，"盖自孔曾思孟而后，仅见此书"。国学大师钱穆说："后人治宋代理学，无不首读《近思录》"，并推荐此书为"当代中国读书人最少也要读的七部经典之一"。

"近思"二字，取自《论语》："博学而笃志，切问而近思，仁在其中矣。"这个书名的含义在于，是初学者学习"四子"名作之阶，而"四子"著作又是学习古典《六经》之阶。事实上，朱熹与吕祖谦未免过谦，《近思录》中的宋儒义理，是古典儒学的进一步发展，阅读理解起来并不简单。为此，本书精心做了翻译和解读，以便初学者能够更好地理解原著，研习这一古代文化的经典之作。

目录

001	卷一	道体
038	卷二	为学大要
116	卷三	格物穷理
170	卷四	存养
213	卷五	改过迁善，克己复礼
240	卷六	齐家之道
256	卷七	出处进退，辞受之义
286	卷八	治国平天下之道
309	卷九	制度
334	卷十	处事之方
380	卷十一	教学之道
398	卷十二	改过及人心疵病
419	卷十三	圣贤气象

卷一／道体

1

濂溪先生①曰：无极②而太极。太极动而生阳，动极而静，静而生阴，静极复动。一动一静，互为其根，分阴分阳，两仪立焉。阳变阴合，而生水火木金土；五气③顺布，四时行焉。五行，一阴阳也；阴阳，一太极也；太极，本无极也。五行之生也，各一④其性。无极之贞，二五⑤之精，妙合而凝，乾道成男，坤道成女。二气交感，化生万物。万物生生，而变化无穷焉。惟人也，得其秀而最灵。形既生矣，神发知⑥矣，五性感动⑦而善恶分，万事出矣。圣人定之以中正仁义，而主静，立人极焉。故圣人与天地合其德，日月合其明，四时合其序，鬼神合其吉凶。君子修之吉，小人悖之凶。故曰："立天之道，曰阴与阳；立地之道，曰柔与刚；立人之道，曰仁与义。"又曰："原始反⑧终，故知死生之说。"大哉《易》也，斯其至矣！

——周敦颐《太极图说》

【注释】

①濂溪先生：周敦颐（1017—1073），又名周元皓，原名周敦实，字茂叔，谥号元公，北宋道州营道楼田堡（今湖南省道县）人，世称濂溪先生，理学创始人之一。②无极：在道家经典《老子》一书中指的是"无形无象的宇宙原始状态"。③五气（金木水火土）：五行之气。④一：归一、归本之义。⑤二五："阴阳"二气和"金木水火土"五行。⑥知："智"的通假字。⑦感动：感外物而动。⑧反：反观。

【译文】

周敦颐先生说太极是由无极产生的。当太极动的时候"阳"就产生了，等动到了极致又重归于静，静的时候就产生了"阴"，静到了极致又开始动。

动和静互为根基，太极分为阴阳，就是我们所说的"两仪"。阴阳的变化结合在一起，就产生了"水火木金土"，合称五行；五行之气有序地运行，就形成了春、夏、秋、冬四个季节。五行是由阴阳产生的，阴阳又归于太极，而太极的根源则是无极。五行的产生都有着统一的特性，然后以无极为基础，阴阳、五行调节细微之处，然后奇妙的组合成各种事物，乾道化成代表阳的男性，坤道化成代表阴的女性。阴气和阳气互相感应产生了世间万物。世间万物生生不息而变化无穷。然而只有人类得到了天地造化的精髓，成为了万物之灵。当人的躯体形成后，神识也就有了智慧，刚、柔、善、恶、中五种性情受到外界的影响产生了变化，就有了善和恶的分别，各种事物之间的关系也应运而生。圣人告诉我们，为人处世要秉持"中正仁义"的原则，才能让心"静"，这就是做人的最高准则。所以圣人的道能够符合天地之德，能够和日月之光相配，可以契合春、夏、秋、冬四季的变化，能够响应鬼神提示的吉凶祸福。君子们都按照这个原则提高自己的修养，所以能够吉祥如意；庸俗的人行事违背了这个原则，所以才凶厄缠身。因此《周易》上说："阴、阳是运行天道的准则；柔、刚是运行地道的准则；仁、义是做人的准则。"还有："追溯事物是如何产生的，然后再返回来看看事物是如何终结的，就可以明白生死的道理了。"《周易》真伟大，（对各种道理的阐发）已经达到了极致！

【赏析】

本文从天地万物的生成讲起，告诉人们"中正仁义"是做人的准则，为人处事要符合世间万物运行的规律，这样才能够"立人极"。最后用"原始反终，故知死生之说"做结尾，表示人虽然有生有死，但是如果能够按照最高的道德要求自己，就是德行的一次循环，就是符合天道要求的，又何必为生命的短暂感到悲伤呢？

> **2**
>
> 诚①，无为②；几③，善恶。德：爱曰仁，宜曰义，理曰礼，通曰智，守曰信。性焉安焉之谓圣，复焉执焉之谓贤，发微不可见、充周不可穷之谓神。
>
> ——周敦颐《通书·诚几德》

【注释】

①诚：诚体，周敦颐以"诚"作为做人的最高境界。②无为：自然形成而不是人为造作的。③几：很微小的念头或动作。

【译文】

诚到极致，便不会起心动念；一个人只要有了细微的念头，便有了善恶的观念。德分为五种：心中存在德爱叫作"仁"，举止适宜叫作"义"，符合天理叫作"礼"，能够明白万物运行的规律叫作"智"，坚持自己的操守叫作"信"。出于诚的本性而且能够自觉执行的人是圣人，恢复了本性又能够坚持下去的人是贤人，穷搜细微之处也无法找到但是却已合乎天理，天理之生充满周遍而不可穷尽的叫作"神人"。

【赏析】

周敦颐在这里讲述了什么是诚，什么是德，以及诚与德的分类，又进而阐发了以诚为根本的圣、贤、神三种境界。在人的生命中，如果能够将"诚"本能地认同并执行下去，就是符合天道的，是宋儒对天道与人道相通的关键见解。

> **3**
>
> 伊川先生①曰："喜怒哀乐之未发谓之中"，中也者，言"寂然不动"者也，故曰"天下之大本"。"发而皆中②节③谓之和"，和也者，言"感而遂通"者也，故曰天"下之达道"④。
>
> ——《二程文集》卷九《答吕大临论中书》

【注释】

①"伊川先生"是程颐的号。程颐字正叔,祖籍河南府伊川县,故世称伊川先生,与程颢合称"二程",是北宋理学家和教育家。②中:符合。③节:法度、礼仪。④达道:遵行不变之道。

【译文】

程颐先生说:"当有了喜、怒、哀、乐等这些情绪,但是还没有表现出来,这种情况叫作中。""中"指的是"寂然不动"的物体,所以说"中是世间万物存在的根本"。"喜、怒、哀、乐等情绪已经无法控制,但是发作的方式不违背礼仪和法度,这种情况叫作和"。"和"指的是"有感则应,即能通达",因此"和是人世间必须遵行、不能改变的准则"。

【赏析】

宋儒认为,修养最重要的是"求未发之中,然后以中导和",这也是后人认为宋儒提倡静坐的由来。现代社会生活节奏快、工作压力大,很多人已经无法体会宁静致远的心境了,如果能够每天找一些时间静坐默思,让浮躁的心情得到平静,对人的修养定会有极大的好处。

4

心,一也,有指体①而言者,有指用而言者,惟观其所见②何如耳。

——《二程文集》卷九《答吕大临论中书》

【注释】

①体:指的是本体。②见:"现"的通假字,表现、显现。

【译文】

心,是一个整体,有时候说的是本体,有时候说的是作用,只有通过观察其具体表现才能分辨出究竟是哪一种情况。

【赏析】

只有具体情况具体分析,才能知道究竟什么时候说的是本体,什么时候说的是作用。

5

乾，天也。天者，乾之形体；乾者，天之性情。乾，健也，健而无息①之谓乾。夫天，专②言之则道也，"天且弗③违"是也；分④而言之，则以形体谓之天，以主宰谓之帝⑤，以功用谓之鬼，以妙用谓之神，以性情谓之乾。

——《程氏易传·乾传》

【注释】

①息：停止。②专：本质。③弗：不。④分：作用。⑤帝：上帝，古代的中国人把宇宙的创造者和主宰者称为上帝，与西方《圣经》中的上帝不是同一概念。

【译文】

乾就是天。天是乾所表现出来的外部形态体征，乾是天的秉性气质。乾也是健，刚健不息就称作乾。从本质上说，天就是天道，"上天都不能违背"说的就是天道；从作用上说，它的形态体征叫作天，它的主宰首脑叫作上帝，它造化万物的功能叫作鬼，它妙用无穷的功能叫作神，它的秉性气质称之为乾。

6

四德①之元，犹五常②之仁。偏言③则一事，专言④则包四者。

——《程氏易传·乾传》

【注释】

①四德：元、亨、利、贞。②五常：仁、义、礼、智、信。③偏言：狭义。④专言：广义。

【译文】

《乾卦》元、亨、利、贞四德中的"元"，与仁、义、礼、智、信五常之中的"仁"是一样的。从狭义上讲，它指的只是四德中的"元"；从广义上讲，它包括了"元、亨、利、贞"整个四德。

【赏析】

不管是"元"还是"仁",都要从天道的本质和作用来理解,都是道德的本体。作为万物创生之始的"元"是一切善的根源,仁是天地的本心,所有的德、性都是从这里派生出来的。

7

天①所赋②为命③,物所受为性④。

——《程氏易传·乾传》

【注释】

①天:指的是天道。②赋:赐予。③命:性命。④性:性情,禀性。

【译文】

天道所赋予的称作性命,万物各自从上天所领受的称作性情。

【赏析】

宋儒认为天道就是性。性情是内在的,天命是超越一切的,所以本体应该是"超越而内在"的。

8

鬼神者,造化①之迹②也。

——《程氏易传·乾传》

【注释】

①造化:指的是自然创造、孕育世间万物。②迹:踪迹,迹象。

【译文】

所谓鬼神,就是大自然创造、孕育世间万物时留下的迹象。

【赏析】

当时的社会因为科技不发达,人们把一些无法理解和解释的事物看作不可知的神秘事物,甚至是鬼神。这里提醒我们要做有利于人民的事,对大自然孕育的万物要有敬畏之心。

9

剥①之为卦，诸阳消剥已尽，独有上九②一爻③尚存，如硕大之果不见食，将有复生之理。上九亦变则纯阴矣，然阳无可尽之理，变于上则生于下，无间④可容息也。圣人发明⑤此理，以见⑥阳与君子之道不可亡也。或曰：剥尽则为纯坤，岂复有阳乎？曰：以卦配月，则坤当十月。以气消息⑦言，则阳剥为坤，阳来为复，阳未尝尽也。剥尽于上，则复生于下矣。故十月谓之阳月，恐疑其无阳也。阴亦然，圣人不言耳。

——《程氏易传·剥传》

【注释】

①剥：《周易》第二十三卦的名字。②上九："上"是序号，指的是每一卦最上边的那一爻；"九"是属性，指阳爻。③爻：组成卦的长短横道，即"—"和"- -"。阳爻是"—"，叫"九"；阴爻是"- -"，叫"六"。④间：一段时间内，形容时间极短。⑤发明：发是阐发，明是明白、清楚。和现代的"发明"一词意义不同，这里的意思是阐发明白。⑥见：通"现"，体现的意思。⑦消息："消"指的是消散、衰落；"息"指的是生发、滋生。消息，代表万物生命之荣枯兴衰的循环运动过程。

【译文】

《剥》这一卦的卦象是这样的：从第一爻到第五爻都是阴爻，所有的阳消蚀已尽，只有最上面一个阳爻。爻就像一个没有被人吃掉的硕大果实，有可能会重新落到土里生根发芽。如果最上面的那一爻变成了阴爻，就变成纯阴的"坤"了。不过阳是没有全部消失的道理的，如果最上面一爻变成阴，那么最下面的那一爻就会变成阳，这种转换是非常迅速的，一点停顿都没有。圣人阐发清楚这个道理的目的，是为了体现阳和君子之道一样，是不可能消失的。有人说：剥卦最上面的阳爻变成阴爻后，不就成纯阴的坤卦吗？哪里有阳呢？我的回答是：如果拿六十四卦和一年中的十二个月来匹配的话，坤卦就是十月。从气的产生和消失来讲，'剥'的最上一爻变成了阴爻就是'坤','坤'最下面的一爻由阴变成阳就是'复'。阳并没有消失,虽然在最上面转成了阴,但是又在'复'卦的最下面出现了。所以把十月称作阳月,恐怕就是怀疑这个月没有阳。阴同样也是这个道理,只不过圣人没有明确地说出来罢了。

【赏析】

儒家认为事物是不会消失的,表面上看来已经没有了生机,但是新的生机可能已经在不可知的地方开始孕育并成长起来。

> **⑩**
>
> 一阳①复②于下,乃天地生物之心也。先儒皆以静为见天地之心,盖不知动之端③乃天地之心也。非知④道⑤者,孰能识⑥之?
>
> ——《程氏易传·复传》

【注释】

①一阳:特指"复"卦中最下面的那一个阳爻。②复:返回,还原。③端:事物的一头或一方,引申为开始。④知:知道,通晓。⑤道:大道,指宇宙自然的根本法则。⑥识:分辨出来。

【译文】

在"复"卦中,最下面的那一个又重新出现的阳爻,代表着天地化生万物的心从未止息。以前的大儒们都认为"静"能够体悟天地之心,其实这种想法是错误的,大概是因为他们不知道"一阳初动"才是天地之心。如果不是通晓大道的人,谁又能够分辨出来这个道理呢?

【赏析】

静止是相对的,运动是绝对的。如果不明白这个道理,就不可能领悟到天地之心。

11

仁者，天下之公①，善之本也。

——《程氏易传·复传》

【注释】

①公：公认的，这里指共同遵循的准则。

【译文】

仁是所有人都应该遵守的准则，也是各种"善"的本源。

【赏析】

有了仁德之心，才会衍生出各种善举。

12

有感必有应。凡有动皆为感，感则必有应，所应复为感，所感复有应，所以不已也。感通①之理，知道者默而观之可也。

——《程氏易传·咸传》

【注释】

①感通：感情通达。

【译文】

有了感触必定就会有反应。所有的触动都是因为有了感触，感触肯定会有反应；这个反应又重新化为感触，感触又有了反应，就这样循环不休。通过感触才能通晓的道理，明白天地大道的人通过默默地观察就可以明白了。

【赏析】

这一段是程颐对"咸"卦从下面数第四爻（阳爻）的解释。《易经》通过对天地化生万物的研究，认为"感"和"应"既不是因果的关系，也没有时间的先后，所以道体的活动是"即感即应、共感共应"的。

13

天下之理，终而复始，所以恒①而不穷②。恒非一定③之谓也，一定则不能恒矣。唯随时④变易⑤，乃常道也。天地常久之道，天下常久之理，非知道者，孰能识之？

——《程氏易传·恒传》

【注释】

①恒：永恒。②穷：尽头、穷尽。③一定：固定不变。④时：天时。⑤易：改变。

【译文】

万物运行的特点是结束之后又重新开始，所以世间万物会永恒地保持下去并生生不息。永恒并不是固定不变，如果固定不变就不能永恒了。只有按照时序随时改变，才符合自然的长久之道。天地长久之法则、天下长久之道理，如果不是通晓大道的人，谁又能够分辨出来这个道理呢？

【赏析】

"恒"并不是"一成不变"，要与时俱进才能保持旺盛的生命力，才能永久地生存下去，才是真正的永恒。

14

人性本善，有不可革①者，何也？曰：语其性则皆善也，语其才则有下愚之不移。所谓下愚有二焉：自暴②也，自弃③也。人苟以善自治，则无不可移④者，虽昏愚之至，皆可渐磨而进。唯自暴者拒之以不信，自弃者绝之以不为，虽圣人与居，不能化⑤而入也，仲尼之所谓下愚也。然天下自弃自暴者，非必皆昏愚也，往往强戾而才力有过人者，商辛⑥是也。圣人以其自绝于善，谓之"下愚"，然考⑦其归，则诚愚也。既曰"下愚"，其能革面⑧，何也？曰：心虽绝于善道，其畏威⑨而寡罪，则与人同也。唯其有与人同，所以知其非性之罪也。

——《程氏易传·革传》

【注释】

①革：改变，去除。②暴：损害、糟蹋。③弃：鄙弃。④移：改变，这里指迁善。⑤化：感化。⑥辛：即商纣王，名受，号帝辛。⑦考：追溯，推究。⑧革面：改变面貌，比喻改过迁善。⑨威：令人敬服或者害怕的力量。

【译文】

人的本性是善良的，是很难改变的，为什么这么说呢？程颢认为，如果从人的本性来说，那么都是善良的；如果从人的才能来说，就有愚昧低下无法转化的了。他所说的愚昧低下的人有两种：一种是自己糟蹋自己的人，一种是自己放弃努力的人。如果人能够用"善"来提高自己的修养，就没有什么缺点是不能改变的，即使是再昏聩愚昧的人都能够慢慢地进步。但是自暴者不愿意去相信、自弃者不肯去做，即使是圣人和他们住在一起，也无法感化他们回到正确的道路上来。然而自暴自弃的人不一定是昏聩愚昧的人，其中很多是刚强勇戾又才华过人的，例如商纣王就是这样的。因为这些人把自己与良善的修养隔绝，所以圣人才把他们叫作"下愚之人"，然而仔细推究他们的结局，真的不愧是昏聩愚昧啊！既然是"下愚之人"，为什么他们又能改过自新、与人为善呢？程颢说：这些人虽然心里不愿意做一个善良的人，但是他们也害怕强权势力对他们犯罪的打击，这种心态和正常人是一样的。正因为他们与正常人有共同点，所以明白他们的罪过并非来自本性啊！

【赏析】

程颐认为所有人的本性都是善良的，虽然有着智慧和愚昧的分别，但是不代表愚昧的人没有善良的本性，只是他们不肯为善罢了；即使是害怕惩罚而不敢作恶，也不能算是坏人。

15

在物为理①,处物为义②。

——《程氏易传·艮传》

【注释】

①理:客观规律。②义:准则。

【译文】

宇宙万物都有自己内在的客观规律,这种客观规律叫作"理";与宇宙万物相处都要有一定的准则,这个准则称为"义"。

【赏析】

程颢认为"理"和"义"是事物的一体两面,必须作为一个整体来研究,不能因为二者有内外的不同而分割成两个不同的对象。

16

动静无端①,阴阳无始②,非知道者,孰能识之?

——《程氏经说·易说》

【注释】

①端:起点。②始:起始,开端。

【译文】

动和静没有开端,阴和阳也没有起始,如果不是通晓大道的人,谁又能够明白这个道理呢?

【赏析】

阴阳、动静是会互相转化,既没有开始,也没有结束。

17

仁者，天下之正理，失正理则无序①而不和。

——《程氏经说·论语解》

【注释】

①序：秩序。

【译文】

仁是通行天下的基本道义准则。如果没有仁，万物的运行就没有了正常的秩序，不再通畅和顺。

【赏析】

仁是所有社会秩序的前提和基础，如果没有了仁，这些秩序自然也就崩溃了。

18

明道先生①曰：天地生物，各无不足之理。常思天下君臣、父子、兄弟、夫妇，有多少不尽分②处。

——《二程遗书》卷一

【注释】

①明道先生：程颢的号。程颢字伯淳，北宋教育家、诗人和理学的奠基者，和他的哥哥程颐并称"二程"。②分：本职工作，自己应该尽到的责任和义务。

【译文】

程颢说：天地孕育了世间万物，都赋予了应有的资质禀赋，没有一个欠缺。所以我们要经常思索：天下的君臣、父子、兄弟、夫妇之间，有多少应该做却还没有做到的？

【赏析】

程颢认为世间的一切都有其存在的道理，由此具体到世间的人伦关系，父子、君臣、兄弟、夫妇都应该尽到自己的责任和义务,但是又有多少人真正地、完美地做到了呢?

> **19**
>
> "忠信所以进①德","终日乾乾②"。君子当终日"对越③在天"也。盖"上天之载④,无声无臭⑤",其体则谓之易,其理则谓之道,其用则谓之神,其命于人则谓之性。率⑥性⑦则谓之道,修道则谓之教。孟子于其中又发⑧挥⑨出浩然之气,可谓尽矣。故说神"如在其上,如在其左右",大小大事,而只曰"诚⑩之不可掩如此夫"。彻⑪上彻下,不过如此。形而上为道,形而下为器⑫须著⑬如此说,器亦道,道亦器,但得道在,不系⑭今与后,己与人。
>
> ——《二程遗书》卷一

【注释】

①进:使……进步,使……长进。②乾乾:自强不息。③越:答谢、颂扬的意思。④载:孕育……。⑤臭:气味。⑥率:遵循。⑦性:本性、天性。⑧发:阐发。⑨挥:发展。⑩诚:真实的。⑪彻:通,透。⑫器:这里指物质世界。⑬著:著作、理论。⑭系:局限于……之中。

【译文】

"忠贞守信是一个人道德修养进步的原因","每时每刻都要自强不息"。君子每时每刻都要颂扬天道的恩德,因为"上天孕育了万物,既没有声音也没有气味"。所以,天道的本体叫作"易"、天道的理则叫作"道"、天道的作用叫作"神",它的气命对于人来说就是"性"。遵循本性就叫作"道",而修养人的自身就叫"教"。孟子从中又阐发出了"浩然之气"的理论,将这个道理说得很明白了。所以说神"好像在它的上面,又好像在它的左右"。不管事情的大小,只能说"事实就是如此,无法掩盖呀!"上下了解透彻后就会发现,道理都是这个样子的。贯通一气,不过如此。"从形体中总结出来的理论就是'道',单单就形体而言就是'器'",著书立说时必须要阐明这个观点。道就是器,器就是道,只有真正明白了什么是道,才不会被现在和未来、自己与他人所局限。

【赏析】

程颢在这里深入浅出地对"道"进行了讲解。他首先说明,"道"虽然在各种经典中有着不同的解释,但是其实都是从不同角度对"道"的形容;其次道体无处不在,只要对道有敬畏之心,随时随处都可以见到道的存在,明白一切事情都是真诚的意义。有了这种体会,就不会被表象所迷惑,思想就可以达到永恒。

20

医书言手足痿①痹②为不仁,此言最善名状③。仁者以天地万物为一体,莫非己也。认得为己,何所不至?若"不有诸己",自不与己相干。如手足不仁,气已不贯,皆不属己。故博④施⑤济众,乃圣之功用。仁至难言,故止曰:"己欲⑥立而立⑦人,己欲达而达人,能近取譬⑧,可谓仁之方⑨已"。欲令如是观仁,可以得仁之体。

——《二程遗书》卷二上

【注释】

①痿 wěi:指肌肉麻痹萎缩。②痹:指肢体没有知觉。③名状:以言语来形容事物。④博:广泛。⑤施:布施,恩惠。⑥欲:打算,希望。⑦立:做。⑧譬:比喻,比方。⑨方:原理、道法。

【译文】

医书上把手脚肌肉萎缩和没有感觉统称为"不仁",这句话可以说是对"仁"最形象的比喻了。仁就是把自己和天地万物视为一个整体,万物皆我,我即万物。如果万物都是自己,那么自己就和万物一起无处不在,又有什么地方是到不了的呢?如果"天地万物不是自己的",那么这些和自己自然没有一点关系,就像手脚"不仁"一样,气机无法到达肢体,手脚自然就不听从自己的指挥了。所以圣人的功德体用应该广泛地恩惠利益天下苍生。仁是最难用语言来描述的,所以孔子只是说:"自己打算怎么做,就要求别人也这样做;自己想要通达也要让别人能够通达。能够拿自己作为比喻的例子，就算是仁的准则了"。如果能这样观察探索什么是"仁"，就能够明白什么是"仁"的本体了。

【赏析】

　　这是程颢非常著名的一段话。他从中医上把痿痹称为不仁，并由此体悟到，仁就是对外界的事物不痿痹、不麻木。文中还对孔子的"何事于仁必也圣乎"做出了很好的解释，认为"博施济众"只是仁的一种手段，并不能以此体会到什么是仁；想要真正了解"仁"，就要以"己立立人，己达达人"为出发点，要"以己度人"。

21

　　"生之谓性"。性即气，气即性，生之谓也。人生气禀，理有善恶，然不是性中元有此两物相对而生也。有自幼而善，有自幼而恶，是气禀有然也。善固①性也，然恶亦不可不谓之性也。盖"生之谓性"，"人生而静"以上不容说②才说性时便已不是性也。凡说人性，只是说"继之者善也"，孟子言性善是也。夫所谓"继之者善也"者，犹水流而就下也。皆水也，有流而至海，终无所污，此何烦③人力之为也。有流而未远，固④已渐浊；有出而甚远，方有所浊。有浊之多者，有浊之少者。清浊虽不同，然不可以浊者不为水也。如此，则人不可以不加澄治⑤之功。故用力敏勇则疾清，用力缓怠则迟清。及其清也，则却只是元初水也，不是将清来换却浊，亦不是取出浊来置在一隅也。水之清，则性善之谓也。故不是善与恶在性中为两物相对，各自出来。此理，天命也。顺而循之，则道也。循此而修之，各得其分，则教也。自天命以至于教，我无加损⑥焉，此"舜有天下而不与焉"者也。

——《二程遗书》卷一

【注释】

　　①固：当然。②不容说：不可思议。③烦：麻烦、劳烦。④固：这里是"就"的意思。⑤澄治：使水澄清。⑥损：损失、减少。

【译文】

　　"那些与生俱来的天赋叫作本性",本性就是气禀,气禀就是本性,这是就天生而言。人生下来就有气禀,本性也有善有恶。然而并不是人的本性中本来就有善恶出现的。有些人从小能看出将来会有善举,有些人从小就能看出将来必有恶行(原注:后稷一生下来就能踮起脚尖而且表现得十分聪慧;斗越椒刚出生人们就知道,将来若敖氏必定灭亡在他的手里),这都是气禀决定的。"善"当然是人的本性,然而"恶"也不能说不是人的本性。像那些"生之谓性""人生而静"的说法,都是不可思议的,当我们开始说什么是"本性"的时候,其实所讨论的就已经不是"本性"了。常人一说到本性,就是说"先天之性相继即为善",这是孟子"人性本善"的观点。至于"先天之性相继即为善",就和"水往低处流"是一样的道理。同样是水,有的一路流到大海始终没有一点脏污,难道这是劳烦人力才使水干净的吗?有的水还没有流多远,就已经变得浑浊起来;有的流了很远,才稍微有点浑浊;有浑浊得重的,也有浑浊得轻的。虽然水有清有浊,但是不能把浑浊的水不叫作水。即使是这样,人也不能不下功夫让水变得澄清。如果下的功夫又深又及时,水变清的速度就很快;反之水变清的速度就很慢。等水变清的时候,水仍然还是原来的水,既不是用清水把浊水换出来,也不是将水中浑浊的东西取出来放到了某一个角落。水的清就和人性的善是一样的道理,所以善恶在本性中并不是互相对立、各自显现的。这个道理就是"天命",顺应并遵循这个道理就是"道",遵循并修习完善这个道理、人人都尽到自己的本分就是"教"。从"天命"一直到"教",我既没有增添什么,也没有减少什么。这就与"舜拥有天下,但是舜却觉得自己没有做过什么"是类似的吧!

【赏析】

　　本段提出的"性气相即""性气不离"的观点,一方面肯定人性本质上来说是超越的天道,另一方面又正视和肯定气禀不齐在人生命中的限制。表明了人的道德实践,如果能够以本性中创造性的力量的根据,便会像天道生化自然一般不费力。

> **22**
> 观天地生①物②气③象④。
>
> ——《二程遗书》卷六

【注释】

①生：生成、创造。②物：万物。③气：气势。④象：景象。

【译文】

观察天地创造万物时的气势和景况。

【赏析】

天地创造了万物，使其在大千世界中自由成长。这种敞开的境界，会让我们明白，天道是一派生机。

> **23**
> 万物之生意①最可②观，此"元者，善之长也"，斯③可谓仁也。
>
> ——《二程遗书》卷十一

【注释】

①生意：生命力。②可：值得。③斯：这。

【译文】

世间万物生长发育时生机勃勃的样子是最值得欣赏的，这就是《易经》中所说的"元是各种善中最大的善"，这种情况也可以说就是"仁"了（仁、义、礼、智四善之首）。

【赏析】

程颢看到了世间万物生机勃勃，从中领悟到万物生长才是天道的核心；又从天道的核心体会到"仁"的真正涵义，也就是仁德的人在内心中是希望世间万物能够生生不息、和谐共处。程颢的这个观点和"仁"的本意是十分贴切的，也符合当今"人与自然和谐发展"的观点。

24

满腔子①是恻隐②之心。

——《二程遗书》卷三

【注释】

①满腔子：北宋时的口头语，和现代的"满腔"相同，意为充满了整个身心。②恻隐：对受苦难的人表示同情，心中不忍。

【译文】

心中充满同情、可怜的感受。

【赏析】

程颢在这里用了一句当时流行的口头语，形象地把施行"仁"的态度表达了出来。仁德的施行应该是发自肺腑的，是感同身受的，而且对外界的事物有了感触就会反映出来，没有丝毫的停顿和间隔，仁德之人对明道用"满腔子"来形容恻隐之心是一种遍布人整个身体的感受，而且也从侧面表达出了圣人"纯亦不已"（生命纯粹而不间断）的本质。

25

天地万物之理，无独必有对①，皆自然而然，非有安排也。每中夜②以思，不知手之舞之，足之蹈之也。

——《二程遗书》卷十一

【注释】

①对：相对的、对应的。②中夜：半夜。

【译文】

世间万物运行时都要遵循这样一个原则：没有什么事物是单独存在的，必定有某一种事物与之相对应。这两种对应的事物都是天道自然安排的，没有任何人为的因素。每当我半夜思索这个原则时，都忍不住开始手舞足蹈起来。

【赏析】

  天地间的万物都是对应出现的，有丑必有美、有善必有恶、有阴必有阳……如此种种，恰恰体现了天地创生造物的大巧不工，如果没有这种相对的表现，大千世界也就没有了种种神奇。

26

  中者，天下之大本，天地之间，亭亭当当①、直上直下之正理。出则不是，惟"敬而无失②"最尽。

——《二程遗书》卷十一

【注释】

  ①亭亭当当：妥当合宜、不偏无倚。②失：这里指间断和丧失。

【译文】

  "中"这个原则，是天下万事万物的根本，也是天地间不偏不倚、从上到下的最正直的道理，超出"中"的准则就不对了。在对这个道理的诸多讲解中，唯有"敬而无失（保持诚敬而不间断）"说得最透彻。

【赏析】

  程颢在这里所说的"大本"就是天理。天理本身是"亭亭当当"的，不需要依附任何东西就可以挺立在天地之间。从这一点引申出来，人的行为都要以"中"作为指导，任何超出"中"所允许的范围的都是不合乎规矩的，所以人们要随时反思自己的行为，并及时改正错误。

27

  伊川先生曰：公则一①，私则万殊②。人心不同如面，只是私心。

——《二程遗书》卷十五

【注释】

  ①一：一致。②殊：差别，不同。

【译文】

程颐说：如果大家都有天下为公的想法，大家的意见一定会达成一致；如果人人都以自己的私利出发，那么想法便会千差万别。人的内心与外表各不相同，也是因为各怀私心而已。

【赏析】

这一段文字是程颐对"公"和"私"的看法。他认为，如果人们都怀着公心，则会天下大同，如果人人都首先考虑自己的利益，则很难达成一致。

> **28**
> 凡物有本①末②，不可分本末为两段事。洒扫应对③是其然，必有所以然。
>
> ——《二程遗书》卷十五

【注释】

①本：根本，这里指整体。②末：细节。③洒扫应对：客人来之前要打扫家里的卫生，这是儒家童蒙教育的基本内容之一。

【译文】

任何事物都有整体和细节的区分，但是不能将二者割裂成没有联系的两个概念。例如有了客人要洒水扫地并礼貌接待，就是招待客人的部分细节（末），这样做必定有一定的道理（本）。

【赏析】

程颢认为，整体和细节密不可分。一个个的细节组成了一个整体，离开了整体，细节也就没有了意义。同样的，任何细节的产生，也必然有他的本原。

> **㉙**
> 杨子①拔一毛不为,墨子②又摩顶放踵③为之,此皆是不得中。至如"子莫④执中⑤",欲执此二者之中,不知怎么执得。识得则事事物物上皆天然有个中在那上,不待人安排也,安排著则不中矣。
> ——《二程遗书》卷十七

【注释】

①杨子:指的是道家杨朱学派的创始人杨朱。杨朱字子居,战国时期魏国人,著名的思想家、哲学家。②墨子:指的是墨家学派的创始人墨翟,战国时期宋国人,著名的思想家、教育家、科学家、军事家。③摩顶放踵:从头顶到脚跟都磨伤了,形容舍己为人、不辞劳苦。④子莫:战国时鲁国的贤人,他的事迹现在已经无法考证了。⑤中:中庸,不偏不倚、无过无不及。

【译文】

杨朱是利己主义者,哪怕拔下他一根毫毛就能拯救全世界,他也不愿意做;墨子主张兼爱,只要是对天下有利,即使遍体鳞伤也在所不惜,这两者都没有得到"中庸"的精髓。鲁国的子莫则主张中庸,希望能够折中一下,从利己与利人之间取得平衡,不知道他是如何保持平衡的。要知道,万事万物都贯穿着中庸的义理,不需要人们来设定。一旦有了人为的设定,就不再是真正的中庸了。

【赏析】

程颢认为"凡事物上,皆天然有个中"。但是这个"中"并不是摆在那里人人可见的,如何找到这个"中"是最困难的,需要通过下工夫才能了解。就像前面的"人心不同如面"一样,每一个人都有着自己的标准。只有将自己的修养提高到一定的程度,才能真正找到万事万物的"中"。

30

问：时中①如何？曰："中"字最难识，须是默识心通②。且试言一厅则中央为中，一家则厅中非中，而堂为中，言一国则堂非中而国之中为中。推此类可见矣。如三过其门不入，在禹、稷③之世为中，若居陋巷④，则非中也。居陋巷，在颜子⑤之时为中，若三过其门不入，则非中也。

——《二程遗书》卷十八

【注释】

①时中：立身行事，守持中道。②默识心通：默默地的分辨，用心去体会。③禹稷：禹是大禹，稷是后稷。④居陋巷：居住在简陋的小巷里。这里代指能够安贫乐道提高自己的修养。⑤颜子：颜回，字子渊，春秋末期鲁国人，是孔子最得意的门生。

【译文】

有人向程颢请教什么是"守持中道"。程颢的回答是这样的："中"字很难用语言描绘出来，只能自己用心去体会。我可以举个例子来试着解释一下。在客厅里，客厅的中心点就是"中"；如果在一座院子里，客厅的中心点就不是"中"了，堂屋才是"中"；如果是一个国家，堂屋也不再是中了，国家的首都才是"中"。其他的由此类推就可以明白了。就像在大禹和后稷的时代，三过家门而不入才是"中"，居陋巷就不是"中"；到了颜回的时代，居陋巷是"中"，三过家门而不入反而不是"中"了。

【赏析】

程颢认为，"中"在不同的时期或者环境下有着不同的解释，有些事情于此时此刻是正确的，但是换个时间或者地点，就很可能是不合时宜的。所以，对于任何观点，我们要辩证地看。

31

无妄之谓诚，不欺其次①矣。

——《二程遗书》卷六

【注释】

①次：第二、次位。

【译文】

没有妄念才叫诚，其次才是真实、不欺诳。

【赏析】

凡是谬托风雅，强不知以为知的人，往往都是一些自欺或者欺人的人。不自欺比不欺人更难做到。不自欺的人，一定可以不欺人；但不欺人的人，不见得能做到不自欺。

32

冲漠①无朕②，万象森然③已具，未应不是先，已应不是后。如百尺之木，自根本至枝叶皆是一贯，不可道上面一段事④无形无兆，却待人旋⑤安排引入来教入途辙⑥。既是途辙，却只是一个途辙。

——《二程遗书》卷十五

【注释】

①冲漠：虚寂恬静。②朕：征兆、迹象。③森然：众多、繁盛的样子。④上面一段事：指宇宙万物形而上的根本道体。⑤旋：来往，周旋。⑥途辙：涂是道路，辙是车轮在道路上辗出的沟。这里引申为途径、准则。

【译文】

宇宙刚形成的时候是虚寂恬静、无形无迹的，但是世间万物都已经存在了。事情还没有发生，并不是说"事在理先"，已经发生了，也不代表就是"事在理后"。就像一棵一百尺的大树，从树根到枝叶是一个整体，没有先和后的区别。不能说宇宙无形无象，万事还没有征兆，就要等待外界的力量去周旋安排，让后人按照前人的经验按部就班地前行。要知道，既然是经验，也只不过是前人走过的路罢了。

【赏析】

这一段是程颐对事和理的关系进行的分析。他认为事和理有形上与形下的区别，也就是"然"和"所以然"的区别。他同时还指出，虽然二者有区别，但是也是一个统一的整体，没有时间上的先后。这也是程颐哲学上的重要观点之一。

33

近取诸身，百①理皆具。屈伸往来之义②，只于鼻息之间见之。屈伸往来只是理，不必将既屈之气复为方伸之气。生生之理，自然不息。如《复卦》言"七日来复"其间元不断续，阳已复生。物极必返，其理须如此。有生便有死，有始便有终。

——《二程遗书》卷十五

【注释】

①百：所有。古文中许多诸如三、九等数字代表的不是三个或者九个某种事物，而是泛指很多，或者全部。②义：道理。

【译文】

从我们身边的事物就可以了解所有的道理。屈与伸、来与往的义理，从鼻子的呼吸之间就可以略见一斑。弯曲和伸展、出去和回来这些只是义理，不能将已经消失的"屈""往"的气息，当成重新生成的"伸""来"的气息。自然界中的生物代代繁衍生息，从来没有停止的道理。《复卦》中说"七日一阳复生"，是因为元气在这七天内一直没有断绝，阳才会再次生出。事情发展到极致，必定向对立的方向发展，道理就是这个样子。有出生就有死亡，有开始就有终结。

【赏析】

程颐认为，消失的就不可能再回来，新生的即使和已经消失的完全一样，也是一个新的事物，就像生命一样，死亡之后便无法复生。

34

明道先生曰：天地之间只有一个感与应而已，更有甚①事？

——《二程遗书》卷十五

【注释】

①甚：什么。

【译文】

程颢说：天地之间只有一个感和应而已，还有什么事呢？

【赏析】

程颢认为，世间万物都是一个整体，不管是风雨雷电还是花鸟鱼虫，一切的变化都可以用"感应"归纳出来。

35

问仁，伊川先生曰：此在诸公自思之，将圣贤所言仁处类聚①观之，体认②出来。孟子曰："恻隐之心，仁也。"后人遂以爱为仁。爱自是情，仁自是性，岂可专以爱为仁？孟子言"恻隐之心，仁之端也"，既曰仁之端，则不可便谓之仁。退之③言"博爱之谓仁"，非也。仁者固博爱，然便以博爱为仁则不可。

——《二程遗书》卷十八

【注释】

①类聚：汇集归类。②体认：体察认知。③退之：韩愈的字，世称韩昌黎，唐代杰出文学家、哲学家、政治家。

【译文】

有人问"仁"是什么，程颐说：这就要各位自己去揣摩思量，我们将古代的圣贤所有关于"仁"的言语汇集在一起，对比研究，体察认知其理。孟子在《告子》中说："恻隐之心就是仁"，后人认为爱就是仁。爱是一种情感，仁本身是天性，怎么能够单独把爱当成仁呢？孟子又在《公孙丑》一章中说"恻隐之心，是仁的开端"。这就和前面所说的矛盾了：既然"恻隐之心就是仁"，怎么又成了仁的开端呢？韩愈说"博爱就叫仁"也是不对的，仁当然包含了博爱，但是把博爱当作仁是不行的。

【赏析】

程颐认为，孟子关于"仁"的定义是矛盾的，前后有不一致的地方；同时指出了韩愈关于"仁"的说法的缺陷，认为韩愈把部分当成整体。虽然程颐的这种看法不一定正确，但是也表现出了他不迷信先贤，敢于表达自己的看法、提出自己的哲学观点，敢于指出先贤错误的无畏精神。程颐把"性"和"情"区分开来，就是将普遍存在的真理和具体的道德事件区分开来。

36

问：仁与心何异？曰：心譬如谷种，生之性①便是仁。阳气发处乃情②也。

——《二程遗书》卷十八

【注释】

①性：属性，性质。②情：性情。

【译文】

有人问：仁和心有什么区别呢？先生说：心就像谷物的种子，能够生根发芽的本性就是仁，而阳气生发之外就是性情。

【赏析】

程颐认为"仁"和"心"是有区别的，这一点不符合孟子对"仁"的解释，于是就有人用孟子的话去质疑他，这才有了这一段语录。

在程颐的理解中，心包括了性和情，其中情是心的活动的具体表现，性是心能够活动的内在条件。心、性、情三者的关系，也是程颐"心和理有区别"的哲学观点：心包括了理，但不仅仅只是理。

37

义训①宜，礼训别，智训知，仁当何训？说者谓训觉②、训人③，皆非也。当合孔孟言仁处大概研穷之，二三岁得之，未晚也。

——《二程遗书》卷二十四

【注释】

①训：解释为。②觉：觉知，觉悟。③人：人伦之道。

【译文】

"义"解释为行为要适宜，"礼"解释为知道各自的不同，"智"解释为对世事通达明了，那么"仁"应该怎么解释呢？有人说应当解释为觉悟或者人伦，这些解释都不对。应当把孔子、孟子所有关于"仁"的言论都汇集在一起，把握住大致的梗概并且研究透彻，如果能够两三年后知道什么是"仁"都不算晚。

【赏析】

什么是仁？孔子与孟子在他们的著作中，都没有一个具体概念，而世人如何看待"仁"则更是见仁见智。如果想研究透彻，则是一个巨大的工程。

38

性即理也。天下之理，原①其所自②，未有不善。喜怒哀乐未发，何尝不善？发而中节，则无往③而不善。发不中节，然后为不善。凡言善恶，皆先善而后恶；言吉凶，皆先吉而后凶；言是非，皆先是而后非。

——《二程遗书》卷二

【注释】

①原：推究，追溯。②自：源头，起点。③无往：无论到哪里，没有。

【译文】

本性就是理体。世间万物的存在，追溯到源头来说，（本性）没有不善良的。诸如喜、怒、哀、乐等诸多情绪,没有发作的时候,何尝有不善?即使发作了,如果能够合乎礼仪法度,就没有什么不善的;发作了,但是不合乎礼仪法度,这之后才是不善。凡是说善恶,都是"善"在前、"恶"在后;说吉凶,都是"吉"在前、"凶"在后;说是非,都是"是"在前、"非"在后。

【赏析】

在程颐对"性"的诸多理论中,"性即理也"是一个很重要的观点。程颐认为,人性不是从生理、自然方面来讲的,而是从道德之理、天理上来理解的,所以人性是道德的人性,或许可以作为一切存在的根据。这个观点对宋朝以后的儒学产生了很大的影响,并在明清时期成为儒学的主流——理学。

39

问:心有善恶否?曰:在天为命,在义①为理,在人为性,主于身为心,其实一也。心本善,发于思虑,则有善有不善。若既发,则可谓之情,不可谓之心。譬如水,只可谓之水,至如流而为派②,或行于东,或行于西,却谓之流也。

——《二程遗书》卷十八

【注释】

①义:指合宜的道德、行为、道理。②派:水的支流。

【译文】

有人问程颐:心有善恶的分别吗?先生说:从天道的角度来讲叫"命",从义礼的角度来讲叫"理",从人的角度来讲叫"性",主宰人身就叫作"心",其实这些都是一个概念。心本来都是善的,有了思虑后才会分为善和不善,如果思虑已经表现出来,就可以叫作"情",而不能再叫作"心"了。用水作为例子,没有流动的时候只能叫作水,一旦流动起来成为不同的分支,不管是流到东边的,还是流到西边的,却把它们都叫作"支流"。

【赏析】

程颐认为命、理、性、心是一个整体,只是在不同方面表现不同,才有了不同的称呼。心本身都是善的，只有发作出来的、不合乎义礼的才是不善的，不过这种情况下已经不能叫"心"了，而应该叫作"情"。

程颐在这里所说的"心"应该不是"心即理"的"本心"，因为本心不可能是不善的。不过我们应该把目光放到程颐细微的观察和思辨的精神上，对他不太明确的部分要抱着宽容和理解的态度。

40

性出于天，才出于气。气清则才清，气浊则才浊。才则有善有不善，性则无不善。

——《二程遗书》卷十九

【译文】

天道决定本性，气禀决定才赋。气禀清明的人，才赋才会清明；气禀混浊的人，才赋就愚昧低下。才赋可以分为善和不善，本性没有善与不善之别。

【赏析】

本性和才赋都是与生俱来的，北宋之前的儒家对它们的来源没有细分。程颐则对其进行了细化，提出"天道决定本性，气禀决定才赋"的概念，气禀的性质决定了才赋的性质。并且进一步提出，人和物之间的区别、人和人之间智慧和愚昧的区别，都是因为本身的气禀不同导致的。

41

性者自然完具①，信②只是有此者也。故"四端"③不言信。

——朱熹《孟子精义》卷十一

【注释】

①完具：完备，完整。②信：专指五常中的"信"。③四端：儒家认为恻隐为仁之端、羞恶为义之端、辞让为礼之端、是非为智之端，合称四端。

【译文】

本性本身就完整地具备了五常的所有属性，"信"是本性之德，在"仁、义、礼、智"中体现。所以孟子只提了恻隐之心、羞恶之心、辞让之心、是非之心,而没有说到"信"。

【赏析】

做到了仁、义、礼、智,自然也就做到了信。

42

心,生道①也。有是心,斯具是形以生。恻隐之心,人之生道也。

——《二程遗书》卷二十一下

【注释】

①生道:天地之心。

【译文】

所谓"心",就是天地之德。有了天地生物之心,才能生成一定的形体。恻隐之心就是人的天地之心。

【赏析】

程颐认为恻隐之心是人的天地之心,而且每个人都有,即使夏桀、盗跖最初也都有恻隐之心,不过随着他们一天天的为非作歹,恻隐之心也就慢慢地消失了。程颐别出心裁地从"道"来体会仁,也是一种很具体妥贴的理解。

43

横渠先生①曰:气坱然②太虚③,升降飞扬,未尝止息。此虚实④动静之机、阴阳刚柔之始。浮而上者阳之清,降而下者阴之浊,其感遇聚结,为风雨,为霜雪,万物⑤之流形,山川之融结,糟粕煨烬⑥,无非教也。

——张载《正蒙·太和》

【注释】

①横渠先生:指张载。张载字子厚,凤翔郿县(今陕西眉县)横渠镇人,

故世称横渠先生,北宋思想家、教育家、理学创始人之一。②块然:充盛的样子。③太虚:中国古代哲学中的一个概念,指的是宇宙万物最原始的形态。④虚实:虚化和实体。⑤万物:万类。⑥糟粕煨烬:糟粕,提炼精华后剩下的废料;煨烬,可燃物燃烧后留下的灰烬。

【译文】

张载先生说:气充满了整个太虚,或升或降、或飞或扬,没有一刻停下来。这是虚化和实体、运动和静止的契机,也是分出阴阳和刚柔的起点。清澈的阳气浮动在上面,混浊的阴气沉降在下面,当阴阳二气有了感应时,就会交汇在一起,形成风、雨、霜、雪种种气象。世间万物的运行、山岳江河的融汇交结,甚至那些渣滓、灰烬,都是天地给人们的提示。

【赏析】

张载对"气"比较重视,认为通过气的往来、动静、屈伸等各种变化,能够体会到道体的种种神奇之处,总结出来就是一句话——"无非教也"。张载提出,天地万物的一切变化,都是无形的道体的作用,都是上天以此对我们的启发和教导,从而肯定了世界存在的真实性。

44

游气纷扰合而成质者,生人物①之万殊;其阴阳两端循环不已者,立天地之大义。

——张载《正蒙·太和》

【注释】

①人物:人和物。

【译文】

阴阳之气在宇宙中纷纷扰扰地四处飘散,当汇合在一起时,就形成了物质,产生了形形色色、千差万别的人和物。阴阳二气循环往来从不停息,从而建立起了天地间万物运行的最高准则。

【赏析】

张载对天地生化万物从两方面进行了讲解:一个是宏观方面,认为"阴阳两端，循环不已者"，说明了"气"是天地生化的最高准则；一个是微观方面，因为"游气"参差不齐，从而形成了千姿百态的人与物。

45

天体①物不遗，犹仁体事而无不在也。"礼仪三百，威仪三千"②，无一物而非仁也。"昊天③曰明，及尔出王④。昊天曰旦⑤，及尔游衍⑥"，无一物之不体也。

——张载《正蒙·天道》

【注释】

①体：体现，让万物能够真实地存在。②礼仪三百，威仪三千：出自《中庸》。礼仪是婚冠丧祭等大礼的统称；威仪就是进退、升降、揖让等小礼的统称。"三百""三千"是泛指，不是实数。这两句的意思是大大小小的所有礼节。③昊天：上天，上苍。④王：通"往"。⑤旦：本义是"太阳初升于地面"，这里是明亮的意思。⑥衍：低而平坦的土地。

【译文】

天作为万物的本体，体现在世间万物上，没有一个会被遗漏，就像"仁"体现的是世间万事无所不在一样。"礼仪三百，威仪三千"，没有哪个礼节不是仁的体现。《诗经》上说"天是这样光明，照耀着你来来往往。天是这样明亮，照耀着你恣意游玩"，没有一处不是天之本体的体现。

【赏析】

有"仁"的人关心世间每一件事情，张载的这个说法恰恰表达了仁者的心情；用道德的实践来说明宇宙的变化也是十分贴切的。同时，张载提倡"以人合天"的精神，要求人们要拥有仁心，要像天道一样体现世间的一切。

46

鬼神者，二气之良能①也。

——张载《正蒙·神化》

【注释】

①良能：天赋之能。

【译文】

我们所说的"鬼神"，是阴阳二气赋予的先天本能。

【赏析】

"鬼神"是中国古代哲学中的一个概念，和现代鬼神的含义是不相同的。张载用"二气之良能"来形容鬼神，是对鬼神的宇宙论的解释，也是张载的代表性言论之一。

47

物之初生，气日①至而滋息；物生既盈，气日反②而游散。至之谓神，以其伸也；反之谓鬼，以其归也。

——张载《正蒙·动物》

【注释】

①日：每一天。②反：同"返"，返回，回归。

【译文】

万物刚生长的时候，阴阳二气每一天都会来滋养生息它们；当万物长大成熟，阴阳二气每一天都在逐渐消散，重返回天地之中。二气的到来叫"神"，是因为万物的生命得以伸展；二气的离返叫"鬼"，是因为二气又回归了天地。

【赏析】

阴阳学说认为，一切事物的形成变化和发展，在于阴阳二气的运动。《易经》说"无极生太极，太极生两仪"。"两仪"就是阴阳二气。在阴阳二气相生相克、互相转化的过程中，诞生了宇宙间的万事万物。

物质世界不断地运动变化,在这个世界中,一方面是生命物质不断诞生,另一方面是生命物质不断消亡,就这样生生灭灭地变化着,而其中的原动力不外乎是阴阳五行生克制化,相生相克,形影不离,对立而又统一的相互作用。

48

性者,万物之一源,非有我之得私也。惟大人①为能尽其道,是故立必俱立,知必周知,爱必兼爱,成②不独成。彼自蔽塞而不知顺吾理者,则亦未如之何矣。

——张载《正蒙·诚明》

【注释】

①大人:德性圆满的人。②成:成就,成功。

【译文】

本性是世间一切事物的本源,不是我一个人的私有物品。只有那些德性圆满的人才能研究透彻这个道理,所以自己懂得了立身处世之道也要让大家都懂得;自己通晓了圣贤之道也要让大家都通晓;自己能够仁爱也要让大家都仁爱;自己有了成就也要让大家都有成就。那些自己遮住眼睛、堵上耳朵,不愿意遵循天性发展的人,我也不知道该怎么办了。

【赏析】

张载认为天地并不是某一个人的私有物品,而是天下万物共同的本源。针对于"人"这种生物来说,不仅要亲近自己的亲人、对自己周围的人仁爱,还要推己及人,让大家都能够自立、智慧、仁爱、成功。

49

一①故神。譬之人身,四体皆一物,故触之而无不觉,不待心②使至此而后觉也。此所谓"感而遂通","不行而至,不疾而速"也。

——《横渠易说》卷三《系辞上》

【注释】

①一：同一、一体。②心：此处指知觉、意识。

【译文】

（万物都是一个）整体，所有才显得神明通达。用人的身体做比喻，四肢是整体中的一部分，所以碰到四肢的任何一部分都能够感觉到，不需要有意识地指挥感觉到达那个地方才觉察。这就是《易经》中说的"感觉到了，也就明白了"，"不用走就到了，不用加速也能提高速度"。

【赏析】

在张载的哲学理念里，天地万物虽然有着截然不同的形象，但就本质而言都是一个整体，各自的物质形体都是整体的一部分，所以才能"感而遂通""不行而至、不疾而速"。

50

心，统情性者也。

——张载《性理拾遗》

【译文】

心是情和性的统领。

【赏析】

在张载看来，情是心的具体表现，而情的表现是否合理，要看心能否依性理的规定而活动。所以性和情都离不开心，但心、性、情是不同的。

51

凡物莫不有是性。由通蔽开塞，所以有人物之别；由蔽①有厚薄，故有知②愚之别。塞者牢不可开，厚者可以开，而开之也难，薄者开之也易。开则达于天道，与圣人一。

——张载《性理拾遗》

【注释】

①蔽：蔽覆，指人的习气障碍。②知："智"的通假字。

【译文】

世间万物没有不具有天地本性的。由于各自的本性存在着通达、蔽覆、开放、闭塞的区别，人和物也就有了不同。由于不同的人本性被遮蔽得有厚有薄，所以也就有了愚人和智者的分别。如果天性被完全蔽塞了，这种遮蔽根本无法打破；如果遮蔽得比较深厚，虽然可以打破，但是要花费很大的力气；如果遮蔽得比较浅薄，打破就相对容易了。只要打破了遮蔽本性的障碍，就可以通晓天道，达到和圣人一样的层次了。

【赏析】

张载对义理的性和气质的性有着清醒的认识，这里既说明了万物是一个性体，也考虑了人和物气质的不同。

卷二 ／ 为学大要

1

濂溪先生曰：圣希天，贤希圣，士①希贤。伊尹②、颜渊，大贤也。伊尹耻其君不为尧舜，一夫不得其所，若挞③于市。颜渊"不迁怒，不贰过"，"三月④于不违仁"。志⑤伊尹之所志，学颜子之所学，过则圣，及则贤，不及则亦不失于令名⑥。

——周敦颐《通书·志学》

【注释】

①士：读书人，后来成为知识分子的通称。②伊尹：姓伊名挚，商汤封他为"尹"，所以后世都称他为伊尹。伊尹是商朝初期的政治家、思想家，也是现在能够考证出的最早的道家人物之一。伊尹不仅帮助商汤消灭了夏朝，还执掌商朝政权五十多年，前后辅佐了五代帝王。商汤死后，商汤的长孙太甲不遵从商汤制定的方针政策，伊尹故将他安置到了桐宫（商汤的墓地）。③挞：以掌击面，就是俗语中的"打耳光"。④三月："三月"是泛指，长期的意思。⑤志：以……为志向。⑥令名：指美好的声誉。

【译文】

周敦颐先生说：圣人希望能够达到天道的境界，贤人希望能够达到圣人的境界，读书人希望能够达到贤人的境界。伊尹和颜回都是著名的贤人。伊尹因为自己的君王没有成为和尧舜一样的圣明君主而感到羞耻，哪怕国内有一个男子没有得到合适的位置，他就像在闹市中被人扇耳光一样觉得耻辱。颜回不会将自己的怒火发泄到他人的身上，也不会再犯已经犯过的错误，他能够长时间地不违背仁德的要求。我们应该把伊尹的志向当成我们的志向，学习颜回所学习的内容，如果超过了他们的境界就是圣人，和他们的境界一样就是贤人，即使无法达到他们那样崇高的境界，也有一个学习圣贤的好名声。

【赏析】

"内圣外王"是儒家的主要思想,不管是"圣"还是"王"都只是这个思想的一个方面。伊尹以天下为己任表现的是"外王"的一面,颜回的志学、自省则是"内圣"的一面,或许是本身气性的偏重不同,这两人都没有完全达到"内圣外王"的境界,所以只能是一个"大贤",而无法成为"圣人"。周敦颐以这两个大贤作为例子让士人学习,并不是让他们以其中的某一个人作为目标,而是要将他们的优点结合起来,争取成为一个"内圣外王"的圣人。

2

圣人之道,入乎耳,存乎心,蕴①之为德行,行之为事业。彼以文辞②而已者,陋矣。

——周敦颐《通书·陋》

【注释】

①蕴:蕴积,积淀。②文辞:华丽的文章。

【译文】

圣人讲述的那些道理,听到后就要在心里记下来,圣人之道积累多了,就会成为一个品德高尚的人。按照圣人之道去做事,就会成就一番事业。那些把圣人之道描述得天花乱坠,却不身体力行的人真是鄙陋。

【赏析】

学习圣人之道,重要的是学习其中的道理并身体力行,如果只是用来夸夸其谈,这就丧失学习的本意了。

3

或问：圣人之门，其徒三千，独称颜子为好学。夫诗书六艺①，三千子非不习而通也，然则颜子所独好者何学也？伊川先生曰：学以至圣人之道也。圣人可学而至欤？曰：然。学之道如何？曰：天地储精，得五行之秀者为人。其本也真而静，其未发也五性具焉，曰仁、义、礼、智、信。形既生矣，外物触其形而动其中矣，其中动而七情出焉，曰喜、怒、哀、惧、爱、恶、欲。情既炽而益荡，其性凿②矣。是故觉者约其情使合于中，正其心，养其性；愚者则不知制之，纵其情而至于邪僻③，梏其性而亡之。然学之道，必先明诸心，知所养，然后力行以求至，所谓"自明而诚"也。诚之之道，在乎信道笃。信道笃则行之果，行之果则守之固。仁义忠信不离乎心，"造次④必于是，颠沛必于是"，出处⑤语默必于是。久而弗失，则"居之安"。"动容周旋中礼"，而邪僻之心无自生矣。故颜子所事，则曰："非礼勿视，非礼勿听，非礼勿言，非礼勿动。"仲尼称之，则曰："得一善，则拳拳服膺⑥而弗失之矣。"又曰："不迁怒，不贰过。""有不善未尝不知，知之未尝复行也。"此其好之笃，学之之道也。然圣人则不思而得，不勉而中，颜子则必思而后得，必勉而后中。其与圣人相去一息⑦。所未至者，守之也，非化之也。以其好学之心，假之以年，则不日而化矣。后人不达，以谓圣本生知，非学可至，而为学之道遂失。不求诸己而求诸外，以博闻强记、巧文丽辞为工，荣华其言，鲜有至于道者。则今之学与颜子所好异矣。

——《二程文集》卷八《颜子所好何学论》

【注释】

①诗书六艺：诗书就是《诗经》和《尚书》，这里指所有的儒家经典。六艺是礼、乐、射、御、书、数六种才艺。②凿：伤害。③邪僻：邪恶偏激。④造次：仓促不暇。⑤出处：行与止，出仕和退隐。⑥拳拳服膺：态度诚恳真挚，心悦诚服地牢记在心。拳拳，牢牢抓住的样子，引申为诚恳、深切。⑦一息：

一呼一吸，此指差距微小。

【译文】

　　有人问：圣人孔子门下三千门徒，但是孔子只表扬颜回"好学"。儒家的经典和六艺这三千人都学习并精通了，为什么孔子只表扬颜回好学呢？他学的又是什么呢？程颐先生说：因为颜回学习的如何是到达圣人之道。那人接着问：学习就可以达到圣人的境界吗？先生说：当然是可以的。又问：我该如何去学习呢？先生回答：天地间蕴涵着精气，只有人得到了金木水火土的精华。人的本性是至诚而真、淡然而静的。人的本性还没有表现出来的时候，就已经具备了仁、义、礼、智、信五种品德；当人形成了躯体，接触了外界的事物后就有了情感；情感表现出来就是我们所说的喜、怒、哀、惧、爱、恶、欲等几种情绪。当情绪比较大的时候，就会变得激动。出现了这种情况，智慧的人就会控制自己的情绪使其符合"中"的要求，矫正自己的心情，涵养自己的本性。愚蠢的人不知道控制情绪，让情绪恣意地发展下去，走到了邪恶偏激的地步，本性也被禁锢起来乃至消亡。这样看来，学道一定要先明心，知道自己的方向，然后努力达成自己的愿望，这就是"知道自己要做什么并全力去做"，也就是"自明而诚"。想要"诚"，就必须坚信圣人所讲的道理；坚信圣人所讲的道理就必须坚决地执行；坚决执行还必须坚定地保持下去。仁、义、忠、信，时刻不能忘记，《论语》中说"不管是仓促不暇，还是颠沛流离，必须要这样"，"不管是处于庙堂之高，还是江湖之远；不管是慷慨激昂还是沉默不语，必须要这样"。长期坚持不出现疏漏，自然就养成了习惯。"举止、仪容、进退揖让都符合礼节"，自然就没有了邪恶偏激情绪的产生条件。因此颜回所做的就是孔子说的"不是礼法允许的不看，不是礼法允许的不听，不是礼法允许的不说，不是礼法允许的不做"。孔子对颜回的这一点非常称赞，说："（颜回）每学习一个正确的道理都会牢牢地记在心里，从此再不会丢掉"，"不迁怒，不贰过"。"存在的不好的事情他没有不知道的，知道后没有再做过的。"这就是颜回刻苦学习的内容。然而颜回和圣人相比还是有一定的差距的。圣人是"不学习就能够明白其中的道理，不用刻意做、行为自然而然就符合'礼'的要求"，而颜回就必须经过苦苦思索后才能明白其中的道理，时刻提醒自己才能符合"礼"的要求。差距就是他只能主动提醒自己要"坚守原则"，而不是将

"原则"融合在自己的意识里，一举一动都符合"原则"。以颜回的聪明好学，如果他能够再活几年的话，肯定能够解决融合这个问题。后人不明白这个道理，认为圣人都是生而知之的，仅仅依靠学习根本无法达到圣人的境界，这种说法是不对的，让努力学习、追求上进失去了意义。不提高自觉的修养反而希冀外力的帮助，在博闻强记、辞藻华丽上下功夫，将话说得漂亮一些、文章写得文雅一些，这种人是达不到圣人的境界的。现在的人所追求的学问，和颜回追求的学问已经不是一回事了！

【赏析】

这是程颐少年时期的作品，也是他的成名作之一。虽然当时程颐年龄不大，但是已经有了很深厚的儒学功底，在文章中把"成德之教"这个大问题解说得明明白白。

北宋的儒者大多都比较尊敬颜回，认为他的治学态度和安贫乐道的精神令人称赞，即使是孔圣人也要称赞一句"贤哉回也"！程颐认为，圣人之境界可以通过学习达到，以《论语》中颜回的表现，很可能短时间内他就可以达到，可惜天不假年，颜回三十多岁就去世了，后世少了一个由贤入圣的榜样。

4

横渠先生问于明道先生曰：定性未能不动，犹累①于外物，何如？明道先生曰：所谓定者，动亦定，静亦定，无将迎②，无内外。苟以外物为外，牵己而从之，是以己性为有内外也。且以性为随物于外，则当其在外时，何者为在内？是有意于绝外诱，而不知性之无内外也。既以内外为二本，则又乌可遽语定哉？夫天地之常，以其心普万物而无心；圣人之常，以其情顺万事而无情。故君子之学，莫若扩然③而大公，物来而顺应。《易》曰："贞吉悔亡④，憧憧⑤往来，朋从⑥尔思。"苟规规于外诱之除，将见灭于东而生于西也。非惟日之不足，顾其端无穷，不可得而除也。人之情各有所蔽，故不能适道，大率患在于自私而用智。自私则不能以有为为应迹，用智则不能以明觉为自然。今以恶外物之心，而求照无物之地，是反鉴而索照也。《易》曰："艮⁷其背，不获其身；行其庭，不见其人。"孟子亦曰："所恶于智者，为其凿也。"与其非外而是内，不若内外之两忘也。两忘则澄然无事矣，无事则定，定则明，明则尚何应物之为累哉！圣人之喜，以物之当喜；圣人之怒，以物之当怒。是圣人之喜怒不系于心而系于物也。是则圣人岂不应于物哉？乌得以从外者为非，而更求在内者为是也？今以自私用智之喜怒，而视圣人喜怒之正为如何哉？夫人之情，易发而难制者，惟怒为甚。第⁸能于怒时遽忘其怒，而观理之是非，亦可见外诱之不足恶，而于道亦思过半矣。

——《二程文集》卷二《答横渠张子厚先生书》

【注释】

①累：牵挂。②将迎：迎来送往。③扩然：空旷寂静的样子。④贞吉悔亡：贞吉，纯正美好；悔亡，祸害消除。⑤憧憧：往来不绝。⑥朋从：同类相从。⑦艮：停止。⑧第：但是，只是。

【译文】

张载问程颢说：修养自身静定的功夫，不可能一直静止不动。只要一动，就会被身外的事物所牵挂，这该怎么办呢？程颐回答：我们所说的"定"，讲的是"静"中有定，"动"中也有定，没有迎来送往，也没有内外的区别。如果把身外的事物当做"外"，引导自己跟随外物，就是把自己的本性分成了内外两部分。暂且认为本性可以随着外界事物出去，那么当本性在外面的时候，内部的又是什么呢？这就是刻意地杜绝外界的引诱，却不知道本性本身是没有内外之分的。如果把"内""外"当成两个开端，那又怎么能马上讨论本性如何去"定"呢？天地运行的准则是心中装有世间所有的事物，不会对任何一个有所偏私；圣人立身处世的准则是以本性去顺应世间的一切，不夹杂自己的私人感情。所以君子们要学习的，莫过于"心境宽广大公无私，不悲不喜随遇而安"了。《易经》中说："坚持纯正美好的心态，就不会有灾祸发生；思虑繁杂六根不净，你想什么就会有什么样的不祥找来。"如果拘泥于消除外界的诱惑，就会出现刚消除了这边、那边又出现的现象，不是时间不够，而是能够成为诱惑的源头无穷无尽，无法全部消除掉。人的本性都有被遮蔽的地方，所以无法和天道相合，大部分情况都是为了自己的私利去耍小聪明。心中有私，就无法按照外物的特性顺应而为；耍小聪明，就会违背本性的意愿逆流而行。内心是厌恶外物的，却又希望外物能够映照出自己的本性，就像把镜子反过来，用镜子的背面来照东西一样，显然是不可能的。《易经》中有这样的记载："背部不动，身体也无法动弹；在庭院里行走，两两相背，很难感觉到他人的存在。"孟子也说："我讨厌那些耍小聪明的人，因为他们就会穿凿附会歪曲事实。"与其否定"外"而肯定"内"，不如把"内""外"全部抛弃，这样就会思虑澄明，没有杂念了。没有了杂念，也就有了"定"；有了"定"，就有了明慧，明慧的人又怎么会被外物所牵挂呢？圣人之所以有"喜"的情绪，是因为他看到的事物能够让他欢喜；圣人之所以有"怒"的情绪，是因为他看到的事物能够让他愤怒。也就是说，圣人不会被内心所左右，完全是根据外物的表现来表达相应的情绪。这样看来，圣人哪里是不肯顺应外物呢？又怎么可以武断地认为顺应外物就是错、坚守本心就是对呢？现在以那些自私自利、耍小聪明的人的喜怒作为根据，来推理圣人的喜怒之心，是为什么呢？在人类的各种情绪中，"怒"是最容易爆发而且难以控制的，等到能够在发怒时立刻忘记发怒的原因，而去思索事情的对错，就可以知道外界的干扰并不是人无法"定"的原因，引诱并非自己不能得定的元凶，对于道的体会也就差不多了。

【赏析】

《答横渠张子厚先生书》又称为《定性书》，是程颐和张载对"心"和"外物"的讨论。张载认为，人要坚守自己的本心，不能受到外物的干扰，这也是人们通常的看法。不过程颐的看法明显更高一筹。程颐认为，"坚守本心，不受外物的干扰"本身就是将自己和外界的事物分成了两部分，以自己为主，外物只是辅助的地位，也就是"自私"；既然有了"自私"，外物也就成了干扰和负担，当然不会"定"，更无法从外物中体会到天地的本性。如果能够不分内外，外物也就不会成为干扰和负担，则能达到不论动静都能安定的生命境界。

5

伊川先生答朱长文①书曰：圣贤之言，不得已②也。盖有是言则是理明，无是言则天下之理有阙③焉。如彼耒耜陶冶④之器，一不制则生人之道⑤有不足矣。圣贤之言虽欲已，得乎？然其包涵尽天下之理，亦甚约也。后之人始执卷，则以文章为先，平生所为，动多于圣人。然有之无所补，无之靡所阙，乃无用之赘言也。不止赘而已，既不得其要，则离真失正，反害于道必矣。来书所谓欲使后人见其不忘乎善，此乃世人之私心也。夫子"疾⑥没世⑦而名不称焉"者，疾没身无善可称云尔，非谓疾无名也。名者可以厉⑧中人，君子所存，非所汲汲⑨。

——《二程文集》卷九《答朱长文书》

【注释】

①朱长文：字伯原，号乐圃、潜溪隐夫，苏州吴县人，北宋书学理论家。②已：停止。③阙："缺"的通假字，缺乏。④耒耜陶冶：耒耜，古代的一种翻土工具，耒是柄，耜是下端翻土的部分；陶冶，烧制陶器和冶炼金属。⑤生人之道：养育生民的手段，这里指各种生活中需要的日常工具。⑥疾：忧患，憎恨。⑦没世：去世。⑧厉：同"励"，勉励，激励。⑨汲汲：不停地去追求。

【译文】

程颐先生在回复朱长文的信中说：古时候圣贤所说的话都是不能不说的，因为有了这些话，人们才能更明确地理解天下的道理，没有这些话，人们的理解就会有所缺失。像耒耜、陶器、冶金的发明，少了任何一种，人们就会缺乏一种生活用具。圣贤的话也是如此，即使圣贤们想要不说，能不说吗？然而，圣贤的话虽然包涵了天下所有的道理，也十分简明扼要。后来的学人一开始读书就把写文章当成了第一选择，一生中所写的文章甚至比圣人留下的还要多。然而，这些文章对天下也没有什么益处；没有这些文章，对天下也没有什么损失，都是些没有用的废话。不仅是废话而已，所说也抓不住中心要点，偏离了本真纯正的原则，反而对修学之道有一定的损害。您在来信中说，您写文章的目的是为了让以后的人看到您的文章后，能够明白您没有忘记"善道"，其实这就是世人所说的私心了。孔子说："我担心死后我的名声不能在世间显扬"，担心的是没有善心善行可为人称道，而不是显赫的名声。名声这种东西，可以用来激励普通人，对君子而言，不必在心中执着地去追求。

【赏析】

对于儒者来说，名声只是身外之物，是不值得去追求的，应该把自己的精力放到对圣贤之道的学习上，放到天下万民的身上，这才是最值得追求的。

6

内积忠信，"所以进德"也；择言笃志，"所以居业也"。"知至至之①"，"致知②也"。求知所至而后至之，知之在先，故"可与几③"，所谓"始条理者，知④之事⑤也"。"知终终之"，"力行"也。既知所终，则力进而终之，守之在后，故"可与存义"，所谓"终条理者，圣之事也"。此学之始终也。

——《程氏易传·乾传》

【注释】

①知至至之：知道时机来了，就立即开始行动。②致知：达到完善的理解。③与几："与"是把握，"几"是征兆。④知：通"智"，智者。⑤事：能够做到的。

【译文】

长期在内心积累忠诚信义，可以提高自己的德行和修养；说话恰当合宜、志向坚定，可以成就一番事业。知道时机来了，就立即开始行动，这就是"致知"。力求知道什么时候该去做，然后开始去做，"知道"在"做"的前面，可以说是敏锐地把握住了事物的征兆，也就是孟子所说的"一开始就能把握住事情的条理和发展，是智者才能做到的"。知道事情该结束了就立即结束,这就是"力行"。既然知道该结束了,就努力推动去结束,推动后还能够坚持下去,可以称为心存大义,这就是孟子说的"能够圆满地完成前后始终的条理,是圣人才能做到的"。做学问也是一样的道理。

【赏析】

这一条是程颐对孟子"始终条理"的解析,说明实践的顺序是"先知"而"后行",也是程颐思想的一个关键点。程颐主张要先"致知",当对"理"有了深刻、清晰的认识后,再投入全部身心并贯彻始终地执行,去"力行",这才是真正的智慧。

7

君子主敬[①]以直[②]其内,守义以方[③]其外[④]。敬立而内直,义形而外方。义形于外,非在外也。敬义既立,其德盛矣,不期大而大矣,"德不孤"也,无所用而不周,无所施而不利,孰为疑乎?

——《程氏易传·坤传》

【注释】

[①]主敬:修养诚敬。[②]直:使……正直。[③]方:使……合乎准则。[④]外:外部的行为。

【译文】

君子要修养诚敬使内心正直,守持大义来规范外在行为。诚敬确立了,内心自然就会正直;大义表现出来了,行为自然就规范了。既然确立了诚敬和大义,人的德行修养自然而然地就高尚了,不用刻意追求德高望重,也变得德高望重了。德行不是孤立存在的,没有什么用了"德"而不周全的,没有什么用"德"去施行而不顺利的,谁会怀疑这一点呢?

【赏析】

程颐认为"敬"是用来提高内心的修养,"义"是用来规范外部的行为,儒家的弟子要将二者理解透彻并身体力行。这段话比内圣外王更贴切地形容儒家的生命境界,也是对《大学》中"诚于中"和"形于外"的阐述和发挥。

8

动以天为无妄①，动以人欲则妄矣。无妄②之义大矣哉！虽无邪心，苟不合正理，则妄也，乃邪心也。既已无妄，不宜有往，往则妄也。故无妄之象③曰："其匪④正有眚⑤，不利有攸⑥往。"

——《程氏易传·无妄传》

【注释】

①无妄："妄"是乱、不正的意思，无妄就是不要有不合正轨的行为。②无妄：《易经》中第二十五卦的名字。③象：易经中对卦辞的总体性解释。④匪："非"的通假字。⑤眚 shěng：过错，灾祸。⑥攸：所。

【译文】

按照天理行动是正确的，按照人的欲望行动是荒谬的。《无妄》这一卦的义理真是博大精深呀！虽然没有邪心，但是不符合正理也是"妄"，也算有邪心了；既然已经"无妄"了，就不适合继续下去了，再继续又是"妄"了。所以《无妄》的《象》辞说："偏离正道就会有灾祸发生，不应该从那个方向走下去。"

【赏析】

已经达到了预期的效果，就不要再继续做下去了，不然就是画蛇添足，反而会带来不好的后果。

9

人之蕴蓄，由学而大①，在多闻前古圣贤之言与行。考②迹以观其用，察言以求其心，识③而得之，以蓄成其德。

——《程氏易传·大畜传》

【注释】

①大：扩大，丰富。②考：研究。③识：知道。

【译文】

人们的学问是通过学习积累而充实渊博的,学习在于了解古代圣贤们的言论和事迹。研究他们的事迹,可以观察到他们的德行;仔细辨别他们的言论,可以寻求到他们的立言之意,知道了这些就会有收获,这样积累下去就可以成就自己的德行。

【赏析】

很多人不明白如何学习圣贤之道,程颐在这里提出了自己的见解,告诉他们要学习哪些内容,学习中要注意什么,学习后会有什么效果。

---

⑩

咸之象①曰:"君子以虚受②人。"传③曰:中无私主,则无感不通。以量④而容之,择合⑤而受之,非圣人有感必通之道也。其九四曰:"贞吉悔亡。憧憧往来,朋从尔思。"传曰:感者人之动也,故咸皆就人身取象。四⑥当心位而不言咸其心,感乃心也。感之道无所不通,有所私系则害于感通,所谓悔也。圣人感天下之心,如寒暑雨旸⑦,无不通无不应者,亦贞而已矣。贞者,虚中无我之谓也。若往来憧憧然,用其私心以感物,则思之所及者有能感而动,所不及者不能感也。以有系之私心,既主于一隅一事,岂能廓然无所不通乎?

——《程氏易传·咸传》

【注释】

①象:象辞。《易经》中的象分为大象和小象,大象是对整个卦进行的解释,小象是对每一爻进行的阐述。②受:接受,容纳。③《传》:这里指《程氏易传》。④量:心量。⑤合:符合。⑥四:第四爻。⑦旸:晴天。

【译文】

《咸》卦的象辞说:"君子要虚心接受所有的人。"《程氏易传》中说:"心中没有私心杂念,感应便会无不通达。"不敞开胸怀容纳他人,只领受与自己相合的事物,这些都不符合圣人有所感应必能通达的道理。这一卦的九四爻辞说:"坚持纯正美好的心态,就不会有灾祸发生;思虑繁杂六根不净,你想什么,就会有什么样的不祥找过来。"《程氏易传》是这样解释的:"'感'是人的举动,所以《咸卦》中的'象'都取自于人体的各个部位。"第四爻相当于人心脏所处的位置,之所以爻辞中不说"咸卦之心",便是因为"感"本身就是心。"感"是无所不通的,如有了私心,就会影响"有感必通之道",也就是我们所说的"悔"。圣人感天下万物之心,就像严寒、酷暑、下雨、晴天一样,没有什么是不能通达的,也没有什么是不能回应的,也就是"贞"。"贞"就是空虚无我的意思。如果思虑不定,用自己的私心去感应外界的事物,那么就只能感应到心思所及的事物,心思不及的事物就无法感应了。用有了牵挂的私心去感应,只能局限在某一个角落、某一个事物,如何能够达到胸怀万物、没有不能通达的境界呢?

【赏析】

想要通达万物,就要有一个能够容纳万物的胸怀。内心有了偏向,也就等于拒绝容纳某些事物,自然会有失偏颇,无法通达了。

11

君子之遇艰阻,必自省①于身,有失而致之乎?有所未善则改之,无歉②于心则加勉,乃自修其德也。

——《程氏易传·蹇传》

【注释】

①省:反省。②歉:惭愧,歉疚。

【译文】

当君子遇到困难的时候,一定会从自身进行反省:这是因为我有失误的地方才导致的吗?如果有做的不好的地方,就改正过来;如果没有什么不好的,就勉励自己继续保持下去,这就是修养自己的德行。

【赏析】

程颐认为,生活和工作中有了困难和挫折时,不要去怨天尤人,寻找诸多的客观原因。而应该先从自身查找原因,看看是不是有地方做得还不够好,有则改之无则加勉。

12

非明^①则动无所之^②，非动则明无所用。

——《程氏易传·丰传》

【注释】

①明：光明，这里引申为目的。②之：去，往。

【译文】

没有目的，行动也就没有了方向；没有行动，有了目标也没有什么用。

【赏析】

目标是行动的方向，行动是实现目标的前提。

13

习^①，重习^②也。时复思绎^③，浃洽^④于中，则说^⑤也。以善及人，而信从者众，故可乐也。虽乐于及人，不见是^⑥而无闷，乃所谓君子。

——《程氏经说·论语解》

【注释】

①习：温习。②习：学习。③思绎：思索寻求。绎，找到事物的头绪。④浃洽：贯通。⑤说：通"悦"，喜悦。⑥见是：被肯定、称道。见，表被动。

【译文】

温习就是反复地学习。对那些不明白的地方勤加思考，就能够厘清其中的头绪，这时就会豁然开朗，心中充满喜悦之情。用"善"来影响他人，就会有很多人相信他、追随他，这当然是一件值得快乐的事。虽然以影响他人为乐，不被别人认可也不会烦恼，这就是我们所说的"君子"了。

【赏析】

学习并不是学了就结束了，还要对所学习的内容勤加温习，这样才能将知识真正地转换成自己的修养。

> ## 14
>
> "古之学者为己",欲得之于己也;"今之学者为人",欲见知①于人也。
>
> ——朱熹《论语精义》卷七下

【注释】

①见知:为人所知。

【译文】

以前的人是为了自己去学习,因为他们学习的目的是为了提高自己的修养;现在的人是为了别人去学习,他们的目的是为了得到别人的认可,获得声誉。

【赏析】

修习圣贤之道的目的应该是为了增加自己的学识、提高自己的修养,而不是为了获得巨大的声誉,这也是程颐提倡的治学态度。

> ## 15
>
> 伊川先生谓方道辅①曰:圣人之道,坦如大路,学者病②不得其门③耳。得其门,无远之不可到也。求入其门,不由于经④乎?今之治经者亦众矣,然而买椟还珠⑤之蔽,人人皆是。经所以载道也,诵其言辞,解其训诂⑥,而不及道,乃无用之糟粕耳。觊足下⑦由经以求道,勉之又勉,异日见卓尔有立于前,然后不知手之舞、足之蹈,不加勉而不能自止矣。
>
> ——程颐《手帖》

【注释】

①方道辅:指的是方元寀,道辅是他的字。方元寀是福建莆田人,曾经与程颐有书信往来。②病:以……为病,此处指问题是。③不得其门:找不到它的门户,意为找到正确的方法。④经:指儒家的各种经典,包含

"五经"。⑤买椟还珠：典出《韩非子·外储说》。楚国一位珠宝商人把珍珠放进精美的盒子里卖，有人出了高价买，楚国人却只留下盒子，又把珍珠还给了商人。后来用这个成语比喻没有眼光、舍本逐末。椟，盒子。⑥训诂：用通俗的话去解释词义叫"训"，把用当代的话去解释古语或用较通行的话去解释方言叫"诂"。训诂就是解释古代典籍中的字句。⑦足下：对同辈、朋友的尊称，就是现代的"您"。

【译文】

程颐先生告诉方元寀：圣人之道就像平坦的大路一样，问题是学习的人找不到正确的学习方法。有了正确的方法，再遥远的地方也不是不能到达。想要尽快入门，不学习圣人的经典怎么可以呢？现在研读典籍的人很多，可是人人都犯了"买椟还珠"的错误。典籍是用来承载圣贤之道的，如果只背诵华美的辞章、明白其中的典故，而不懂得圣人的微言大义，典籍也不过是无用的糟粕罢了。希望您能通过研读经典明白圣贤的大道，不停地努力下去，总有一天能看见圣人之道卓然在您的面前，就会情不自禁地手舞足蹈，即使不想继续努力也无法停下来了。

【赏析】

如果做学问只是为了追求骈四俪六的华丽辞藻、解释那些偏僻的典故，这无疑是舍本逐末。做学问的目的应该是为了承载圣贤之道，修养自身。

16

明道先生曰："修辞①立其诚"，不可不子细②理会。言能修省③言辞，便是要立诚，若只是修饰言辞为心，只是为伪也。若修其言辞，正为立己之诚意，乃是体当自家"敬以直内、义以方外"之实事。道之浩浩，何处下手？惟立诚才有可居之处。有可居之处，则可以修业也。"终日乾乾"，大小大④事，却只是"忠信所以进德"为实下手处，"修辞立其诚"为实修业处。

——《二程遗书》卷一

【注释】

①修辞：使言辞合于礼义要求。②子细：即仔细。③修省：修养，反省自身。④大小大：偌大。

【译文】

程颢先生说，一定要仔细体会"让言辞符合礼仪的要求，才能树立真诚"，这句话是说：修养、省察自己的言辞有没有不当之处，目的是为了树立真诚。如果只是刻意修饰自己的言辞，那是虚伪；如果修饰言辞的目的是为了显示自己的真诚，这就是体会自身"敬以直内、义以方外"的实在之事。圣人之道浩瀚无际，又该从哪里着手呢？只有树立真诚才是根本，有了这个根本，就可以修习德业了。每天都努力追求不肯停息，不管多么重要的事，都从"忠信所以进德"作为切实下手的地方，"修辞立其诚"是成就德行事业的方法。

【赏析】

这一段是程颢对他的弟子苏季明的回答。苏季明认为，人们在一起只能讨论经义，其他与经义无关的问题都不要涉及。程颢对他的观点进行了批驳，认为只要是为了"立其诚"，即使是闲谈也是有意义的，因为人们所有的生命活动都是天地之道的体现，都能从中探索到圣人之道，对成就德行事业不无裨益。

17

伊川先生曰：志①道恳切，固是诚意。若迫切不中理②，则反为不诚。盖实理中自有缓急，不容如是之迫。观天地之化乃可知。

——《二程遗书》卷二上

【注释】

①志：愿意、有志于。②中理：符合事理。

【译文】

程颐先生说，愿意学习真理并且态度恳切，当然是真诚的体现；如果心情太迫切了，以致不符合事理，反而就是不真诚了。其实事理中本来就有轻重缓急之分,不允许过分急迫。观察天地造化万物就可以明白这个道理了。

【赏析】

事情有轻重缓急,想要快些做好某些事的心情是可以理解的,也应该努力加快速度。但是要注意不能迫切,事物的发展需要过程,如果盲目加快发展的速度,会很容易朝着不好的方向发展。

18

孟子才高,学之无可依据。学者当学颜子,入①圣人为近,有用力处。又曰:学者要学得不错,须是学颜子(本注:有准的②)。

——《二程遗书》卷二上、卷三

【注释】

①入:进入、达到。②准的:引申为标准。

【译文】

程颐说:孟子天资极高,不能将他作为我们学习的榜样。应该学习颜回,这样可以更快地达到圣人的境界,而且有用力的地方。又说:学的时候想要不出差错,必须要学颜回(原注:有参照的标准)。

【赏析】

孟子天资超群见识极高,属于生而知之的范畴,后人无法通过学习他达到圣人的境界。而颜回就不同了,例如颜回的"不迁怒不贰过""三月不违仁"等,都有明确的标准,如果能够做到颜回的程度,离圣人之境也就不远了。

19

明道先生曰:且省①外事②,但③明乎善,惟④进诚心,其文章虽不中不远矣。所守不约,泛滥无功。

——《二程遗书》卷二上

【注释】

①省:减少,去除。②外事:外在的功夫。③但:只要。④惟:同"唯"。

【译文】

程颢先生说，暂且将那些花在文章表面的功夫省省吧，只有明白了什么是善，真诚之心就会日益增进，这样所作的文章即使不合乎中道，也所差无几了。心中所守持的论点不专一的话，所学就会宽泛杂滥，毫无用处。

【赏析】

文章只是一个载体，为的是表明自己的观点，如果文辞优美的话，当然有着更强的阅读性。不过，如果把重点放到修饰文辞上，而忽视了内容，那么这篇文章自然是华而不实，没有用处。

20

学者识得仁体，实①有诸②己，只要③义理栽培。如求经义，皆栽培之意。

——《二程遗书》卷二上

【注释】

①实：真实、实在，"虚"的反义词。②诸："之于"的合音。③只要：仅仅需要。

【译文】

求学的人想要明白什么是仁的本体，并且让自己确实拥有仁德，只需要用义理来熏陶培养自己就行了。比如精研经典，求得里面的义理，都是培养自己的方法。

【赏析】

在程颢的理论中，仁是生命的本体，学习的目的是为了把仁显现出来，而学习的手段则是从经典中明白什么是义理，让本体变得更加强壮。

21

昔受学于周茂叔①，每令寻颜子、仲尼乐②处，所乐何事。

——《二程遗书》卷二上

【注释】

①周茂叔：即周敦颐，茂叔为其字。②乐：快乐。

【译文】

以前我在周敦颐先生那里求学的时候，他经常让我研究能够让颜回、孔子感到快乐的是什么事物，这些事物为什么会让他们快乐。

【赏析】

颜回快乐的是："一箪食，一瓢饮，在陋巷。人不堪其忧，回也不改其乐"；孔子快乐的是"饭疏食、饮水，曲肱而枕之，乐亦在其中矣！不义而富且贵，于我如浮云"，"发愤忘食，乐以忘忧，不知老之将至云尔"。为什么这些会让他们感到快乐呢？宋儒主流的观点认为他们乐的是"道"。如果人们能够根除自己的私欲，一言一行都遵循"理"的规定，心胸自然会无所挂碍。这就是"道"修养到极致，达到了儒家的最高境界，便能让人收获快乐。

22

所见所期不可不远且大，然行之亦须量力有渐①。志大心劳②，力小任重，恐终败事。

——《二程遗书》卷二上

【注释】

①渐：渐进。②心劳：心力劳瘁。

【译文】

对自己的见识和未来的期望一定要博远广大。然而，在付诸行动时必须量力而行、循序渐进。目标定得太高就会心神劳累，能力不够却承担了超出能力的责任，恐怕最后会使事情失败。

【赏析】

"志当存高远"。程颢是认同这个观点的，但是他同时也提出，日常生活中一定不能制定难以企及的目标，一旦不能实现，不但耗费巨大的精力、财力，还会让人产生悲观、沮丧的负面情绪；如果能力不够也不要接受艰巨的任务或者过高的职位，否则很难完成任务。程颢的观点和现代的"小目标、大目标"，"短期愿望、长期愿望"有着异曲同工之妙。

23

朋友讲习，更莫如"相观而善①"工夫②多。

——《二程遗书》卷二上

【注释】

①相观而善：互相观摩，取长补短。②工夫：成效、效果。

【译文】

朋友们在一起讲授研习，不如互相切磋、取长补短更有效果。

【赏析】

讲授研习仍然属于坐而论道的范畴，停留在理论的阶段；"相观而善"则进入了行动的阶段，在行动中发现别人的长处和自己的不足之处，吸取别人的闪光点，补足自己的短板，修养才能更快地提高。

24

须是大①其心使开阔，譬如为九层之台，须大做脚②须得。

——《二程遗书》卷二上

【注释】

①大：使……大，扩充，扩大。②脚：根基，基础。

【译文】

修学应该先扩充自己的心胸，使其宽广起来（这样才能有所成就）。就像建造一座九层高的楼阁，需要打下一个很大的地基才好。

【赏析】

心胸宽广了，才能接受更多的事物，才能接受不同的意见。"他山之石可以攻玉""三人行必有我师"，说的都是修学要持谦虚的态度。

25

明道先生曰：自"舜发①于畎亩②之中"至"孙叔敖举于海"，若要熟，也须从这里过。

——《二程遗书》卷三

【注释】

①发：发迹，任用。②畎亩：田间，田地。

【译文】

程颢先生说，从"舜发于畎亩之中"到"孙叔敖举于海"，想要把学问做得熟练，也同样要经过这样的磨炼。

【赏析】

治学和做事业一样，从来不是一件轻松愉快的事，没有谁能够在嬉笑玩闹中就获得了成功。想要学业有成，需要付出极大的努力和心血。

26

参①也，竟以鲁②得之。

——《二程遗书》卷三

【注释】

①参：曾参，字子舆，孔子晚年的弟子之一（他的父亲曾点是孔子早期的学生，父子二人都是孔门七十二贤），儒家学派的重要代表人物。曾参和颜回、子思、孟轲并称为"孔门四大弟子"，后世称为宗圣公，和其他三人一同供奉在孔庙中，名为"四配"。②鲁：愚鲁，迟钝，不聪明。

【译文】

曾参这个人资质愚笨，却竟然因为这一点继承了孔子的衣钵。

【赏析】

儒家的经典《大学》就是曾参的著作，名列"四书"第一，后来成为科举考试中的必考内容，能够写出这样一部鸿篇巨制的人，难道会资质愚笨还不如普通人吗？据《论语》记载，曾参"三省其身，仁以为己任"，一生小心谨慎，以保其身，临终前还不忘修养的功夫，恰恰说明曾参用心于内，时刻不忘孔子的教诲并身体力行；孟子也说曾参能"守约"，就是能够把握住要点，这些都是曾参能够成圣的原因。由此看来，曾参的"鲁"只是精神内敛，将精力都放在了修养圣贤之道上，而不在意日常生活中的细枝末节，这不是真的愚鲁。

27

明道先生以记诵博识为"玩物丧志"。（本注：时以经语录作一册。郑毂①云：尝见显道先生②云"某从洛中③学时，录古人善行，别作一册。明道先生见之，曰是'玩物丧志'。盖言心中不宜容丝发事"。）

——《二程遗书》卷三

【注释】

①郑毂：建安人，字致远，谢良佐弟子。②显道先生：谢良佐，字显道，与游酢、杨时、吕大临并称"程门四先生"，是心学的奠基人之一。③洛中：指程颢。

【译文】

程颢先生认为，记诵博学就是"玩物丧志"（原注：谢良佐曾经把经典上的话录成了一个小册子。郑毂说曾经听谢良佐先生说过，"我在程颢先生那里上学的时候，将古人的善行抄录下来，单独装订成了一本书。程颢先生见后说，'你这是玩物丧志呀'。"程颢先生的意思应该是说，修学应该心无旁骛，不能被那些细枝末节打扰心神）。

【赏析】

程颢的这种观点有值得商榷之处，"记诵博识"和"玩物丧志"显然不是一个概念。在这件事中，程颢的意思应该是对谢良佐"录古人善行，别作一册"的行为不太认可，故发此评论。他强调的是做事应该专心致志。

28

礼乐只在进①反②之间，便得性情之正。

——《二程遗书》卷三拾遗

【注释】

①进：力行。②反：退敛。

【译文】

"礼"和"乐"是让人在"力行"和"退敛"之间取得平衡的，平衡了就能养成中正平和的性情。

【赏析】

"礼"是约束人的行为，能够使人谦虚、退让，但是人性崇尚自由，不愿意被礼法所约束；"乐"能够抒发人的情感，让人感到心情愉快，激励奋发向上的欲望，欲望没有了节制就成了放纵。失去了进步的愿望，就要用"乐"来激励，让人重新拥有奋发向上的欲望；当欲望过多时，就需要用"礼"来约束，使人不至于放纵。如此循环不已，人的性情就得到了陶冶，行为也合乎了中正之道。

29

父子君臣，天下之定理①，无所逃于天地之间。安得天分②，不有私心，则行一不义，杀一不辜，有所不为。有分毫私③，便不是王者事。

——《二程遗书》卷五

【注释】

①定理：无法改变的真理。②天分：天理。③分毫私：一分一毫的私心。

【译文】

父子亲、君臣义，这是天下无法改变的真理，天地间无论是谁都要遵守这个真理。人要安于天理不存私心，即使做一件不义的事、杀一个无辜的人（就可以得到天下），也不要去做。但凡有一丁点的私心，就不是王者应做的事了。

【赏析】

做事情要有原则，不管在任何情况下，都不要做违背道义的事情。"三纲五常"是中国儒家伦理文化中的重要思想，在漫长的封建社会中，此理论对维护社会的伦理道德、政治制度，起到了极为重要的作用。

30

论性不论气不备①；论气不论性不明，二②之则不是。

——《二程遗书》卷六

【注释】

①备：完整、完备。②二：分割开来。

【译文】

讨论本性的时候不涉及气禀是不完整的，只讨论气禀而不涉及本性是不准确的，将两者分割成两部分是不对的。

【赏析】

本性和气禀是道在不同方面的体现，分割开来就无法体现道的完整含义。

31

论学便要明理，论治①便须识体②。

——《二程遗书》卷五

【注释】

①治：治理天下。②体：本体，这里指治国的纲要、根本。

【译文】

讨论治学，就要明白什么是义理；讨论如何治理天下，就要知道治国的根本是什么。

【赏析】

"论学"是内圣，学者要知道自己需要学什么，提高自己的修养后才能"论治"；"论治"是外王，想要治理天下，就要明白治国的根本在哪里，这样才能提纲挈领，事半功倍。内圣是外王的基础，所以论学在前、论治在后。

32

曾点①、漆雕开②已见大意，故圣人与③之。

——《二程遗书》卷六

【注释】

①曾点：字晳，曾参的父亲，孔门七十二贤之一。②漆雕开：字子开，又字子若，孔门七十二贤之一，以德行著称。③与：赞赏，称赞。

【译文】

曾点、漆雕开已经大体把握了圣人之道，所以圣人称赞他们。

【赏析】

孔子对曾点和漆雕开的赞许是不相同的。曾点的志向是"莫春者，春服既成，冠者五六人，童子六七人，浴乎沂，风乎舞雩，咏而归"，这说明曾点体会到了天道自然之意，而且和孔子的愿望是一致的，所以孔子说"吾与点也"。当孔子让漆雕开去做官，漆雕开回答"吾斯之未能信（我没有信心做好）"，说明漆雕开知道天道无穷，自己的修养还没有达到相应的层次，仍然需要继续努力。尽管二人的表现不同，但是都证明他们对圣人之道有了大概的理解，所以都得到了孔子的称赞。

33

根本须是先培壅①，然后可立趋向②也。趋向既正，所造③浅深则由勉与不勉也。

——《二程遗书》卷六

【注释】

①培壅：指在植物根部覆盖泥土，这里引申为打好基础。②趋向：方向。③造：造化、造诣。

【译文】

修学就和种树一样，需要先打好基础，之后就可以树立方向了。只要方向是正确的，造诣的高低就看个人的努力了。

【赏析】

学业有成需要三个条件：基础、方向、态度。牢固的基础是前提，如果基础不牢固一切都是无根之木；正确的方向是目标，方向错了必然南辕北辙；态度决定了成果，勤于修学则造诣深湛，疏于修学则造诣低浅，不努力则一无所获。

34

敬义①夹持直上，"达天德"自此。

——《二程遗书》卷五

【注释】

①敬义：敬以直内，义以方外。

【译文】

用诚敬使内心正直，用道义使行为规范，有了这二者的扶持就可以扶摇直上，通达天道性命之理就是从这里开始的。

【赏析】

诚敬主内，用以提高内心的修养；道义主外，用以规范外部的行为。二者不可或缺，否则很难通达性命之理。

35

懈①意一生②，便是自弃自暴。

——《二程遗书》卷六

【注释】

①懈：松懈、懒惰。②生：产生。

【译文】

一旦有了懈怠的念头，就是自暴自弃。

【赏析】

天道生化万物从来没有懒惰的时候。人的修养也不能有时刻的放松，一旦有了松懈的想法，就会功亏一篑，也就不合乎"道"了。

36

不学便老而衰。

——《二程遗书》卷七

【译文】

如果停止了学习，（生命力）就会老化、衰退。

【赏析】

人一天天变老是自然规律，随着年龄的增长精力也会逐渐衰退，只是不同的人衰退的程度有所不同。如果能够一直保持着旺盛的求知欲，人就不容易衰老。

37

人之学不进，只是不勇①。

——《二程遗书》卷十四

【注释】

①勇：勇于进取，这里是努力的意思。

【译文】

如果某个人的学业没有进步，那是他不够努力，没有下大功夫。

【赏析】

程颢认为，如果一个人的学业没有进步，任何的理由都是狡辩，如果能够勇于进取，真正全身心地去学习，不管是什么样的环境、什么样的境遇都能成就学业。

38

学者为气①所胜，习②所夺，只可责志。

——《二程遗书》卷十五

【注释】

①气：气质。②习：这里指陋习。

【译文】

做学问的人如果不能改变自己的气质、改变原有的陋习，只能说这个人心志不坚。

【赏析】

学习贵在坚持，坚持就是要有坚毅的心志。如果心志不坚，就无法改变自己原本的气质和习惯，学习的效果就会大打折扣。

39

内重①则可以胜外之轻，得深②则可以见诱之小。

——《二程遗书》卷六

【注释】

①内重：指人内在修养积淀深厚。②得深：指人的义理学问造诣深厚。

【译文】

内在的修养积累得足够深厚，就会超越外物，显得外物无足轻重；对义理理解得足够深入，就会发现外界诱惑渺小了。

【赏析】

身外之物还是和原来一样，外界的诱惑仍然还是原来的力度，为什么会觉得无足轻重、越来越小了呢？其原因就是我们内在的修养更高了。

40

董仲舒①谓:"正其义,不谋其利;明其道,不计其功②。"孙思邈③曰:"胆欲大而心欲小,智欲圆而行欲方。"可以为法④矣。

——《二程遗书》卷九

【注释】

①董仲舒:广川郡(河北景县)人,西汉思想家、政治家、教育家,曾向汉武帝建议"罢黜百家,独尊儒术",对后来儒家的发展起到了巨大的作用,被誉为公羊大师、儒家大儒。②功:功效、成果。③孙思邈:京兆华原(今陕西铜川市耀州区)人,唐代著名道士、医药学家,被尊称为"药王"。④法:标准,法式。

【译文】

董仲舒说:"为人处世以义为先,不能谋取私利;做事的目的是为了彰显大道,不是为了成效。"孙思邈说:"胆子要大,心思要细;智慧要圆融,行为要端正。"可以把这些当作我们的标准了。

【赏析】

董仲舒的话是从大的方面讲的,孙思邈的话则是做事做人的具体要求。在为人处世中,将二者结合起来,定能事半功倍。

41

大抵①学不言而自得者,乃自得②也。有安排布置者,皆非自得也。

——《二程遗书》卷十一

【注释】

①大抵:大概,大多数。②自得:自己悟出的道理,自己的心得体会。

【译文】

大体上来说,修学中不是听别人说,完全是由自己领悟出来的,就是

"自得"；如果有了他人的安排布置，之后才明白，就不是自己所得。

【赏析】

顾名思义，"自得"就是完全由自己、一点不借助他人领悟到的，一旦有了外力的参与，也就不是"自得"了。

42

视听、思虑、动作，皆天①也。人但于其中，要识得真与妄尔。

——《二程遗书》卷十一

【注释】

①天：天性。

【译文】

看与听、思考、举动都是天性发出的，人要从这些动作中分辨出哪些是真实的，哪些是虚妄的。

【赏析】

动作就是动作，难道还有真实和虚妄的分辨吗？程颢的意思是，如果这些动作是自然而然的行为，就是天性的反应；如果夹杂了人的私欲，就不是天性了。

43

明道先生曰：学只要鞭辟近里①著己②而已。故"切问而近思"，则"仁在其中矣"。"言忠信，行笃敬，虽蛮貊③之邦行矣。言不忠信，行不笃敬，虽州里④行乎哉？立则见其参⑤于前也，在舆则见其倚于衡也，夫然后行。"只此是学。质美者明得尽，查滓⑥便浑化⑦，却与天地同体。其次惟庄敬持养⑧。及其至则一也。

——《二程遗书》卷十一

【注释】

①鞭辟近里：指深入剖析，靠近核心的内容。形容探求透彻，深入精微。

②著己：着力于自己。③蛮貊：本指南蛮、北狄。后比喻四方未开化的民族。④州里：州和里的合称，古时以两千五百家为州，二十五家为里。这里代指自己的家乡。⑤参：列，显现。⑥查滓：同"渣滓"。⑦浑化：浑然化一。浑，完全。⑧持养：养育，培养。

【译文】

程颢先生说，修学就是深入剖析以接近核心的内容、努力提高自身的修养罢了。从这一点说，提出问题契合本意、思考问题接近本质，"仁"就包含在其中了。"说话忠实可信、一举一动笃实恭敬，即使到了蛮荒之地也能立足，反之在自己的家乡也没有立足之地。站立之时，'忠信笃敬'几个字就好像浮现在面前；坐到车上，这几个字就好像刻在车辕前的横木上，到了这个程度才能立足于天地之间。"只有这个是修学。资质上佳的人理解得透彻，性格中私欲的渣滓完全消失，与天地合为一体。资质稍差的人只要用心地涵养自己的德行，等到私欲消失后仍然可以达到天地合为一体的境界。这两种人虽然资质不同，但是最后达到的境界是一样的。

【赏析】

人生在世，必须要遵循的一个原则就是"忠信笃敬"。切实笃行了，则无往而不利，反之则不容于天地之间。修学的人也没有聪慧愚笨之分，即使资质不如他人，只要态度端正、学习用心，仍然可以取得成绩。

44

"忠信所以进德，修辞立其诚，所以居业"者，乾道①也。"敬以直内，义以方外"者，坤道②也。

——《二程遗书》卷十一

【注释】

①乾道：乾的法则，指天有刚健不息的特质。②坤道：坤的法则，指地有承载涵养的特质。

【译文】

"有了忠诚信义,德行才能够增进,修饰言辞建立真诚,是建功立业的基础",说的是君子要自立自强、不停努力,这也是乾的法则。"心存诚敬则内心正直,胸有道义则行为规范",这是让君子增加美德,容载万物,也是坤的法则。

【赏析】

"天行健,君子以自强不息","地势坤,君子以厚德载物"。德行美好的人不仅要提高自己的修养,为社会大同做出贡献,待人接物也要有大地一样的度量,任何东西都可以承载。

45

凡①人才②学便须知著力处,既学便须知得力③处。

——《二程遗书》卷十二

【注释】

①凡:但凡,凡是。这里引申为"所有的"。②才:开始。③得力:有效率,有效果。

【译文】

但凡人在开始学习的时候就要知道从哪里下手,学习中要知道怎么样才最有效率。

【赏析】

想要尽快地提高修养,第一是要知道从哪里着手,这样才能有的放矢;第二是要知道哪种方法是最有效率的,这样才能事半功倍。

46

有人治①园圃②,役知力③甚劳。先生曰:蛊之象:"君子以振④民育德",君子之事,唯有此二者,馀无他焉。二者,为己为人之道也。

——《二程遗书》卷十四

【注释】

①治：修治，整饬。②园圃：园是果园，圃是菜地。这里代指农业活动。③知力：精神和体力。④振：通"赈"，接济、帮助。

【译文】

有人从事农业生产，不管是精神还是身体都疲惫不堪。程颢先生说，《蛊》卦中的"象"是这样说的："君子帮助周围的民众，涵养自己的德行。"由此看来，君子只要做好这两件事就可以了，其他的都不用考虑。这两件事，就是为己和为人的准则。

【赏析】

从表面看，程颢的看法和前面的"治园圃"风马牛不相及，但是深入体会后我们会发现，程颢否定了农业活动，认为读书人只要"振民育德"就可以了，其他的都不必过问。这个看法和孔子鄙夷樊迟很接近，不过我们也不能简单地认为程颢鄙视农业活动，他的意思更多地是认为读书人要以"振民育德"为己任，在这两点没有做好之前，其他的活动都应该放到后面。

47

"博学而笃志，切问而近思"，何以言"仁在其中矣"？学者要思得之。了①此便是彻上彻下之道。

——《二程遗书》卷二十二

【注释】

①了：明白。

【译文】

"广博学习而志向坚定，贴切发问而思考本质"，为什么说"仁就在这里面"呢？读书人一定要仔细思索，研究清楚答案是什么。明白了这个道理，就是明白了学问上下一贯之道。

【赏析】

仁并没有一个确定的概念，只有"博学而笃志，切问而近思"，才能真正明白什么是仁。

48

弘①而不毅②，则难立；毅而不弘，则无以居之。（本注：《西铭》③言弘之道。）

——《二程遗书》卷十四

【注释】

①弘：志向远大。②毅：意志坚定。③《西铭》：本名《订顽》，是张载作品《正蒙·乾称》篇首段文字，后程颐将其改称为《西铭》。

【译文】

志向远大，然而意志却不坚定，就很难求得大道；意志坚定，志向却不远大，大道也就没有了容身之处。

【赏析】

想要求得大道，远大的志向和坚定的意志二者缺一不可：没有远大的志向，大道也就不会成为目标，即使意志再坚定，最后也未必会取得好的结果；如果没有坚定的意志，即使把求得大道作为目标，也会半途而废，功亏一篑。

49

伊川先生曰：古之学者，优柔厌饫①，有先后次序。今之学者，却只做一场话说，务高②而已。常爱杜元凯③语："若江海之浸，膏泽④之润，涣然冰释，怡然理顺，然后为得也。"今之学者，往往以游⑤夏⑥为小⑦，不足学。然游夏一言一事，却总是实。后之学者好高⑧，如人游心于千里之外，然自身却只在此。

——《二程遗书》卷十五

【注释】

①优柔厌饫：优柔，宽舒从容；厌饫，饱食。这里用来比喻治学从容

自得、深入体会。②务高：好高骛远。③杜元凯：杜预，字元凯，京兆杜陵人，西晋著名政治家、军事家和学者，被誉为"杜武库"。④膏泽：用油脂去润泽，常比喻滋润土壤的雨水。⑤游：孔子的学生言偃，字子游，与下文的子夏都是"孔门十哲"之一。⑥夏：孔子的学生卜商，字子夏，尊称卜子、卜子夏。⑦小：细、微。这里指学问浅薄。⑧好高：目标不切实际。

【译文】

程颐先生说：以前读书人治学的时候从容不迫，由浅入深地研究体会典籍中的义理。现在的读书人则把治学当成了演讲，只停留在言辞上，好高骛远罢了。我一直喜欢杜元凯的这番话："（治学）就像江海的浸泽、雨水的滋润、寒冰的消融，欣然理顺了其中的道理，然后自有所得。"今天的读书人经常觉得子游、子夏没有什么学问，不值得去学习，不过关于子游、子夏的任何一句话、一件事，都是真实存在的，说明他们都取得了一定的成就。后来的读书人好高骛远，就像人的心思飘荡在千里之外，然而自己的身体却仍在原地一动不动。

【赏析】

按照儒家经典的记载，小孩子入学时要先学习打扫、应对、进退，然后再学礼、乐、射、御、书、数六艺，到了十五岁才开始学习经典，如此一步步地深入下去，学问和修养慢慢地得到了提高。现在的读书人很多却心浮气躁，只想一口吃成个胖子，眨眼间就能成为一代大儒，显然不符合循序渐进的规律。

50

修养之所以引年①，国祚②之所以祈天永命③，常人之至于圣贤，皆工夫④到这里，则自有此应。

——《二程遗书》卷十五

【注释】

①引年：益寿延年。②国祚：国运，王朝维持的时间。祚，气数。③祈天永命：祈求上天庇佑使国运延绵长久。④工夫：时间和精力。

【译文】

修身养性，所以延年益寿；祈求上天的庇护，所以国运延绵长久；普通人修养德性，所以成为了圣贤。这都是付出的时间和精力达到了临界点，自然就有了这样的回报。

【赏析】

程颐的这番话要从两方面来理解：一方面是成功需要足够的付出，没有付出，就不会有收获；另一方面成功是需要时间的，没有量变，也就无法引起质变。

51

忠恕①所以公平。造②德则自忠恕，其致则公平。

——《二程遗书》卷十五

【注释】

①忠，尽心为人；恕，推己及人。忠恕是儒家的一种道德理念。②造：成就。

【译文】

因为有了忠恕，所以才能达到公平。成就德行就是从忠恕开始的，忠恕到了极致自然就公平了。

【赏析】

能够为他人着想，能够从他人的角度出发考虑问题，才能做到公正合理。

52

仁之道，要之①只消②道一公字。公只是仁之理，不可将公便唤做仁。公而以人体之，故为仁。只为公则物我兼照③，故仁，所以能恕，所以能爱。恕则仁之施，爱则仁之用也。

——《二程遗书》卷十五

【注释】

①要之：要而言之，总之。②消：需要的合音。③物我兼照：外物与自己兼顾，意指推己及人。

【译文】

仁的道理，总结起来就是一个字："公"。公只是仁表现出来的义理，不能把公当成仁，公在人身上的体现才是仁。有了公，就可以推己及人，于是就有了仁、恕、爱。恕是仁的施行，爱是仁的作用。

【赏析】

这是程颐关于"仁"的代表性认识，充分表现了他的哲学性思维。程颐认为"公"并不是"仁"，只不过是"仁"在人身上的体现。

53

今之为学者，如登山麓①，方其迤逦②，莫不阔步，及到峻处③便止。须是要刚决果敢以进。

——《二程遗书》卷十七

【注释】

①山麓：指山坡和周围平地明显的交线或山坡和周围平地之间的过渡带。②迤逦：曲折连绵的样子。代指没有困难。③峻处：险峻的地方。代指有了困难。

【译文】

现在的人做学问就如同登山一样，当没有困难的时候，无不是大步前进，一旦有了困难，就停下来了。学习不应该是这样的，有了困难必须拿出很大勇气来解决困难，然后才能够进步。

【赏析】

程颐认为学习的过程中不能有了"拦路虎"就畏惧不前，要有迎难而上的精神，学业才能有成。

54

人谓要力行，亦只是浅近语。人既能知①，见一切事皆所当为，不必待著意②，才著意便是有个私心。这一点意气③，能得几时子？

——《二程遗书》卷十七

【注释】

①知：知道、明白。②著意：刻意。③意气：偏激、任性的情绪。

【译文】

人们所说的"力行"这个词，只是容易理解的说法。人既然有觉有知，就会发现所有的事都是应该去做的，不用等自己刻意去做。既然刻意去做，就有了私心在里面。这种一时冲动的情绪又能保持多长时间呢？

【赏析】

程颐认为只要有觉知，对"理"有深刻的理解，就会主动地、自然而然地去做事情。对理的认识不足，就不知道为什么要去做某种事情，即使勉强去做，也夹杂了消极的情绪，很难长久。

55

知之必好之，好之必求之，求之必得之。古人此个学是终身事。果能颠沛造次①必于是，岂有不得道理？

——《二程遗书》卷十七

【注释】

①造次：仓促紧迫。

【译文】

知道了某个道理，就一定要喜欢它，喜欢它就一定要探索它，探索它就一定要通达它。古人认为，修学是一生都要坚持的事情，如果能够在颠沛困顿、仓促不暇之时仍然保持这种治学态度，哪里有无法通达的道理？

【赏析】

其实，不单单是治学贵在坚持，做任何事情，都要坚持，都是有持之以恒的态度。

56

古之学者一，今之学者三，异端①不与焉。一曰文章之学②，二曰训诂之学③，三曰儒者之学。欲趋道，舍儒者之学④不可。

——《二程遗书》卷十八

【注释】

①异端：原义为异常的征兆，后来儒家将儒家学说之外的其他学说、学派统称为异端。②文章之学：研究语言修辞和文章作法的学问。③训诂之学：研究解释古书中词句含义的学问。④儒者之学：研究儒家经典义理的学问。

【译文】

以前的学问只有一种，今天的学问分为三种（异端学说不包括在内）：第一种是文章之学，第二种是训诂之学，第三种是儒者之学。想追求圣贤之道，不学习儒者之学是不可能成功的。

【赏析】

古时候的学问也不见得只有一种，只不过那时候分类不是那么明确，看起来好像就只有一种学问。秦汉之后，随着语言和文字的发展，先秦的典籍已经显得很晦涩了，如果没有人对其中的语句、典故、语言环境加以说明，很少有人能够看懂里面写的是什么，这就产生了训诂学。至于追求文字的可读性更是从古至今的要求，儒家也是在春秋时期产生的。

此外，程颐在这里也显现出了他的局限性，他把儒家以外的所有学说都当成了异端邪说。这是不正确的。

57

问：作文害道否？曰：害也。凡为文不专意则不工①，若专意则志局于此，又安能与天地同其大也？书曰"玩物丧志"，为文亦玩物也。吕与叔②有诗云："学如元凯③方成癖，文似相如④始类俳⑤。独立孔门无一事，只输颜氏得心斋⑥。"古之学者惟务养情性，其他则不学。今为文者，专务章句，悦人耳目。既务悦人，非俳优而何？曰：古学者为文否？曰：人见六经⑦，便以谓圣人亦作文，不知圣人亦摅⑧发胸中所蕴，自成文耳。所谓"有德者必有言"也。曰：游夏称⑨文学，何也？曰：游夏亦何尝秉笔学为词章也？且如"观乎天文以察时变，观乎人文以化成天下"，此岂词章之文也？

——《二程遗书》卷十八

【注释】

①工：精巧，细致。②吕与叔：吕大临，字与叔。京兆蓝田（今陕西蓝田）人，北宋金石学家，"蓝田四吕"之一。③元凯：杜预，字元凯。京兆杜陵（今陕西西安东南）人，西晋时期著名的政治家、军事家和学者。杜预很喜欢《左传》，自称有"左传癖"。④相如：司马相如，字长卿，蜀郡成都人。司马相如是西汉辞赋家，中国文学史上杰出的代表，作品有明显的道家思想与神话色彩。司马相如的代表作是《长门赋》，后人批评其为"俳谐文"，即诙谐戏谑的文章。⑤俳：俳优，古时以乐舞杂戏为业的艺人。⑥心斋：语出《庄子》，指摒除内心的私欲杂念，寂定专一而达到天人合一的境界。⑦六经：本指《诗经》《书经》《礼记》《乐经》《易经》《春秋经》。后来《乐经》失传，就成为"五经"。⑧摅：抒发，表达。⑨称：以……著名。

【译文】

问：写作文章对"道"有害吗？程颐先生回答说当然有害了。但凡写文章，不用心写的就不会文采斐然；在写文章上用的心太多，心志就会局限在这里，心胸又怎么会如同天地一样宽广呢？《尚书》上说"玩物丧志"，写文章用心太多也是"玩物"啊！吕大临有一首诗说："治学要像杜预那样，如同癖好一样去钻研学问；像司马相如那样去写文章就如俳优一般，只是为了去取悦他人。我只醉心于圣人的教导，其他的概不过问，只有在'心斋'的工夫还不如颜回。"以前的学者把自己的心思全部用在修身养性上，其他的都不去学习。现在的人写文章，将精力全部用在雕文酌句上面，务求让人看起来赏心悦目。既然是让别人高兴，那不算是俳优又能算是什么呢？（刘安节）接着问：古代的学者写文章吗？程颐先生说：人们看见《六经》流传于世，就认为圣人也写文章，但是他们不知道圣人只不过是抒发胸中对大道体会的积累，自然而然地就成了文章罢了，哪里是专门写的呢？这就是孔子所说的"有德行的人说出来的话就是一篇文章"。（刘安节）又问：子游、子夏以辞章修养著称，为什么呢？程颐先生说：子游、子夏又哪里会拿着笔去学怎么写文章呢？就像"观察宇宙以明白时序的变化，观察礼乐来教化百姓"，这样的话又怎么能是"天文""人文"，怎么会是普通的文章呢？

【赏析】

这一段是程颐和他的学生刘安节关于文章的问答。程颐反对投入大量的精力去雕文酌句，认为这也是玩物丧志的一种表现，毕竟在文章上浪费了太多的精力，必然就没有了足够的精力去钻研圣贤之道。但是这也并不能说程颐对精美的辞章持反对的态度，如果修养到了，不用雕琢就能够写出优美的文章，对此程颐是认可的。

58

涵养①须用敬，进学则在致知②。

——《二程遗书》卷十八

【注释】

①涵养：滋润养育，培养。②致知：推及知识。

【译文】

德性必须要用诚敬之心来培养，学业想精进就必须要在"致知"方面下功夫了。

【赏析】

这两句是程颐论学的精华所在，也是二程重要的言论之一。程颐主张要在"诚敬"和"致知"两方面下功夫，如此"内外兼修"，才可以修养成圣贤。

> **59**
> 莫说道将第一等让与别人，且做第二等。才如此说，便是自弃。虽与不能居仁由义①者差等②不同，其自小③一也。言学便以道为志，言人便以圣为志。
>
> ——《二程遗书》卷十八

【注释】

①居仁由义：内怀仁义之心，行事遵循义理。②差等：等级，区别。③自小：看轻自己，自卑。

【译文】

不要说"让别人做第一等的人，我就做第二等吧！"只要这么说了，就是自己看不起自己。虽然这样的人和那些不能心怀仁爱、循义而行的人从层次上来说不能等量齐观，但是自卑的心理是一样的。说到学习，就要把求得圣贤之道作为自己的志向；说到做人，就要以进入圣人境界作为自己的志向。

【赏析】

人的天赋有高有低，学业的道路上也有先有后，但是在求学的资格上没有上下之分。哪怕只是谦虚地告诉别人自己是"第二等"，也就说明有了自卑的想法，长此以往必然影响自己的心志，变得不再自信。如本卷第一条所说"志伊尹之所志，学颜子之所学"，只有树立了远大的志向，学道、见道才能得其广大精深。

> **60**
> 问："必有事焉①"，当用敬否？曰：敬是涵养一事，"必有事焉"，须用集义②。只知用敬，不知集义，却是都无事③也。又问：义莫是中理否？曰：中理在事，义在心。
>
> ——《二程遗书》卷十八

【注释】

①必有事焉：语出《孟子》，意为一定要发生的事情。这里代指"一定要培养'浩然之气'"。②集义：就是积善，意思是行事要合乎道义。③无事：没有成果。

【译文】

有人问：如果一定要培养"浩然之气"的话，我应该用恭敬之心来培养吗？先生说：恭敬之心是用来涵养德性的，"必有事焉"需要的是积善行义。只知道用敬而不懂得积善行义，那是没有效果的。又问：义不是合于正理的吗？先生说：合于正理是从为人处世上说的，义是就"存心"来讲的。

【赏析】

"有事"是对"集义"来讲的。敬是对心、对内而言的，而义则是对事、对外而言的，不能只说其中一个而忽视另外一个。后面的问答深入指出，义虽然是对外、对事而言，但并不是说义在心外、义在事中，事中存的是理，而义则存于人心之中，也就是义在我而不在于物。

61

问：敬、义何别？曰：敬只是持己之道，义便知有是有非。顺理而行，是为义也。若只守一个敬，不知集义，却是都无事也。且如欲为孝，不成只守著一个孝字。须是知所以为孝之道，所以侍奉当如何，温清①当如何，然后能尽孝道也。

——《二程遗书》卷十八

【注释】

①温清："冬温夏清"的省略语，就是冬天要给父母温暖被褥，夏天要给父母扇凉床席，是古人侍奉父母的礼节之一。清，古文中读音为 jìng，凉的意思。

【译文】

学生问：敬和义有什么区别？程颐先生说：恭敬是守持自己的方法，而通晓大义，人就能够明白是非对错。按照正理去做，就是义。如果只守着一个"敬",却不知道守持自己的方法,不懂得积善行义,那是没有效果的。就像说子女想要孝敬父母,不是知道"孝"的概念就行了,还要明白怎么做才是孝,以什么态度伺候父母,冬天要用身体把父母的被褥暖热、夏天要用扇子把父母睡觉的席子扇凉等,只有明白这些后才能尽到孝道。

【赏析】

程颐在这里指出:敬是涵养,使存心端正;义是明是非,须用穷理;能穷理便能明辨是非,也就是集义。只有敬而没有集义,如同只有计划没有行动,始终都是原地踏步;只知集义而不知持敬,如同行动没有计划,徒劳无功。

62

学者须是务实①,不要近名②方是。有意近名,则是伪也。大本已失,更学何事?为名与为利,清浊③虽不同,然其利心④则一也。

——《二程遗书》卷十八

【注释】

①务实:致力于实在的或具体的事情。②近名:追求名声。③清浊:人事的优劣、善恶、高下等。④利心:为了某个目的所进行的活动。这里指心中的欲望。

【译文】

做学问的人要致力于学业的积累,不要去追求虚无缥缈的名声。有了追求虚名的念头,说自己学的是"道"就是作假。学道的根本已经不存在了,那还学什么呢?不管是追求名声,还是追求利益,尽管程度有所不同,但是一样都是欲望。

【赏析】

古时候的儒家认为修身养性才是要务,不能醉心于身外之物,更不能去追求利益。这种观点影响了中国长达两千年之久,并以此为基础建立了一套完整的道德体系。

63

"回也,其心三月①不违仁",只是无纤毫私意,有少私意便是不仁。

——《二程遗书》卷二十二上

【注释】

①三月:代指较长时间。

【译文】

"颜回的内心能够很长时间不违背仁德",就是因为他没有一丝一毫的为自己谋私利的想法,即使有一点点的私心就是不仁。

【赏析】

只有从内心中真正认同了仁德的要求,才会自觉地、长期地按照仁德的要求行事,一旦有了私心,也就不再是仁德了。

64

"仁者先①难②而后③获",有为④而作,皆先获也。古人惟知为仁而已,今人皆先获也。

——《二程遗书》卷二十二上

【注释】

①先:以……为先。②难:经历困难、付出努力之意。③后:以……为后。④有为:有所期待。

【译文】

"有仁德的人做事情,首先考虑的是付出,至于得到什么在其次",为了达到某种目的所做的事情,都是先考虑获得。古人只知道把"仁"落实下去,现在的人都是先考虑自己会得到什么。

【赏析】

或许现代的人会认为，只求付出不求回报是一种愚蠢的行为，但是在儒家看来，做事情首先考虑回报反而不明智，因为这种做法丧失了"仁"，会影响自己对大道的追求。

> **65**
> 有求为圣人之志，然后可与共学；学而善思，然后可与适道^①；思而有所得，则可与立^②；立而化之^③，则可与权^④。
> ——《二程遗书》卷二十五

【注释】

①适道：趋向圣贤之道。②立：依礼而行，懂得为人处世应遵循的准则。③化之：融会贯通，灵活运用。④权：变通。

【译文】

如果某个人有追求成为圣人的志向，这样就可以和他一起学习了；如果他在学习中善于思考，这样就可以和他一起研究如何走向圣贤之道；如果他思考有所收获，这样就可以和他一起按照"礼"的要求处世为人；如果他能够依礼而行又能融会贯通，这样就可以和他一起进入通权达变的境界。

【赏析】

程颐认为在学习时有一个追求上进的同学是很重要的，这样可以随时随地地激励自己进步，这样的人就是通常所说的"益友"。

> **66**
> 古之学者为己，其终至于成物^①；今之学者为物，其终至于丧己^②。
> ——《二程遗书》卷二十五

【注释】

①成物：成、成就；物，外物。这里引申为利益、声誉。②丧己：丧失自己的德行修养。

【译文】

以前做学问的人是为了提高自己的德行修养,最后不仅有了深厚的德性,也有了崇高的荣誉和利益;现在做学问的人为了利益和声誉而学习,最后不仅没有得到利益和声誉,还丧失了自己的德性。

【赏析】

学习的目的是为了提高自己的修养,等修养到了一定的程度,声誉自然就有了;为了追求利益或者声誉而学习,就是"汲汲于外物",忽视了自身的修养,本末倒置了。

67

君子之学必日新①。日新者,日进也。不日新者必日退,未有不进而不退者。唯圣人之道无所进退,以其所造者②极也。

——《二程遗书》卷二十五

【注释】

①日新:每天都有新的收获。②所造者:成就、造诣。

【译文】

君子在学习时每天都必须有新的收获,每天有了新的收获,也就是每天都有进步。没有进步就会退步,不可能既不进步也不退步。只有达到圣人的境界才不会有进步和退步的问题,因为他的造诣已经达到了极致。

【赏析】

学习如逆水行舟不进则退。

68

明道先生曰:性静①者可以为学。

——《二程外书》卷一

【注释】

①性静:性情恬静。

【译文】

程颢先生说：性情恬静的人才能修习圣贤之道。

【赏析】

性情恬静，才能不为外物所扰安心地学习；如果性格跳脱，但凡外界有了动静，就想去看看究竟发生了什么，就很难静下心来学习。

69

弘而不毅，则无规矩①；毅而不弘，则隘陋②。

——《二程外书》卷二

【注释】

①规矩：规是画圆的工具，矩是画直角或方形的工具。这里指礼法、法度。②隘陋：狭隘浅陋。

【译文】

志向远大但心志不坚，治学时就没有可以依靠的准则；心志坚毅但志向不大，治学时就会狭隘粗鄙。

【赏析】

这一条和第48条类似，都是关于"弘"和"毅"二者关系的议论。张载认为格局决定了以后的成就，性格决定了行事的方法。

70

知性善以忠信为本，此先立其大①者。

——《二程外书》卷二

【注释】

①大：重大，根本。

【译文】

知道"人性本善"的道理，把忠诚信义作为处世的原则，这就是先确立根本。

【赏析】

知道人性本善，就不会以"恶"施人；坚持忠诚信义，才可以无行而不立。所以说这是根本。

71

伊川先生曰：人安重①则学坚固。

——《二程外书》卷六

【注释】

①安重：稳重安和。

【译文】

程颐先生说：人的性格安定稳重，学到的东西才会巩固下来。

【赏析】

性情安定稳重，学习时就会踏踏实实，学到的知识才会在脑海里留下深刻的印象；如果性情浮躁，学习时就无法静下心来，对事物的了解也就只是流于表面，无法牢固地记忆下来。

72

"博学之，审问①之，慎思之，明辨之，笃行之"，五者废其一，非学也。

——《二程外书》卷六

【注释】

①审问：仔细审问。

【译文】

"学习的范围要广博，询问问题要细致，思考问题要慎重，对事物的辨别要清晰，行动时要一心一意"，去掉这五个方面中的任何一个，都不是正确的为学之道。

【赏析】

　　学习范围不广博就学习不到足够多的知识，研究问题不细致就不能完全明白心中的疑惑，思考问题不慎重得出的结论就不正确，对事物的辨别不清晰就会张冠李戴，施行不一心一意就是没有把圣贤之道记在心里。

> **73**
> 张思叔①请问，其论或太高，伊川不答，良久曰："累②高必自下③。"
> ——《二程外书》卷十一

【注释】

　　①张思叔：张绎的字。张绎是程颐晚年所收的两个弟子之一（另一个是尹焞），很受程颐的信任。②累：堆积。③下：底下，下部。

【译文】

　　张绎向程颐请教问题，他的言论有些立意过高。程颐没有立刻回答他，过了好大一会才说："积累得高一定是从下面开始的。"

【赏析】

　　"不积跬步，无以至千里"，"千尺高台，起于垒土"。立论过高，必然是阳春白雪，曲高而和寡，但是又不能说立论高就是错误的，因此程颐"不答"，过了一会才隐晦地告诫张绎为学要脚踏实地。

> **74**
> 明道先生曰：人之为学，忌先立标准①。若循循②不已，自有所至矣。
> ——《二程外书》卷十二

【注释】

　　①标准：目标。②循循：有顺序。

【译文】

　　程颢先生说：人在学习的时候最忌讳事先定下一个目标。如果循序渐进地不停学习,自然能够达到那个目标。

【赏析】

通过学习提高自己的修养,由浅到深、循序渐进地学习,最终肯定能达到圣人之境。如果一开始就抱着成为贤人、圣人的目的为学,遇到困难时必然会另寻蹊径,不肯再循序渐进地下工夫。这一点和前面说的"志向要远大"并不矛盾,"目标"具有很强的功利性,志向是人生的一个总体规划,必须要远大才可以。程颐的这个看法通俗地解释了孔子的"下学而上达"的含义。

75

尹彦明①见伊川后,半年方得大学、西铭看。

——《二程外书》卷十二

【注释】

①尹彦明:尹焞的字,一字德充,河南洛阳人,程颐门人。

【译文】

尹焞拜到程颐门下,半年后才看到了《大学》《西铭》这些书。

【赏析】

尹焞半年后才开始正式学习儒家的经典,难道是程颐不喜欢他,不肯教导他吗?显然不是这样,尹焞是程颐晚年所收的关门弟子之一,对他的喜爱可想而知。那么程颐为什么这么做呢?如果我们回过头读一下本卷的第49条就会明白,程颐这是按照古人治学的方式,循序渐进地教导尹焞。

76

有人说无心①。伊川曰:无心便不是,只当云无私心。

——《二程外书》卷十二

【注释】

①无心:就是无思无想,心念公寂。

【译文】

有人说要做到心念空寂。程颐说：这样说就不对了，只能说没有私心就可以了。

【赏析】

程颐认为"无心"的提法有些矫枉过正，只要没有私心便可以了。不过也有人认为程颐的这个理解并不正确，理由是：这里的"无"是作用上的"无"，而不是"有无"中的"无"之意，所以"无心"可以理解为"按照本心去做事"。举个例子：做了一件善事，但是自己认为是按照本心去做的，并不是为做善事而去做。这个说法我们也可以参考一下。

77

谢显道见伊川，伊川曰：近日事何如？对曰：天下何思何虑？伊川曰：是则是有此理，贤却发得太早在。伊川直是①会锻炼②得人，说了又道：恰好著工夫③也。

——《二程外书》卷十二

【注释】

①直是：正是，确是。②锻炼：这里是教导、教育的意思。③工夫：花费时间和精力后所获得的某方面的造诣本领。

【译文】

谢良佐去拜见程颐。程颐问他："最近学问做得怎么样呀？"谢良佐回答："天道的生化自然而然，哪里有什么思虑呢？"程颐说："也确实是这个道理，不过你阐发得太早了。"程颐也真是会教育人，这句话刚说完，就接着说："正好趁这段时间做点实际学问。"

【赏析】

谢良佐的回答是直接引用《易经》上的话，看起来好像有些答非所问，其实恰恰说明他对道体有了一定的体悟，可是又不深入，于是程颐才提醒他"发得太早"。不过这又是修养上的关键问题，于是又接着提点谢良佐"正好趁这段时间做点实际学问"。由此看来程颐是擅长教育的方法和艺术的。

78

谢显道云：昔伯淳①教诲，只管著②他言语。伯淳曰：与贤说话，却似扶醉汉，救得一边，倒了一边。只怕人执著一边。

——《二程外书》卷十二

【注释】

①伯淳：程颢的字。②著："着"的通假字，随从，领受。

【译文】

谢良佐说："以前程颢先生教育我的话，我能够照着去做，但是不明白其中的含义。"先生就说我："和你说话就像扶醉汉一般，刚从这边扶起来，就又向那边倒。"学习最怕执着于某一点或者某一个方面。

【赏析】

求学问是一个不断放下的过程，放下过往的认知，接受新的认知，只有这样，才能不断提升，增长智慧。

79

横渠先生曰："精义入神"①，事豫②吾内，求利吾外也。"利用③安身"，素④利吾外，致养吾内也。"穷神知化"⑤，乃养盛自至，非思勉之能强。故崇德而外，君子未或⑥致知也。

——张载《正蒙·神化》

【注释】

①精义入神：把事物的义理研究到了极致，就可以达到"神妙"的境界。②豫：通"预"，预先，事先。③利用：尽物之用。④素：向来。⑤穷神知化：穷究事物的神妙，了解事物的变化。⑥未或：没有。

【译文】

张载先生说："把事物的义理研究到了极致，就可以达到'神'的境界"，如果我们心中事先就明白了事物的义理，那么在外部实践时也会有大裨益。

能做到"尽物之用,安身立命",不仅能够让我们平常在处理外界事物时无往而不利,还可以涵养我们的心性。"穷究事物之神妙,了解事物之变化"这种境界,不是靠着勤于思索和努力学习就能达到的,等到自己的修养提高到一定的程度时,自然就进入了。所以除了提高自己的品德修养,没有其他任何获得学问的方法。

【赏析】

张载的这番话由浅入深、层层递进。首先是精研事物的义理,力求达到可以"用于外"的程度;进入这个境界后就可以进行第二步了,就是利用外物的"利用"涵养内心;等内、外都通达了,就是第三步的"内外为一,上下通彻"。如此不用刻意地追求,自然就能够达到圣人的境界。

80

形①而后有气质之性,善反②之则天地之性存焉。故气质之性,君子有弗性者③焉。

——张载《正蒙·诚明》

【注释】

①形:此指人的形体形成。②反:同"返",返回,恢复。③弗性者:不把它视作自己的本性。

【译文】

人的形体形成后,就有了属于自己的独特气质,但是气质的"性"并不是天地之性。如果善于恢复本性,那么天地之性仍然存在。所以君子们并不把"气质之性"当作自己的本性。

【赏析】

人出生后,由于自身气禀有清浊和厚薄的不同,所以形成了不同的"气质之性",这种"性"和天地之性有着本质的不同。人的修学就是尽可能地把自己的"气质之性"除去,重新恢复到原始的天地之性。由于"气质之性"可以通过努力去除,所以它也就不是"本性"了。

81

德不胜气，性命于气；德胜其气，性命于德。穷理尽性①，则性②天德，命③天理。气之不可变者，独死生修夭④而已。

——张载《正蒙·诚明》

【注释】

①穷理尽性：穷究天下万物之理，洞察人的心性本体。②性：以……为体性。③命：以……为天命。④修夭：修，长，这里指长寿；夭，短命，早死。

【译文】

德行不能压倒气禀，气禀是什么样的，本性就是什么样的；德行压倒了气禀，德行是什么样的，本性就是什么样的。如果洞悉了天理、完全了解了本性，那么本性就是上天之德，天理是什么样的，本性就是什么样的。人的气禀是可以通过努力改变，无法改变的只有死亡出生、寿命长短罢了。

【赏析】

张载认为随着德性的提高，自然可以摆脱气禀的控制；如果能够"穷理尽性"，人的本性就成了天地之性，人也就成为与天德合一的圣人。

82

莫①非天②也，阳明胜则德性用，阴浊胜则物欲行。"领③恶而全④好"者，其必由学乎？

——张载《正蒙·诚明》

【注释】

①莫：无论什么。指德行之善和物欲之恶。②天：自然的，合理的。③领：治理，控制。④全：保全，拥有。

【译文】

德行之善和物欲之恶皆来自于上天，阳明之气占了优势，就会德行广布；阴浊之气占了优势，就会物欲横流。想要控制物欲之恶、拥有德行之善，大概必然要通过学习才能做到吧？

【赏析】

每个人的心中都有着善良的一面，也有着邪恶的一面。如果善良战胜了邪恶，也就成了我们通常所说的"好人"，反之就是一个"坏人"。那么，如何做一个"好人"呢？唯一的方法就是加强学习，提高自己的修养，才能压制住心中邪恶的一面。

83

大其心则能体天下之物，物有未体，则心为有外。世人之心，止于见闻之狭。圣人尽性，不以见闻梏其心，其视天下无一物非我。孟子谓尽心则知性知天①，以此。天大无外，故有外之心，不足以合天心。

——张载《正蒙·大心》

【注释】

①知性知天：明晓人的本性，通晓天命。

【译文】

扩大自己的心胸，就能够体认天下万物；如果有事物无法体认，就是心胸不够开阔，有了内外之别。世人的心胸局限于自己的所见所闻，圣人则不然，心胸不会被见闻所束缚，他们把天下万物和自己视为一个整体。孟子说"穷尽心力，就能够明本性、知天命"，就是这个原因。上天心胸广大，对于上天来说没有一个事物是外物，所以有了内外分别的心便无法和上天之心契合。

【赏析】

张载提出，人的心胸要和天道一样能够容纳万物，才可以推己及人，才可以感知一切、润泽一切，否则就"不足以合天心"，无法进入圣人的境界。

84

仲尼绝四①，自始学至成德，竭两端②之教③也。意，有思也；必，有待④也；固，不化也；我，有方⑤也。四者有一焉，则与天地为不相似矣。

——张载《正蒙·中正》

【注释】

①仲尼绝四：语出《论语》中《子罕》篇，"子绝四：毋意，毋必，毋固，毋我"。绝，杜绝、摒弃。四，四种情况。②两端：从开始到结束。③之教："教之"的倒装句，教导他的意思。④待：相待，对立。⑤方：方所，此指阻隔局限。

【译文】

孔子教学时反对这四种现象：意、必、固、我，从学生入学，一直到他们成才，一直都坚持这样做。意，就是主观臆测；必，就是绝对肯定；固，就是拘泥固执；我，就是自以为是。只要有这四方面中的其中一个，就和天地之德不同了。

【赏析】

主观臆测，得到的结论必然不是事物真正的面貌；绝对肯定，忽视了时间和空间对事物的影响；拘泥固执，否认了事物是会变化的；自以为是，则必然听不进别人的正确意见。这四点都是学习中的大忌，张载才说"四者有一焉，则与天地为不相似矣"。

85

上达①反②天理，下达③徇④人欲者欤⑤！

——张载《正蒙·诚明》

【注释】

①上达：出自《论语·宪问》"下学而上达，知我者其天乎？"意指上

达天命。②反：返回，恢复。③下达：出自《论语·宪问》"君子上达，小人下达"，指下达人事。④徇：顺从、依从，这里是贬义。⑤欤：yú，用于句末的语气助词，表示感叹、疑问、反问等语气。

【译文】

上达天命，就是恢复天理；下达人事，顺从的是人欲吧！

【赏析】

《论语》一书中可以找到"上达"的结果是"天理"，那么"下达"的后果又是什么呢？张载应该是从"君子""小人"这里推测应该是"人欲"，但是他也不敢十分肯定，于是就用了"欤"字，表示自己的怀疑。

86

知崇①，天也，形而上也。通②昼夜而知，其知崇矣。知及之，而不以礼性③之，非己有也。故知礼成性④而道义出，如天地位⑤而易⑥行。

【注释】

①崇：高大，这里是深远的意思。②通：兼，都。③性：作为……的体性。④知礼成性：懂得礼法，并使之固化成为自己的本性。⑤位：设定位置。⑥易：《周易》之理。

【译文】

"智慧深远"说的是天道，超越了一切有形体的事物。不管是白天还是黑夜，都能明白其中蕴含的规则，这也算得上智慧深远了。即使到了这种境界，如果不知道用礼法约束，使之成为自己的本性，仍然不是属于自己的东西。所以懂得礼法，把"知"变成自己的本性，自然就明白了什么是道义，就像虽然各种天体都有自己的位置，但是都在按照"易"的原则运行。

【赏析】

张载在这里说明了"礼"对于"知"的重要作用。不管人对外界的认知达到了什么样的程度，如果不用礼法约束，仍然是镜中花和水中月。

87

困之进人也，为德辨①，为感速②。孟子谓"人有德慧术③知者，常存乎疢疾④"，以此。

——张载《正蒙·三十》

【注释】

①德辨：辨识人的德行修养的程度。②感速：感悟快。③术：技艺，本领。④疢疾：疢，音 chèn，热病，泛指疾病。这两个字的意思都是疾病，代指所有的疾病灾厄。

【译文】

人们之所以在困境中能够进步，是因为这样可以辨识德行修养的水平，让人对外界的感悟更快。孟子说"人能够拥有德行、智慧、本领、才智，就是因为经常受到困苦灾祸的磨炼"，就是这个原因。

【赏析】

只有到了真正的困境，才能看出一个人的修养究竟有多高，才能激发出一个人的全部潜力，这对个人来说就是突破了自我，上升了一个新的高度。

88

言有教，动有法。昼有为，宵①有得。息②有养③，瞬有存④。

——张载《正蒙·有德》

【注释】

①宵：夜里。②息：吸气。③养：涵养（道德）。④存：保持，坚持。

【译文】

说话要有教养，举动要有礼仪。白天要努力工作，有所作为；晚上要有所感悟。一呼一吸，都要涵养自己的道德；转瞬之间，也要坚守自己的本心。

【赏析】

德性的修养是一刻也不能放松的。要严格规范自己的言行举止，每天都要总结自己取得了什么成绩、得到了什么教训，这样才能够逐步提升自己的德性。

89

横渠先生作订顽曰：乾称父，坤称母。予兹藐①焉，乃混然中处。故天地之塞，吾其体；天地之帅，吾其性。民吾同胞，物吾与也。大君②者，吾父母宗子③；其大臣，宗子之家相也。尊高年，所以长其长；慈孤弱，所以幼其幼。圣其合德；贤其秀也。凡天下疲癃残疾④、茕独鳏寡⑤，皆吾兄弟之颠连而无告⑥者也。于时保之，子之翼⑦也；乐且不忧，纯乎孝者也。违曰悖德，害仁曰贼⑧，济恶者不才。其践⑨形惟肖⑩者也。知化则善述其事，穷神则善继其志。不愧屋漏为"无忝"⑪，存心养性为"匪懈"。恶旨酒⑫，崇伯子⑬之顾养；育英才，颍封人⑭之锡⑮类。不弛劳而底豫⑯，舜其功也；无所逃而待烹，申生⑰其恭也。体其受而归全者，参乎？勇于从而顺令者，伯奇⑱也。富贵福泽，将厚吾之生也；贫贱忧戚，庸玉汝于成也。存，吾顺事；没，吾宁也。明道先生曰：订顽之言，极醇无杂，秦汉以来学者所未到。又曰：订顽一篇，意极完备，乃仁之体也。学者其体此意，令有诸己，其地位已高。到此地位，自别有见处，不可穷高极远，恐于道无补也。又曰：订顽立心便达得天德。又曰：游酢得西铭读之，即涣然不逆于心，曰：此中庸之理也，能求于言语之外者也。杨中立⑲问曰：西铭言体而不及用，恐其流遂至于兼爱，何如？伊川先生曰：横渠立言诚有过者，乃在正蒙。西铭之书，推理以存义，扩前圣所未发，与孟子性善、养气之论同功，岂墨氏之比哉！西铭明理一而分殊，墨氏则二本而无分。分殊之弊，私胜而失仁；无分之罪，兼爱而无义。分立而推理一，以止私胜之流，仁之方也。无别而迷兼爱，至于无父之极，义之贼也。子比而同之，过矣。且彼欲使人推而行之，本为用也。反谓不及，不亦异乎？

——张载《西铭》

【注释】

①藐：渺小。②大君：天子，君王。③宗子：嫡长子。④疲癃残疾：疲，身体劳累；癃，lóng，疲弱；残：肢体缺少；疾：有疾病在身。⑤茕独鳏寡：茕，没有兄弟；独，老而无子；鳏，老而无妻；寡，女子丧夫。⑥颠连而无告：艰难困苦又无处诉说。颠连，困苦的意思。⑦翼：羽翼，辅助的意思。⑧贼：残害，伤害。⑨践：实行，履行。⑩肖：像。⑪不愧屋漏为无忝：心地光明因为问心无愧。"不愧屋漏"语出《诗经·大雅·抑》，"相在尔室，尚不愧于屋漏"。不愧，不以……惭愧。屋漏，不是房子漏雨，而是"房屋中的小帐"，代指比较隐秘的地方。无忝，不玷辱、不羞愧。⑫旨酒：美酒。⑬崇伯子：指夏禹，禹的父亲鲧（gǔn）的封地是崇，史称崇伯。⑭颍封人：颍考叔，春秋时郑国大夫，素有孝友之誉。⑮锡：同"赐"，此指将恩德给予……⑯不弛劳而底豫：弛，松懈；劳，辛劳；底，当动词用，到达；豫，快乐。意思是辛勤劳作从不松懈，使父母感到快乐。⑰申生：姬姓，名申生，晋献公与夫人齐姜所生之子。⑱伯奇：相传为周宣王重臣尹吉甫的长子，以孝行著称。⑲杨中立：杨时的字。

【译文】

张载先生作的《订顽》说：乾象征天，所以称作父，坤象征地，所以称作母。我们如此渺小，却和天地和谐地处于同一个空间。壅塞了的天地之气成为我们的躯体，天地之气的统领就是我们的本性。所有的人民都是我们的同胞，世间的万物都是我们的同伴。君主是天地的嫡长子，大臣们是嫡长子的家仆。尊敬老人，所以将别人的老人也当成自己的老人；慈爱孤弱，所以将别人的孩子当成自己的孩子。与天地合德的人就是圣人，出色的人成为贤人。不管是残疾多病还是无所依靠的人，都是我们艰难困苦又求告无门的兄弟。及时地帮助、保护天地，是我们这些子女应尽的义务；愉快地接受天地的命令而不厌烦，是我们这些子女纯粹的孝道。违背了天地的旨意，就是悖逆天德。对仁德造成了伤害，就是人中之贼。为虎作伥者是天地的不肖子，一举一动都遵守天道的意愿，才是父母的好孩子。明白了天地造化，才能够完善地记述天地事迹；洞悉了天地的神妙，才能够很好地继承天地之志。处处光明正大，就是无愧于上天；时时内存仁心，才是毫无懈怠。要像大禹一样，为了天地苍生抛弃了享受；要像颍考叔一样,为了惠及人民去培育英才。事事操劳不敢稍有懈怠,以此来让父母心情愉快,是舜的事功;听从父亲的命令,静待死亡的到来,是申生的恭德。临死时将父母赐予的身体完整地还给了天地的人,是曾参吧?勇敢地接受父亲的指令走出家门的人,就是伯奇!上天赐给我们富贵福泽,是让我们享受美好的生活;上天给予我们贫贱忧愁,是我们成才前不可缺少的磨砺。活着时,我会顺承天意;离世了,我安定平和。

程颢先生说,《订顽》中的言论极为醇正,没有一点杂芜,历数秦汉以后的学者,从没有一个人能够达到这个高度。他还说,《订顽》这篇文章把义理讲得非常透彻,充分论述了什么是仁的本体。做学问的人如果能够体会到其中的义理,并且吸收转化为自己的东西,他的境界就很高了。到了这个境界,自然就有了更多的认识,不过不要更多地深入下去了,这样对道德的修养并没有什么好处。程颢先生又说,《订顽》一书,才有立意就上达于天德。还说游酢读了《西铭》后,疑虑消散心意畅通,感叹这就是中庸之理呀,在言语之外就能感悟到了。

杨时问程颐,《西铭》只讲了本体,而没有涉及作用,恐怕会流俗于墨家"兼爱"义理之中,先生觉得呢?程颐说:"张载的言论确实有过失的地方,不过是在《正蒙》一文里。《西铭》这篇文章推究正理而留存大义,发扬补充了前人没有提到的道理,地位和孟子的'性本善''养浩然之气'一样,墨家的学说哪里能够与之相比?《西铭》的要点是一个本体、多个分支各自不同,而墨家学说的要点是两个本体、不承认有分支存在。分支各自不同这个论点的弊端,在于私心占据了主导地位后就会丧失仁心;不承认有分支这个论点的弊端,在于提倡兼爱精神而缺乏礼义规范。明确本体的分化作用,然后能推究其理体为一,防止私心占据主导地位的弊端,这就是实现仁的方法。认为世间万物都是相同的,沉迷在"兼爱"之中,演变到了最后就是无君无父,这是对于礼义的巨大伤害。您把他们放在一起比较,并且做出了两者相同的结论,明显是错误的。而且他想让人们推广他的理念,目的就是为了应用。你反而说没有涉及作用,不是很奇怪吗?"

【赏析】

张载提倡"民胞物与"的精神,是儒家思想"以天地万物为一体"的延伸,也是充分实现人的仁义之心的最高体现。张载强调,德性实践的范围必须是天地万物，而不能局限在人类社会里，这样才能够"尽其性"，在人的有限生命活动中，彰显出天地生化的活动、天地生万物的意义。此外，天地不仅赐予了人类生命和躯体，还赐予了人类赖以生活的各种物资，所以张载把天地比喻为父母。就像子女要孝顺父母一样，人们也要无条件地遵守天地对于我们的命令。

90

横渠先生又作《砭愚》①曰：戏②言出于思也，戏动作于谋③也。发于声④，见乎四支，谓非己心，不明也。欲人无己疑⑤，不能也。过⑥言非心也，过动⑦非诚也。失于声，缪⑧迷其四体，谓己当然，自诬也。欲他人己从，诬人也。或者谓出于心者，归咎为己戏；失于思者，自诬为己诚。不知戒其出汝⑨者，归咎其不出汝者。长傲且遂非，不知孰甚焉？横渠学堂双牖⑩，右书订顽，左书砭愚。伊川曰："是起争端"。改订顽曰西铭，砭愚曰东铭。

——张载《东铭》

【注释】

①《砭愚》：张载将所作《正蒙·乾称》篇末段单独录出，称为《砭愚》，后程颐改名为《东铭》。②戏：开玩笑。③谋：打算。④发于声：已经说出来了。⑤己疑：即"疑己"，怀疑自己，后文"己从"是类似用法。⑥过：超过范围。意为不适当的。⑦动：动作，行为。⑧缪：同"谬"，错误。⑨出汝：出自本心。⑩牖 yǒu：窗户。古时候"窗"是开在房顶上的，也就是我们现在的"天窗"；开在墙壁上的叫"牖"，也就是现在的窗户。

【译文】

张载先生还写了一篇《砭愚》：即使是开玩笑的话，也是经过思考的；即使是开玩笑的举动，也是经过考虑的。话已经说出来了，举动已经做出来了，若再说我不是诚心这样的，是说不清楚的，想要让人不怀疑自己的用心也是不可能的，言语不当、举止失常才是无心之失。失声说出话来，做出无意识的举动，却说自己本来就是想这样说、这样做，这是诬陷自己；

想要让他人相信自己的话,这是诬陷他人。有时候自己有意犯下错误,却说自己不是故意的;有时候无意间有了过失,自诬为出于自己的本意。不知道去戒备言行有失,一旦言行有失就说"我不是这样想的"。这种助长人的傲气、促成人的过失的行为,不知道(和开玩笑比较)哪个更严重呢?(原注:张载的学堂有两扇窗户,右边写着《订顽》,左边写着《砭愚》。程颐说:"这样容易误会呀。"于是他把《订顽》改为《西铭》,把《砭愚》改为《东铭》。)

【赏析】

人都有言行不当的时候,如果是无心之失,以后就要注意不要再犯;如果是故意的,反而告诉别人"我在和你开玩笑呢",这就是欺人欺己了。

91

将修己,必先厚重①以自持。厚重知学,德乃进而不固②矣。忠信进德,惟尚③友而急贤④。欲胜己者⑤亲,无如改过之不吝。

——张载《正蒙·乾称》

【注释】

①厚重:敦厚持重。②固:鄙陋。③尚:尊崇,注重。④急贤:急于和贤人交游往来。⑤胜己者:学问修养超过自己之人。

【译文】

想要提高自己的修养,必须首先要做到敦厚持重、严于律己。敦厚持重又勤奋好学,德行就会提升,不再浅薄鄙陋。想要通过忠诚信义使德业进步,只有敬重朋友并优先结交有德的人。想要那些学问修养超过自己的人和自己亲近,没有什么比得上毫不吝惜地改正自己的错误更有效了。

【赏析】

这是张载对《论语》中"君子不重则不威,学则不固。主忠信,无友不如己者,过则勿惮改"的发挥,特别是对如何达到"无友不如己者",提出了很好的见解。

92

横渠先生谓范巽之^①曰：吾辈不及古人，病源何在？巽之请问。先生曰：此非难悟。设^②此语者，盖欲学者存意之不忘，庶^③游心^④浸熟^⑤，有一日脱然^⑥如大寐^⑦之得醒耳。

——张载《横渠文集》

【注释】

①范巽之：范育的字。范育是张载的学生，邠州三水人。②设：提出。③庶：但愿，希冀。④游心：潜心。⑤浸熟：沉浸，精熟。⑥脱然：不经意，超然。⑦寐：睡着，睡梦。

【译文】

张载先生问范育：我们比不上古人，问题的根源在哪里？范育向张载请教。张载先生说：这个问题不难回答。我之所以这样问，就是希望今天这些学人把这个问题牢牢记在心里。希望他们能潜心圣学，精研义理，这样有一天就会超然悟道了，就好像从熟睡中醒来一样。

【赏析】

张载要学生时刻牢记"我们究竟哪里比不上古人"，就是让学生时刻拿圣人的行为和自己对比，时刻拿圣贤来作为自己的效仿对象，如此坚持下去，不知不觉间修养就得到了提高，最终达到圣贤的境界。

93

未知立心^①，恶^②思多之致疑；既知所立，恶讲治^③之不精。讲治之思，莫非术^④内，虽勤而何厌^⑤？所以急于可欲^⑥者，求立吾心于不疑之地，然后若决江河以利吾往。逊^⑦此志，务时敏，厥^⑧修乃来。故虽仲尼之才之美，然且敏以求之。今持不逮^⑨之资，而欲徐徐以听其自适，非所闻也。

——张载《横渠文集》

【注释】

①立心：指学道所确立的根本和原则。②恶：讨厌、反对。③讲治：讲习研治。④术：通"述"，学说。此指圣贤学说。⑤厌：满足。⑥可欲：所求，此指圣贤之道。⑦逊：平定。⑧厥：连词，于是。⑨不逮：不及，比不上。

【译文】

不知道什么是为学的根本和原则时，想得太多而导致疑惑迷惘是不对的；知道了什么是为学的根本和原则后，讲习研治不够深入细致是不对的。讲习研治时思考问题，全部都不在圣贤学说范围之内，即使勤勉不懈又有什么可以满足的呢？所以急于追求圣贤之道的人，要先让自己的心中没有疑惑，然后就会像江河决堤一样势不可挡地顺利前进。平定自己的心志，保持每时每刻都反应灵敏，于是修养自然就提高了。所以，虽然孔子有着出众的才智，仍然也要勤敏求道。而现在那些才智不如孔子的人，想要不通过努力学习自然进入圣贤境界，我从来没有听说有这样的事。

【赏析】

学习之前要知道自己要学什么。知道要学什么，随后就要深入细致地去学习，不要满足于一时的成绩，要知道学无止境的道理。那些资质出众的人仍然在孜孜不倦，我们这些普通人又怎么可以不努力呢？

94

明善为本，固执①之乃立，扩充之则大，易视②之则小，在人能弘之而已。

——张载《横渠文集·性理拾遗》

【注释】

①执：抓住、守持。②易视：轻看，不在意。

【译文】

明白善是修身立德的根本，紧紧地抓住这个根本，才能树立起善性，扩充它就会日益增大，忽视它就会日益变小，就看人能不能把它发扬光大了。

【赏析】

这一条是张载对《论语》中"人能弘道,非道弘人"一句的发挥。

95

今且只将"尊德性而道问学①"为心,日自求于问学者有所背②否。于德性有所懈否。此义亦是博文约礼③,下学④上达。以此警策一年,安得不长?每日须求多少⑤为益。知所亡⑥,改得少不善,此德性上之益;读书求义理,编书须理会有所归著⑦,勿徒写过,又多识前言往行,此问学上益也。勿使有俄顷⑧闲度,逐日似此,三年,庶几⑨有进。

——张载《横渠文集》

【注释】

①尊德性而道问学:尊崇至诚的德性以通晓天道的广大,并致力于学问以求外通而成物。②背:违背。③博文约礼:广博地研习典籍,依礼约束自己的行为。④下学:指一切礼乐教化等人文素养。⑤多少:或多或少。⑥亡:没有的,缺少的。⑦归著:归纳其中的要义。⑧俄顷:一会儿、片刻,形容时间很短。⑨庶几:应该。

【译文】

现在要把"尊崇德性、讲求学问"当成自己的志向,每天都要反省自己学习的内容是否违背了圣贤之道。在德性的修养上是否懈怠。这个道理也就是"广求学问而恪守礼法、人情练达而洞彻大道"。用这种方式警醒鞭策自己一年的时间,怎么会没有长进?每一天都要求自己多少有一些进步,知道一些原来不知道的道理,改正一些缺点,这就是德性上有了进步。读书时仔细探索其中的义理,编写书籍注意归纳其中的要义,不要光写出来就完了,多记一些古时圣贤的嘉言懿行,这就是学问上有了进步。每一天都不浪费一点光阴,如果能够坚持三年,应该就有所进步。

【赏析】

每天都有一点小进步，日积月累下来肯定会是一个大进步。

96

为天地立心①，为生民②立道③，为去圣④继绝学⑤，为万世开太平。

——张载《横渠语录》卷中

【注释】

①立心：指天地生生不息之心。②生民：老百姓。③立道：立百姓义理纲常之道。④去圣：前代圣人。⑤绝学：造诣高超的学问。

【译文】

读书人应该树立这样的信念：为天地树立生生不息之心，为天下的百姓建立伦理纲常，继承前代圣贤的道统并发扬光大，为千秋万代开辟一个太平昌盛的局面。

【赏析】

这四句话是张载最著名、也是最具代表性的言论，后世称为"四为句"，充分表达了宋儒的理想与抱负。现在比较通行的是《张子全书》中的"为天地立心，为生民立命，为往圣继绝学，为万世开太平"。

97

载所以使学者先学礼者，只为学礼，则便除去了世俗一副当①习熟②缠绕。譬之延蔓之物，解缠绕即上去。苟能除去了一副当世习，便自然脱洒③也。又学礼则可以守得定。

——张载《横渠文集》卷十二

【注释】

①一副当：一整套，全部。也有人提出，"一副当"应该是北宋时关中地区的口头语。②习熟：世俗习气、习惯。③脱洒：洒脱，无拘无束。

【译文】

我之所以让学生入门先学习礼,就是因为学习了礼可以让人摆脱世间所有不良习俗的束缚。就像那些被藤蔓缠绕的植物,只要把藤蔓解开,自然就能生长上去。如果能除去所有的不良习气,人也就重返自然无拘无束了。学习礼可以让人心性坚定,不被外物引诱。

【赏析】

张载重视"礼"的教导,具有鲜明的关学特色。学习"礼"的确是很重要的,首先能够摆脱当时不良习气的影响,其次能让学者的心志得到锻炼,学习时更有效率。

98

须放心①宽快公平②以求之,乃可见道,况③德性自广大。易曰"穷神知化,德之盛也",岂浅心④可得?

——张载《张载易说·系辞下》

【注释】

①放心:放开心胸。②宽快公平:宽容平正。③况:而且。④浅心:心胸狭隘。

【译文】

探索大道的时候必须放开心胸,保持宽舒平正的态度,这样才能够见证大道的存在,而且还可以使德性跟着广大。《周易》上说:"穷尽天地之神妙、通晓万物之运化,是德能崇盛的体现。"这哪里是心胸狭隘的人能够达到的境界呢?

【赏析】

心胸广阔无垠,才能容纳更多的不同看法;态度公平公正,才能去芜存菁。

> **99**
>
> 人多以老成①则不肯下问,故终身不知。又为人以道义先觉②处之,不可复谓有所不知,故亦不肯下问。从不肯问,遂生百端③,欺妄人我宁终身不知。
>
> ——张载《论语说》

【注释】

①老成:年高有德。②道义先觉:在别人之前明白天道义理的人。③百端:多种,各样。

【译文】

大多数人认为自己年高有德,因此不肯向晚辈请教,所以有些问题的答案他一辈子都不知道。还有人因为自己已经被别人当成了博学者,不好意思再说自己有不知道的地方,所以也不肯向晚辈请教。因为不肯请教别人,于是自己就有了诸多的欺瞒他人的行为,宁愿终身都不懂那些道理。

【赏析】

一般来说,都是晚辈向前辈请教,前辈向晚辈请教的并不多见。然而学问并不如此,"学无先后,达者为师"。不懂不是什么丢脸的事,谁都有不懂的地方,自己不懂还不肯向别人请教就是不对了,这种行为无疑就是断绝了自己上进的路。

> **100**
>
> 多闻不足以尽天下之故①。苟以多闻而待②天下之变,则道足以酬其所尝知,若劫③之不测,则遂穷④矣。
>
> ——张载《孟子说》

【注释】

①故:事物,事情。②待:应对。③劫:威逼,胁迫。④穷:无能为力。

【译文】

再博学多闻，也无法知道世间所有的事物。如果认为自己博学多闻，以此来应对世间万物的变化，那他的本领也只能够应付他所经历过的，如果用他未曾见过的事物去测试他，他就束手无策了。

【赏析】

经验是一笔宝贵的财富，对很多问题的解决都有着积极的意义。但是经验也不是万能的，也有着局限之处，一旦面对新的问题，以前的经验就没有了用武之地。张载在这里是告诉我们，不要自诩博学多闻而固步自封，应该开拓进取，勇于接受新的事物。

101

为学大益，在自求变化气质。不尔①，皆为人之弊，卒无所发明②，不得见圣人之奥。

——张载《横渠语录》卷中

【注释】

①尔：这样。②发明：阐发说明，指有自己的见地心得。

【译文】

修学最大的益处就是追求变化气质。如果不是为了这个目的，人的立身行道就会出现问题。最后既不会有对圣人之道的心得体会，也不会认识到其中的微言大义。

【赏析】

"变化气质"是张载著名的主张，阐述了"为己之学"的意义，使人有动力通过学习改善自己的生命状态。

102

文要密察，心要洪放①。

——张载《横渠语录》

【注释】

①洪放：从容旷达。

【译文】

文章要严谨缜密，内心要旷达从容。

【赏析】

文章只有严谨缜密，才能逻辑通顺有说服力；内心从容旷达，才能虚怀若谷包容万物。

> **103**
> 不知疑者，只是不便实作①。既实作，则须有疑，有不行②处，是疑也。
>
> ——张载《经学理窟·气质》

【注释】

①不便实作：没有切实下功夫。②不行：行而不通。

【译文】

修学时没有疑问，只是他没有真正下功夫去学习。如果真正下了功夫，必定会有疑问，无法实行的地方就是疑问。

【赏析】

张载认为，学习中必定会有不明白的地方，如果没有，必定是没有深入；即使理论上行得通，实践时有行不通的地方，也可以说是疑问。张载的这种从实践中发现问题并解决问题的说法很有参考价值。

> **104**
> 心大则百物皆通，心小则百物皆病①。
>
> ——张载《经学理窟·气质》

【注释】

①病：指阻塞不通。

【译文】

心胸宽广，处处畅通无阻；心量狭小，处处凝滞难行。

【赏析】

这句话充分说明了心态对一个人的影响。心胸宽广了，那么什么都能看开；心胸狭窄，稍微有点委屈或者烦恼就会觉得憋屈。

105

人虽有功①，不及②于学，心亦不宜忘。心苟不忘，则虽接人事③，即是实行，莫非道也。心若忘之，则终身由④之，只是俗事。

——张载《经学理窟·义理》

【注释】

①功：事情，工作。②不及：此指没有时间。③人事：人世间的事。④由：听凭，听任。

【译文】

人即使因为工作繁忙没有时间学习，心里也不应该忘记圣贤之道。心里如果没有忘记，那么即使做着世俗的事也是在践行圣贤之道，道无处不在；如果忘记了圣贤之道，那么一生都会被外界摆布，所做的一切都是俗事而已。

【赏析】

人在社会中总是有这样或那样的事务缠身，抽不出时间精研圣贤之道是正常的，但是不能因此就把圣贤之道抛到九霄云外。只要心中有圣贤之道，那么时时、处处、事事都可以印证圣贤之道，不然就真的是俗事缠身了。

106

合①内外，平②物我，此见道之大端③。

——张载《经学理窟·义理》

【注释】

①合：使……相合。②平：使……平正。③大端：重点，主要部分。

【译文】

把内心和外界合为一个整体，对外物和自己平等看待，这就是体认大道的重点。

【赏析】

想要体认大道，就不能区分内心和外界、自我和外物。

107

既学而先有以功业为意者，于学便相害。既有意，必穿凿①创意，作起事端也。德未成而先以功业为事，是代大匠②斫③，希④不伤手也。

——张载《经学理窟·学大原上》

【注释】

①穿凿：牵强附会。②大匠：原指手艺高明的木工。③斫：根据需要的形状砍削木头。④希：同"稀"，少。

【译文】

修学后先产生了建功立业的念头，对修学就不利了。既然有了这种想法，必然会牵强附会、独出新说，引发意见争端。不等德行完备就投身于建功立业，就如同替巧匠砍木头，很少有不伤到自己的。

【赏析】

张载这里反对的是求学的时候功利心过重。功利心过重，会让你的格局越来越小，也会影响人生真正的学习。

108

窃尝病孔孟既没，诸儒嚣然，不知反约穷源①，勇于苟作②，持不逮之资，而急知③后世。明者一览，如见肺肝然，多见其不知量也。方且创艾④其弊，默养吾诚。顾所患日力不足⑤，而未果他为⑥也。

——张载《横渠文集佚存·与赵大观书》

【注释】

①反约穷源：反过来归纳要点，穷尽圣学本源。②苟作：随意著述。③知：为……所知。④创艾：因受惩治而畏惧。⑤日力不足：时间、精力不足。⑥未果他为：另外的一些事情还没有完成。

【译文】

我私下里曾经很不满孔孟去世后那些儒者们的喧嚣扰攘，这些人不知道总结圣人典籍的重点，不知道探求圣人说那些话的原因，却敢于以比不上圣贤的资质随意著书立说，急于让后人知道自己的大名。明眼人一看就知道他们的目的，他们的这种行为恰好暴露了自己的自不量力。我要以他们的弊病作为前车之鉴，默默涵养我的真诚之心，所担心的只是没有那么多的时间和精力，其他的事情也还没有完成。

【赏析】

这一条的内容和本卷的第66条如出一辙，显然张载和程颐一样，反对求名这种本末倒置的行为。

109

学未至而好语变①者，必知终有患。盖变不可轻议。若骤然语变，则知操术②已不正。

——张载《经学理窟·义理》

【注释】

①变：通权，权变。②操术：处世主张或工作方法。

【译文】

如果一个人修养没有达到极致，却又喜欢谈论如何权变，那我们就可以断定他早晚会有祸患。因为"权变"这种事是不可以轻易谈论的，如果一个人忽然谈论起权变，那我们就可以明白他的处世之道已经走上了邪路。

【赏析】

大道坦荡，君子们只需要沿着大道向前直行就可以了，又哪里需要什么权变呢？如果一个人在不该权变的时候谈论要权变，那么这个人肯定有了不该有的心思。

> **110**
>
> 凡事蔽,盖不见底①,只是不求益②。有人不肯言其道义所得所至,不得见底,又非"于吾言无所不说③"。
>
> ——张载《经学理窟·义理》

【注释】

①底:底细。②益:进步。③说:通"悦",喜悦。

【译文】

什么事都遮遮掩掩,让人看不清他的底细,只有那些不求上进的人才会这样做。有些人不肯告诉别人他在学习中收获了什么、达到了什么样的程度,所以才让人看不清他的学业水平,然而又不是"对我所说的话没有不喜欢的。"

【赏析】

君子不怕自曝其短。修学中有不明白的问题是正常的,大大方方地展示不足反而是一种大气,说明对自己的不足之处有着正确的认识,这样才能让学业全面地提升。

> **111**
>
> 耳目役于外,揽外事者,其实是自堕,不肯自治①,只言短长,不能反躬②者也。
>
> ——张载《经学理窟·义理》

【注释】

①自治:修身养性。②反躬:反省自己。

【译文】

那些耳中所闻、目中所见的都是外物,并且四处兜揽外事的人,其实是自己懈怠了,不愿意沉下心修养德性,所以只能说一些蜚短流长,不能回过头来反省要求自己。

【赏析】

"耳目役于外",就是听别人的隐私、说别人的坏话;"揽外事"就是干了自己不该干的事。这些行为都是儒者所不齿的,也不是应该做的行为。

112

学者大不宜①志小气轻②。志小则易足,易足则无由进;气轻则以未知为已知,未学为已学。

——张载《经学理窟·学大原下》

【注释】

①大不宜:最不好的。②气轻:气性轻浮。

【译文】

做学问最大的忌讳是志向短浅、气性轻浮。志向短浅就很容易满足,满足了就没有追求上进的动力;气性轻浮就会浮躁,把不知道的也当成知道的,没学过的也当成学过的。

【赏析】

这一条和本卷第22条的内容相辅相成。第22条要求志向不要定得太高,要量力而行,免得难以实现而灰心丧气;这一条要求不能志向短浅,免得因为太容易实现而失去了上进的动力。这两条综合起来,就是要求树立志向时必须考虑到自己的能力,既要避免好高骛远,也要避免妄自菲薄。

卷三／格物穷理

> **1**
>
> 伊川先生答朱长文书曰：心通乎道，然后能辨明是非，如持权衡①以较轻重，孟子所谓"知言"是也。心不通乎道，而较古人之是非，犹不持权衡而酌②轻重，竭其目力，劳其心智，虽使时中，亦古人所谓"亿则屡中③"，君子不贵④也。
>
> ——《二程文集》卷九《答朱长文书》

【注释】

①权衡："权"和"衡"都是秤杆，这里代指秤。②酌：斟酌、估计。③亿则屡中：预料事情总是能与实际相符。亿，通"臆"；中，切中。④贵：看重，珍惜。

【译文】

程颐先生回复给朱长文的信中说：自己的心如果和圣人之道相通，就能够准确地判断事物的对与错，就像拿着秤称量物体的重量一样精确，这就是孟子所说的"知言"。自己的心和圣人之道不相通，而去评价古人的是非对错，就像是不用秤称量，而是用手掂一下估计物体的重量一样，费尽了眼力，耗费了脑子，虽然经常能够猜中，也不过是古人说的"亿则屡中"罢了，君子们是不重视这种能力的。

【赏析】

程颐经常强调也是最重视的就是"心通乎道"，对"道"有了清楚的了解，也就是有了真知灼见，才能辨别是非。

2

伊川先生答门人①曰：孔孟之门，岂皆贤哲②，固多众人。以众人观圣贤，弗识者多矣。惟其不敢信己而信其师，是故求而后得。今诸君于颐言才不合，则置不复思，所以终异也。不可便放下，更且思之，致知之方也。

——《二程文集》卷九《答门人书》

【注释】

①门人：弟子、学生。②贤哲：德行卓越，智慧超群的人。

【译文】

程颐先生告诉他的弟子说：孔子、孟子的学生难道都是贤人、哲人吗？当然多数都是普通人。以普通人的眼光去看圣贤，无法理解的地方就多了。他们不敢相信自己的判断，相信老师说的是对的，因此努力探索就有了收获。现在诸位听了我的话，一旦有了不同的看法就放到一边，不再去想为什么我们的看法不同，自然最后还是意见不合。不能就这样放到一边，要去思考它，这才是求取学问的方法。

【赏析】

这一条讲的是学习时要抱着谦虚的态度。对于学生来说，不理解老师所说是正常的，这时候不要盲目地否定老师的意见，而是努力进一步探究，这样便可以进一步了解，知道自己的偏差在哪里，从而使学业提高。当然，程颐的意思也不是绝对服从老师，而是说不要过于自负，要听得进老师的教诲。

> **3**
>
> 伊川先生答横渠先生曰：所论大概，有苦心极力之象，而无宽裕温厚之气，非明睿①所照，而考索至此，故意屡偏而言多窒，小出入时有之。更愿完养②思虑，涵泳③义理，他日自当条畅④。
>
> ——《二程文集》卷九《答横渠先生书》

【注释】

①明睿：聪颖明智。②完养：保全涵养。③涵泳：潜心，陶冶。④条畅：通畅。

【译文】

程颐先生在回复张载先生的信中说：大致来看，您的议论有苦心思索、极力探求的气象，却没有优雅从容、温和敦厚的气度，您的见解应该不是凭聪明睿智观察出来的，而是考查探究出来的，因此议论时经常跑题，语句也有很多窒塞矛盾的地方，不时还有一些小差错。希望您能够进一步保全涵养，不要思虑过度，潜心于义理的研究，日后您的心中自然会更加通达顺畅。

【赏析】

这一条是程颐对张载的思想及其表达方式的批评。张载有着深厚的儒学功底，力图用概念的方式提出能够和佛教、道教相抗衡的理论，但这种表达方法是他不擅长的，所以才有了"强探力索之象"。

> **4**
>
> 欲知得与不得，于心气上验之。思虑有得，中心①悦豫，沛然有裕②者，实得也。思虑有得，心气劳耗者，实未得也，强揣度耳。尝有人言：比③因学道，思虑心虚④。曰：人之血气固有虚实，疾病之来，圣贤所不免，然未闻自古圣贤因学而致心疾者。
>
> ——《二程遗书》卷二上

【注释】

①中心:心中。②沛然有裕:气血充沛,精神饱满。③比:最近,近来。④心虚:因心脏气血不足引发的疾病,如心悸、健忘、胸闷等。

【译文】

想知道有没有收获,从精神状态上就可以看出来了。如果思考后有了进展,就会心情愉快精神饱满,这确实是有了收获。如果思考后有了进展,但心神俱疲无精打采,这就不是真的收获,只不过是勉勉强强地揣测到什么罢了。曾经有人说:"我近来学习用心过度,以至于气血不足。"我告诉他:"人的气血本来就有虚有实,连圣人都无法避免生病,但是我从来没有听说过,自古以来的圣贤有因为学习而导致心疾的。"

【赏析】

学习圣贤之道是人通向天地之道的方法,每一步的提高都是人生命层次的提高,所以有所收获后才"中心悦豫,沛然有裕",不至于"心气劳耗"。

程颐的这种说法现在看来值得商榷。学习很多时候是很枯燥的,只要是真正地潜心学习,必然要消耗巨大的体力和精力,这是不可否认的客观事实。学习有了进步当然心情愉快,至于能不能精神饱满就要因人而异了。

5

今日杂信鬼怪异说者,只是不先烛理①。若于事上一一理会②,则有甚尽期?须只于学上理会。

——《二程遗书》卷二下

【注释】

①烛理:洞察通晓事理。②理会:理解,领会。

【译文】

如今有很多人相信鬼怪异说,这是因为他们没有洞悉其中的道理。当然,如果要每一件事都去一一理解领会,什么时候是个尽头呢?其实我们不需要这样做,只要从学道明理上去认知理解就可以了。

【赏析】

程颐认为人们之所以相信鬼怪，是因为他们不明白其中的道理。但是指出"鬼怪异说"不合理的地方也不需要一个一个地去深究和批驳，只要把圣贤之道研究明白，就能够提纲挈领，一切的困难都迎刃而解。

6

学原①于思。

——《二程遗书》卷六

【注释】

①原：来源，源自。

【译文】

学问来源于深刻的思考。

【译文】

我们可以从这里看到程颐对思辨的重视。程颐认为思辨是深入了解德性之学的道路，没有深刻的思辨，就无法清楚地了解成德之教的道理，也就不能成就德性。

7

所谓"日月至焉①"与久而"不息②"者，所见规模③虽略相似，其意味气象迥别，须潜心默识，玩索久之，庶几自得。学者不学圣人则已，欲学之，须熟玩味圣人之气象，不可只于名④上理会，如此只是讲论文字。

——《二程遗书》卷十五

【注释】

①日月至焉：出自《论语·雍也》，指偶然想到仁德，无法持之以恒。②久而不息：出自《中庸》，指长久地追求仁德。③规模：格局，范围。④名：指文字、语言。

【译文】

对于偶尔想到仁德的人和长期坚持追求仁德的人来说，他们所看到的"道"样子是大致相同的，但是内在的意境和气象则截然不同。学者必须静下心来慢慢体会、长时间的思索，或许才可以自己体会到其中的真谛。学者不学习圣人就不说了，想要学习就必须纯熟地研习体味圣人的气度，不能仅仅从字面和语言上理解，这样只是在讲解议论文字而已。

【赏析】

学习圣人之道不能局限于字面上的意思，还要考虑到圣人说这句话的背景，这样才能推究出圣人的真意。

8

问：忠信进德之事，固可勉强①，然致知甚难。伊川先生曰：学者固当勉强，然须是知了方行得。若不知，只是觑②却尧，学他行事，无尧许多聪明睿智，怎生得如他"动容周旋中礼"？如子所言，是笃信而固守之，非固有之也。未致知，便欲诚意，是躐等③也。勉强行者，安能持久？除非烛理明，自然乐循理。性本善，循理而行，是顺理事，本亦不难，但为人不知，旋④安排著，便道难也，知有多少般数⑤，煞有⑥深浅。学者须是真知，才知得是，便泰然行将⑦去也。某年二十时，解释经义与今无异。然思今日，觉得意味与少时自别。

——《二程遗书》卷十八

【注释】

①勉强：尽力。②觑：看。③躐等：不依次序，越级而上。④旋：不久，很快就。⑤般数：指种类数量。⑥煞有：很有。⑦行将：实行。

【译文】

有人问程颐先生：我知道忠诚信义可以进修德业，也可以尽力去做，但是我很难明白其中的道理。程颐先生说：做学问的人当然需要尽力，但是必须先明白为什么要这样做，然后才可以去做。如果不明白这么做的道理，就像看见了尧就去学尧做事，自己没有尧这样的聪明才智，怎么能够像他那样"行动举止处处合于礼"呢？你所说的这种情况，是知道这么做是对的才坚持去做，而不是发自内心的去做。还没有清楚其中的道理，就开始行动，这就是打乱先后顺序了。心里不愿意做，却强迫自己去做，哪里能坚持下去？除非真切明白其中的道理，自然就乐于按照道理前行。人性本善，按照正理行动是顺理成章的事，本来就没有什么困难，但是人们不知道这个道理，于是就人为地安排一切，然后又说学道太难。你知道天下万事有多少种类、有多少数量？这里深浅不同。做学问的人必须达到"真知"的境界才能够明白其中的道理，这样就可以若无其事地去实行。我在二十岁时，经典义理的解释和现在没有什么区别，但是现在再去看那些经典，觉得其中的意味和年少时自然是不同的。

【赏析】

问问题的人知其然不知其所以然，这就是把知和行分开了。程颐认为这样是不对的，必须要先知而后行，如果明白了道理，人就会自动去施行忠信，反之即使勉强去做也无法长久坚持下去。程颐的这个说法从理论上来讲是正确的，但是在现实中却有些行不通。不是每个人都有圣贤的资质，我们不能因为不明白就不去做。

9

凡一物上有一理，须是穷致其理。穷理亦多端①：或读书讲明义理，或论古今人物别其是非，或应接事物而处其当。皆穷理也。或问：格物②须物物格之，还只格一物而万理皆知？曰：怎得便会贯通？若只格一物便通众理，虽颜子亦不敢如此道。须是今日格一件，明日又格一件，积习既多，然后脱然自有贯通处。又曰：所务于穷理者，非道尽穷了③天下万物之理，又不道是穷得一理便到。只要积累多后，自然见去。

——《二程遗书》卷十八

【注释】

①多端：多个方面。②格物：推究事物的原理。③穷了：穷尽明了。

【译文】

每一件事物都存在一个"理",这个"理"一定要推究明白。想要推究明白有很多种方法:可以通过读书讲解清楚其中的道理,可以通过讨论古时和现代的人物事迹,辨别他们的是非功过、成败得失,或者从待人接物是否恰如其分。这些都可以推究明白。有人问:我推究事物的义理需要一个个地分别去推究吗?还是推究了一个事物,其他所有事物的"理"也都明白了呢?我告诉他:"这怎么可能呢?即使颜回也不敢这样说吧?必须是今天推究一件,明天再推究一件,如此积累下去,自然有豁然贯通的时候。"又说:我所说的一定要推究明白,不是说天下万物都推究了才是研究明白,也不是说把一个事物推究到极致。而是要一件件地去推究,这样积累多了之后,自然能够收到效果。

【赏析】

宋儒所说的"理",是道德之理,是人应当本着该行而行的存心来做事,不能因为该行为对我有利,所以才去从事。

10

"思曰睿①。"思虑久后,睿自然生。若于一事上思未得,且别换一事思之,不可专守著这一事。盖人之知识,于这里蔽著,虽强思亦不通也。

——《二程遗书》卷十八

【注释】

①睿:通达,明睿。

【译文】

"思考叫作睿智"。思考得多了、久了,自然就会产生睿智。如果在某个事物上苦苦思索却一无所获,不妨换一个事物去思索,不要只抓着这个事物不放。如果人的认知在某个地方被蒙蔽住了,即使强行去思索,也是无法想通的。

【赏析】

　　思考才能感悟到事物中的"理"，思考得多，自然感悟得也就多了。每一个事物都是天下大道的反映，如果在这个事物上推究不明白，大可以换一个事物重新推究，虽然不同的事物有着不同的特性，但是大方向都是一致的。

> ⑪ 问：人有志于学，然知识蔽固①，力量不至，则如之何？曰：只是致知。若智识明，则力量自进。
>
> ——《二程遗书》卷十八

【注释】

　　①知识蔽固：学识浅陋闭塞。

【译文】

　　有学生问程颐：有人立志学习大道，可是基础不好，学习能力也不足，这样该怎么办呢？程颐说：那就只有追求智慧学问，如果明睿通达，学习能力自然就强了。

【赏析】

　　程颐认为"致知"可以增加知识，也可以提高学习能力。对道德的理推究得多了，就会明白"此理本来就是我的本性"，于是就有了学习的动力，施行起来也不会有勉强的感觉。

> ⑫ 问：观物察己，还因见物反求诸身否？曰：不必如此说。物我一理，才明彼即晓此，此合内外之道也。又问：致知先求之四端如何？曰：求之情性，固是切①于身。然一草一木皆有理，须是察。又曰：自一身之中，以至万物之理，但理会得多，相次②自然豁然有觉处。
>
> ——《二程遗书》卷十八

【注释】

①切：切近。②相次：心中。

【译文】

有人问：远观外物、近察自身，这是顺着所见外物的理反过来体察自身吗？程颐说：不是这个说法。外物和自己都是一个理体，只要明白了那个，自然就知道了这个，这就是我们所说的"内外合一"。又问：想要通晓智慧，先从仁、义、礼、智开始探求怎么样？程颐说：从人的性情上探求当然是切近自身的了。不过世上的一草一木都有这样的道理，对它们也需观察体会。又说：从人的本身也能推究出天下万物的势力，不过理解认识得多了，心中自然会豁然觉悟。

【赏析】

程颐认为内外都是一体的，明白了外物的事理，也就明白了自己身上的事理。

13

"思曰睿"，"睿作圣"。致思①如掘井，初有浑水，久后稍引动得清者出来。人思虑始皆混浊，久自明快。

——《二程遗书》卷十八

【注释】

①致思：致力于思索。

【译文】

"思考叫作睿智"，"睿智能够成为圣人"。思考就像掘井一样，刚开始出来的是浑水，过了很长时间才出来一点清水。人的思虑也是这样，开始的时候混浊不清，时间长了才会变得明澈畅快了。

【赏析】

程颐用挖井出水的现象来比喻人的思考是很贴切的。人在刚开始学习的时候，对事物的理解是很模糊的，这就像挖井刚开始出的浑水一样，不过浑水也是水，说明已经有了初步的理解。等时间长了，对事物的理解越发清晰明了，便会涌出清水了。

> **14**
>
> 问：如何是"近思"①？曰：以类而推。
>
> ——《二程遗书》卷二十二上

【注释】

①近思：思考就近之事。

【译文】

有人问程颐什么叫作"近思"，程颐：就是用类似的事物去推理。

【赏析】

理是相通的，所以可以类推。类似的事物，其中的理也相差无几，明白了这个事物的理，再去推究另外一个事物时就比较轻松了。

> **15**
>
> 学者先要会疑。
>
> ——《二程外书》卷十一

【译文】

做学问的人先要学会提出疑问。

【赏析】

学道分为常知（一般了解）和真知（真切了解）。有了疑问，说明已经开始进一步思考了，这就有了进至真知的可能。当然，这种怀疑是进一步了解道理，不是为了否定而怀疑。

16

横渠先生答范巽之曰：所访①物怪神奸②，此非难语，顾语未必信耳。孟子所论知性、知天，学至于知天，则物所从出当源源自见。知所从出，则物之当有当无，莫不心谕③，亦不待语而后知。诸公所论，但守之不失，不为异端所劫，进进不已，则物怪不须辩，异端不必攻，不逾期年④，吾道胜矣。若欲委⑤之无穷，付之以不可知，则学为疑挠，智为物昏，交来⑥无间，卒无以自存，而溺于怪妄必矣。

——张载《横渠文集·答范巽之书》

【注释】

①访：询问。②物怪神奸：能害人的鬼怪异物。③谕：古同"喻"，明白，理解。④期年：整整一年。⑤委：推诿，推卸。⑥交来：交相到来。

【译文】

张载先生回答范育（范育，字巽之）说：你问的这些神鬼怪物的事并不难回答，只不过说了你也未必信罢了。孟子所说的明本性、知天命，就是当修行达到知天命的境界后，世间万物是如何产生的就会一一明了了。知道了这些事物是从哪里来的，它们有还是没有无不心中了然，也不用等人说了才能明白。你们谈论的这些东西，只要守住正道不放弃，不被异端所迷惑，每一天都有所进步，那么这些鬼神怪异之事不必论辩、异端邪说也不用攻驳，用不了一年的时间，我们儒家就胜利了。如果想把这些问题推之于天地无穷的变化，认为其中的道理无法知晓，那么学习时就会被疑惑阻挠，理智也因此而昏聩，迷惑与外物交相往来从无间歇，最后圣学就没有了存身之地，必然沉溺在怪诞虚妄的神怪之说了。

【赏析】

张载认为对那些超自然的现象不必深究，也不必疑惑，只要修养到了知天命的境界，自然就对这些现象有了根源性的了解，也就是孔子所说的"六合之外存而不论"。至于一些宗教宣扬的关于神怪存在的说法也不必去驳斥，更不用和他们分辨有没有鬼神，只要修养提高了，自然不战而胜。

张载的见解是完全符合儒家道德之理的，提倡用理性来面对一切不可知的事物。

17

子贡谓"夫子之言性与天道，不可得而闻①"，既言"夫子之言"，则是居常②语之矣。圣门学者以仁为己任，不以苟知③为得，必以了悟为闻，因有是说。

——张载《横渠语录》卷上

【注释】

①不可得而闻：意思是单靠听是无法学到的。②居常：平常，日常。③苟知：随便了解的。

【译文】

子贡说："老师关于本性和天道的言论，单靠听是无法领悟的。"既然说是"夫子之言"，那就是孔子平常说的话。圣人门下的学生把成就仁德当成自己的责任，不会把一知半解的东西当成心得，一定要了解透彻了才算是自己的体会，所以子贡才会这样说。

【赏析】

"夫子之文章，可得而闻也。夫子之言性与天道，不可得而闻也。"那么，为什么诗书礼乐这些可以"得而闻"呢？因为这些都是可以通过学习形成记忆并内化于身，而本性和天道是形而上的，可意会而不可言传，只有当修养达到了一定的境界才能够明白。

18

义理之学，亦须深沉①方有造②，非浅易轻浮之可得也。

——张载《经学理窟·义理》

【注释】

①深沉：稳重冷静。②造：成就。

【译文】

义理方面的学问,必须性格沉着稳重才能有所成就,浅易轻浮的人是很难有所收获的。

【赏析】

做学问的人要心志坚毅,不能心浮气躁。

> **19**
> 学不能推究事理,只是心粗①。至如颜子未至于圣人处,犹是心粗。
>
> ——张载《经学理窟·义理》

【注释】

①心粗:粗心,指治学不能精微分析体察。

【译文】

学道时如果不能推查考究到事物的道理,唯一的原因就是粗心。至于颜回没有达到圣人境界,也是因为粗心。

【赏析】

粗心大意是治学的大忌,不细心就无法体会圣贤之道的细微之处。

> **20**
> "博学于文"者,只要得习坎①"心亨"②。盖人经历险阻艰难,然后其心亨通。
>
> ——张载《横渠文集》

【注释】

①习坎:重重坎坷。②心亨:心中通达。

【译文】

广泛学习文化知识的人,必须要懂得"历经坎坷方能内心通达"的道理。因为人只有经历了各种艰难险阻的磨炼,内心才会豁然贯通。

【赏析】

治学之前就要做好准备面对各种各样的考验和磨难。治学不是儿戏，自身的不足、外界的诱惑等，都是治学道路上的一道道难关。只有跨过了这些难关，才能达到大成的境界。

21

义理有疑，则濯①去旧见，以来新意。心中有所开②，即便③札记④。不思则还塞之矣。更须得朋友之助，一日间朋友论著，则一日间意思差别。须日日如此讲论，久则自觉进也。

——张载《经学理窟·学大原上》

【注释】

①濯：清除、去掉。②开：有了新的体悟。③即便：立刻就要……④札记：读书时记录心得或要点。

【译文】

学习义理时有了疑问，就要摒除以前的主张，迎接新的见解。当心中有所感悟的时候，立刻就要做好笔记；如果停止思索，思路就会重回无路可走的状态。做学问更需要朋友的帮助，某一天和朋友进行了讨论，那么这一天对义理的理解就和以前有所不同。应该每天都这样切磋讨论，时间长了自然能够感觉到自己的进步。

【赏析】

这是张载对学习方法的总结：其一是吐故纳新；其二是随手做笔记；其三是多和朋友交流。这种方法对于现代的我们来说仍然有着很强的实用性。

22

凡致思①到说不得处，始复审思明辨，乃为善学也。若告子②则到说不得处遂已，更不复求。

——张载《孟子说》

【注释】

①致思：专一地思考某个问题。②告子：《孟子》中的一个人物。关于历史上有没有这个人说法不一：有人说告子是战国时期的思想家、法家，曾经向墨子请教过学问；也有人说他是孟子的弟子；更有人因为告子没有作品流传后世，从而认为这是一个虚构的人物。

【译文】

当心中有了感悟，但是又无法用语言表达出来的时候，就需要重新开始仔细思索、详细分辨，这样才是善于学习。像告子，就是到了无法组织语言说出来的时候就停止了，不再继续思索分辨了。

【赏析】

"说不得"其实是一个节点，说明对事理已经有了大概的认识，但是又无法体认出其中的细节内容，如果这时候深入地探索下去，很快就会豁然开朗、了然于胸，进入一个新的境界。此外，张载这里对告子的理解或许只是想要列举一个反面的例子。

23

伊川先生曰：凡看文字，先须晓其文义①，然后可求其意②。未有文义不晓而见意者也。

——《二程遗书》卷二十二上

【注释】

①文义：文字表面意思。②意：此指文章的寓意和思想。

【译文】

程颐先生说：阅读文章时一定要先明白这篇文章的字面意思是什么，然后再去探求作者想要表达的主旨。不知道字面意思就能明白文章主旨的人是不存在的。

【赏析】

古人主张"微言大义""意在文中"，而且喜欢用典故。因此程颐主张先通文句，然后再探求其中的义理。

> **24**
>
> 学者要自得①。六经浩渺,乍来难尽晓,且见得路径后,各自立得一个门庭②,归而求之可矣。
>
> ——《二程遗书》卷二十二上

【注释】

①自得:有感悟体会,有所得。②门庭:方式。

【译文】

做学问的人要懂得自己去体悟。《六经》包括的内容浩瀚繁多,刚开始接触时很难全部明白。等入门之后,创立一个最适合自己的学习方法,再回过头来重新探求就可以了。

【赏析】

学习方法是很重要的,有了好的学习方法,自然就事半功倍。不过每一个人的学习方法都不一样,就像有人大声朗读能够快速地记忆,有人却觉得这种方式对自己来说是一种折磨,反而默念更有效率,只有最适合自己的才是最高效的。

> **25**
>
> 凡解文字,但易①其心,自见理。理只是人理,甚分明,如一条平坦底道路。诗曰"周道②如砥③,其直如矢④",此之谓也。或曰:圣人之言,恐不可以浅近看他。曰:圣人之言,自有近处,自有深远处。如近处怎生强要凿教深远得?扬子⑤曰:"圣人之言远如天,贤人之言近如地。"颐与改之曰:"圣人之言,其远如天,其近如地。"
>
> ——《二程遗书》卷十八

【注释】

①易:使……平易。②周道:周王朝在国都镐京和东都洛邑之间修建了一条大道,号称"周道",又称"王道"。③砥:磨刀石。④矢:箭杆。

⑤扬子：指的是西汉学者扬雄，不是战国时期的杨朱。扬雄字子云，是继司马相如之后西汉最著名的辞赋家。

【译文】

想要理解文章中的义理，只需要让自己的心平静下来，自然就可以明白。义理只不过是人的道理，十分清楚明白，就像一条平坦的道路。《诗经》上说："周道平整得就像一块磨刀石，顺直得就像一根箭杆一样"，说的就是这个。有人说：圣人说的话，恐怕不能这么浅显直白地去理解吧？我告诉他：圣人的话当然有浅显的，也有寓意深远的。就像那些浅显直白的话，又怎么能强行穿凿附会，让它变成意义深远呢？扬雄说："圣人的话，寓意深远如同天空；贤人的话，含义浅显好像大地。"我给改了一下："圣人的话，寓意深远的如同天空，含义浅显的好像大地。"

【赏析】

程颐认为圣人之言自然大部分都是寓意深远的，但是也不能够神话圣人之言，认为圣人说过的每一句话、每一个字里都有着常人无法理解的寓意。

26

凡观书不可以相类泥①其义，不尔，则字字相梗②。当观其文势上下之意，如"充实之谓美"与《诗》之美不同。

——《二程遗书》卷十八

【注释】

①泥：拘泥。②梗：梗阻不通。

【译文】

读书时不要因为是同一个字就认为是相同的含义，如果这样做，就会字字梗阻，难以贯通。应该结合上下文的语境和文章的思路才行。就像孟子说的"充实叫作美"中的"美"和评论《诗经》说的"美"，含义就是不一样的。

【赏析】

即使是同一个字，在不同的语序、不同的语境中也有着不同的含义，不能把这个地方的含义死板硬套到另外一个地方。

27

问：莹中①尝爱文中子②"或问学易，子曰：'终日乾乾可也。'"此语最尽。文王所以圣，亦只是个不已。先生曰：凡说经义，如只管节节推上去，可知是尽。夫"终日乾乾"，未尽得易，据此一句，只做得九三使。若谓乾乾是不已，不已又是道，渐渐推去，自然是尽，只是理不如此。

——《二程遗书》卷十九

【注释】

①莹中：程颐的学生陈瓘。陈瓘字莹中，号了斋，沙县城西劝忠坊人。②《文中子》：隋代王通的著作。王通字仲淹，死后他的学生偷偷地给他上了一个"文中子"的谥号（谥号只有皇帝和有功绩的大臣才能拥有，王通学生的这种行为是不符合礼法的，所以要偷偷地进行）。

【译文】

有学生问：陈莹中曾经喜欢《文中子》中的一句话："有人问王通学习《周易》有什么好方法，王通说：'每时每刻都努力不懈就可以了。'"这句话说尽了学习的态度。周文王之所以能够成为圣人，也只不过是不懈的努力罢了。程颐先生说：凡是说到经典义理，如果只管一段一段地向上推究，可想而知一定会有推究完毕的时候。像"终日乾乾"还没有穷尽《周易》之理，从这一句来看，它也只能是乾卦九三爻的道理。如果说努力不懈就是不停止，那么不停止就是道，这样慢慢推究当然有尽头，只是道理原本不是这么深远的。

【赏析】

求学之路必须慢慢地积累，天长日久，量变必然引起质变。

28

"子在川上曰：逝者如斯夫！"言道之体如此，这里须是自见得。张绎①曰：此便是无穷。先生曰：固是道无穷，然怎生一个"无穷"便道了得他？

——《二程遗书》卷十九

【注释】

①张绎：程颐门人，字思叔，北宋著名乡贤。

【译文】

"孔子站在河边说：'时光流逝，就像这流水一样啊！'""道"的本体就是这样，这个道理必须自己体会明白才可以。张绎说：这就是无穷。程颐说：道的本体当然是无穷的，然而怎能用"无穷"一词说尽这个道理呢？

【赏析】

世人多认为"逝者如斯夫"，是孔子对时光易逝的感叹，宋儒却认为这是孔子对道体无穷作用的体会。张绎说道体就是"无穷"，显然对道的了解还不够深入，所以程颐才这样提点他。从程颐的话分析，他的意思应该是人要从自己生命的精诚奋发来体会天道的无穷。

29

今人不会读书。如"诵诗三百，授之以政不达，使于四方①不能专对②。虽多，亦奚以为？"须是未读诗时不达于政，不能专对。既读诗后，便达于政，能专对四方，始是读诗。"人而不为周南、召南③，其犹正④墙面。"须是未读诗时如面墙，到读了后便不面墙，方是有验。大抵读书只此便是法。如读论语，旧时未读是这个人，及读了后来又只是这个人，便是不曾读也。

——《二程遗书》卷十九

【注释】

①使于四方：派到外国做外交使节。②专对：指任使节时独自随机应答。③《周南》《召南》：《诗经》中的两篇诗词。④正：正向，面对。

【译文】

现在的人不会读书，就像孔子说的"《诗经》三百篇都背会了，交给他治理国家的事务，他办不好，让他作为使节出使外国，他无法随机应变答对得体。像这样的人，读书多又有什么用呢？"应该是没有读《诗经》的时候处理不好政事、无法胜任外交使节的工作；等读了《诗经》后，就能处理好政事、胜任外交使节的工作，这才算是读了《诗经》。"人如果不学习《周南》《召南》，就像面对着墙壁站立一样，看不见任何事物。"应该是没读《诗经》的时候如同面壁，读了之后就不像面壁，这才是读书有了体会。大体上来说，这样才是读书的原则。比如读《论语》，以前没有读过的时候是这个人，等读了之后仍然还是这个人，这就等于没有读过《论语》。

【赏析】

读书必须有所体会、有所进步，如果没有体会和进步，只是白白浪费了时间。

> **30**
>
> 凡看文字，如"七年"①、"必世"②、"百年"③之事，皆当思其如何作为，乃有益。
>
> ——《二程遗书》卷二十二上

【注释】

①七年：出自《论语·子路》："善人教民七年，亦可以即戎矣"，意为：有政治才能的人领导教化人民七年，就可以与蛮夷之国抗衡。②必世：出自《论语·子路》："如有王者，必世而后仁"，一世为三十年。意为：圣明的君王治理国家，需要三十年才能实现仁政。③百年：出自《论语·子路》："善人为邦百年，亦可以胜残去杀矣"，意为：有政治才能的人治理国家一百年，就可以消除残暴和杀戮了。

【译文】

在阅读典籍的时候，遇到诸如"七年""必世""百年"这些时间性的词语，都应该思考一下是如何做到的，这样才能有所裨益。

【赏析】

程颐认为学习儒家的经典时必须注意这些表示时间的词语，用的时间越长，教化的程度就越深入，成果也就越大。从这些词语中，我们也可以体会到儒家的短期目标和长期目标，以及圣贤希望教化万民、进入大同世界的理想。

31

凡解经不同，无害；但紧要处①不可不同尔。

——《二程外书》

【注释】

①紧要处：关键的地方。

【译文】

对经典的解释有所不同没有什么不好，但是关键的要点不能有差异。

【赏析】

"紧要处"指的是经典的关键所在，代表了圣人的观点和主张。如果这些地方的理解出了偏差，也就偏离了圣人的原意。

32

焞初到，问为学之方。先生曰：公要知为学，须是读书。书不必多看，要知其约。多看而不知其约，书肆①耳。颐缘②少时读书贪多，如今多忘了。须是将圣人言语玩味，入心记著，然后力去行之，自有所得。

——《二程外书》

【注释】

①书肆：书店，书铺。②缘：缘由，因为。

【译文】

尹焞入程颐门下时，请教做学问的方法。先生说：你想要知道如何做学问就必须读书。书没有必要看那么多，但要知道其中精要。书读得多，却不知道里面的精要，那就是一家书铺。我就是因为年轻的时候读书多了，现在那些书的内容大多都忘记了。读书时要仔细玩味圣人的一字一句，在心里牢牢记着，然后努力去实践，自然会有收获。

【赏析】

读书贵精不贵多。贪多必然分心，分心则无法精研，也就无法留下深刻的印象。

33

初学入德①之门，无如大学，其他莫如语、孟。

——《二程遗书》卷二十二上

【注释】

①入德：初入道德修养之道。

【译文】

刚开始学习进入德行修养之道的门路，就是《大学》，其次是《论语》《孟子》，其他的书籍都要排在后面。

【赏析】

《大学》《论语》《孟子》都蕴含了儒家思想的核心内容，是儒家认识论和方法论的集中体现，进行道德修养，要从这些经典做起。

34

> 学者先须读论、孟。穷得语、孟,自有要约处,以此观他经甚省力。论、孟如丈尺①权衡②相似,以此去量度事物,自然见得长短轻重。
>
> ——《二程遗书》卷十八

【注释】

①丈尺:中国民间常用的长度单位,分为十进制的分、寸、尺、丈、引。②权衡:称重。权,秤锤。衡,秤杆。

【译文】

做学问应该先读《论语》《孟子》。彻底了解《论语》《孟子》的义理,自然就掌握了关键的要领,再用这个要领去读其他经典就非常轻松了。《论语》《孟子》就像是尺和秤,拿它们去度量事物长短轻重自然一目了然。

【赏析】

这一条是对上一条的补充,程颐对《大学》《论语》《孟子》非常重视,认为这三本书是学习儒家经典的基础,其重要性远远超过了其他经典。后来朱熹作《四书集注》就是继承了程颐的观点。

35

> 读论语者,但将诸弟子问处便作己问,将圣人答处便作今日耳闻,自然有得。若能于论语、孟子中深求①玩味,将来涵养成甚生②气质!
>
> ——《二程遗书》卷二十二上

【注释】

①深求:深入探求。②甚生:怎么样的。

【译文】

研读《论语》的人,只要将孔门各位弟子问的问题当成自己的问题、将孔子的回答当作今日听闻的道理自然就有所收获。如果把《论语》《孟子》

这两本书仔细探求、深入玩味,将来会涵养成何等气质出来呢!

【赏析】

程颐在这里提出了一个新的学习方法,就是将自己代入到孔门诸弟子身上,这样就好像身临其境,亲耳聆听圣人的教诲,如此读书必然会有一个新的体会。

36

凡看语、孟,且须熟玩味,将圣人之言语切己①,不可只作一场话说。人只看得此二书切己,终身尽多②也。

——《二程遗书》卷二十二上

【注释】

①切己:与自己密切相关。②尽多:非常多。

【译文】

看《论语》《孟子》,就应该娴熟地玩味其中的义理,将圣人的话和自己密切联系起来,不能只当成普通的谈话。只要看这两本书的时候密切联系自己,终身将会受用不尽。

【赏析】

程颐的这个观点颇有些"理论联系实际"的味道。听到圣人的教诲,随时体察自身,有则改之无则加勉,自然离圣人之道越来越近。

37

论语有读了后全无事①者,有读了后其中得一两句喜者,有读了后知好②之者,有读了后不知手之舞之、足之蹈之者。

——《二程遗书》卷十九

【注释】

①全无事:没有任何感悟体会。②知好:知,理解。好,爱好。

【译文】

有读了《论语》后没有一点收获的,有读后只喜欢其中一两句的,有读后开始喜爱它的,也有读后情不自禁手舞足蹈的。

【赏析】

资质有高低、学问有深浅、心胸有大小,不同的人对《论语》的理解也就有了差别,得到的收获也就有了差别。

38

学者当以论语、孟子为本。论语、孟子既治,则六经可不治而明矣。读书者当观圣人所以作经之意,与圣人所以用心,与圣人所以至圣人,而吾之所以未至者,所以未得者。句句而求之,昼诵而味之,中夜而思之,平其心,易①其气,阙②其疑,则圣人之意见矣。

——《二程遗书》卷二十五

【注释】

①易:使……平易。②阙:去除,消除。

【译文】

做学问应当把《论语》《孟子》作为根本。《论语》《孟子》学好了,那么《六经》不用学习就能明白其中的义理。读书人应当体察到圣人著作这部经典的目的、圣人的用心在哪里、圣人达到此种境界的原因是什么,反思自己没有达到圣人境界的原因是什么、没有感悟的原因是什么。每一句都这样推究,白天诵读体味,夜里静心思索,平缓心情,舒缓气息,消除疑惑,这样就可以领会到圣人的思想了。

【赏析】

程颐在这里详细讲述了学习《论语》《孟子》的方法,这种方法不仅是读书的方法,也是修身养性的方法。程颐的这个观点后来被朱熹所继承,并成为朱熹论读书的要点。

39

读论语、孟子而不知道①,所谓"虽多,亦奚以为"。

——《二程遗书》卷六

【注释】

①不知道:不通晓圣贤之道。

【译文】

读了《论语》《孟子》,却不知道什么是圣贤之道,这就是孔子说的"虽然读得多,又有什么用呢"。

【赏析】

《论语》最本质的思想是一种人生的学问,《论语》中所蕴含的智慧,所体现的圣贤之道,足以让我们受用一生。

40

论语、孟子,只剩读著①便自意足,学者须是玩味。若以语言解著,意便不足。某始作此二书文字②,既而思之又似剩。只有些先儒错会处,却待与整理过。

——《二程外书》卷五

【注释】

①著:通"着"。②文字:注解、解说。

【译文】

《论语》《孟子》这两部书,光是读一下就觉得义理充分,做学问应当这样体悟玩味。一旦用语言进行说明,其义理就不充分了。我刚开始还给这两部书做了注释,后来想想这种做法好像画蛇添足,于是只把那些前代儒者理解错误的地方整理了出来。

【赏析】

《论语》《孟子》中的很多话都是至理名言,读一下就能明白其中的道理，深入探究就会发现其中的义理。圣人的用意浩如烟海，每个人的修养不同、经历不同，读后得到的道理感悟也不同，所以程颐才说"若以语言解著，意便不足"。

41

问：且将论语、孟子紧要处看，如何？伊川曰：固是好，然若有得，终不浃洽①。盖吾道非如释氏，一见了便从空寂去。

——《二程遗书》卷十二

【注释】

①浃洽：通透、融会。

【译文】

有人问，我只读《论语》《孟子》中最关键、最重要的地方可以吗？程颐先生说："当然是可以的，不过这样即使有了心得也不会通达透彻。圣贤之道和佛教可不一样，一旦真正了解就大彻大悟。"

【赏析】

程颐在这里委婉地批评了读书只读"紧要处"的做法。因为儒家讲的是伦常之理，指导的是人生，是以出世为目的的。儒家经典关键的地方当然是那些大道，但是其他地方也不是没有用处，仍然蕴含着人生的至理，只有把这些全部读懂了，才能走上追求圣贤之道的道路。

42

"兴于诗①"者，吟咏性情，涵畅道德之中而歆动②之，有"吾与点"之气象。又云："兴于诗"，是兴起人善意，汪洋浩大，皆是此意。

——《二程遗书》卷三

【注释】

①兴于《诗》：开始于学《诗》。兴：开始。②歆动：内心有所触动感悟。

【译文】

"兴于《诗》",是指人通过吟咏诗歌来兴发性情之真,涵养畅发于道德化育之中而心中有所感悟触动,有着孔子说"我赞同曾皙"时那样的气象。程颐又说:兴发于《诗经》,是兴发人的善意,使之汪洋浩大,都是这个意思。

【赏析】

子曰:"诗三百,一言以蔽之,曰'思无邪'。"什么是"思无邪"呢?就是思想纯正!所以程颐才说《诗》能够"吟咏性情,涵畅道德之中"。

43

谢显道云:明道先生善言诗。他又浑①不曾章解句释,但优游②玩味,吟哦上下,便使人有得处。"瞻彼日月,悠悠我思。道之云③远,曷④云能来?"思之切矣。终曰:"百尔⑤君子,不知德行。不忮⑥不求⑦,何用不臧⑧?"归于正也。又云:伯淳常谈诗,并不下一字训诂,有时只转却一两字,点掇⑨地念过,便教人省悟。又曰:古人所以贵亲炙⑩之也。

——《二程外书》卷十二

【注释】

①浑:全,满。②优游:悠然自得。③云:语气助词,无实义。④曷:何,何时。⑤百尔:诸位,一切。⑥忮:嫉妒,损害。⑦求:贪求。⑧不臧:不善良。⑨点掇:稍微拈取。⑩亲炙:亲身受到教益。

【译文】

谢良佐说:程颢先生最擅长讲说《诗经》。不过他又不是一章一句地去解释,只是悠然玩味,前后吟咏,这样就让人有了感悟。例如《雄雉》一篇中的"看着那太阳和月亮,我的思念悠悠长。道路漫长又遥远,你何时来到我身旁?"思念之情是多么强烈呀!结尾又说:"你们一切诸君子,不知德行和修养。如不损人不贪求,怎会不顺又不良?"这就转到中正之理了。又说:程颢经常谈论《诗经》,但是不做一个字的解释,有时只点缀性地换上一两个字念过去,让人听后就有所感悟。又说:这就是古人重视亲自聆听教诲的原因。

【赏析】

程颢对《诗经》的教育方式是很有趣的，不寻章摘句的解释，读过之后加一两句案语（就如上面提到的"思之切矣""归于正也"），如此便让人豁然贯通；或者难懂的字换成易懂的字，也可以让人立刻明白其中的含义。

44

明道先生曰：学者不可以不看诗，看诗便使人长一格价①。

——《二程外书》卷十二

【注释】

①长一格价：提升一个等级的价值。格，等级的意思。

【译文】

程颢先生说：做学问的人不可以不看《诗经》，看了《诗经》会使人的人格、品德提高一个层次。

【赏析】

《诗经》的内容包含了政治、经济、风俗、文化等等，有着极高的文学价值和思想价值，如果读懂了《诗经》，人的修养肯定会提升一步。

45

"不以文害辞。"文，文字之文，举一字则是文，成句是辞。诗为解一字不行，却迁就他说，如"有周不显①"，自是作文当如此。

——《二程外书》卷一

【注释】

①有周不显：指周王朝荣耀显赫。有，指示性冠词。不，同"丕"，语气词，古时人解释为"大"。

【译文】

孟子说"不要拘泥于某一个字的意思而影响了对整个句子的理解"。

"文"就是"文字"的"文",一个字叫文,多个文字连起来的一句话叫辞。读《诗经》时如果有某一个字感觉解释不通,就要借鉴他人的说法,比如"有周不显"的"不"就要按照"大"来理解,当然写文章的也应当这样做。

【赏析】

读书时对某个字的意思产生疑问是正常的,如果感觉解释不通,不妨看看前人是如何理解的并借鉴一下,然后再接着读下去。不要因为一个字的理解错误而影响了整句话甚至整篇文章的理解,这就是"以文害辞"了。

46 看书须要见二帝①、三王②之道。如二典③,即求尧所以治民、舜所以事君。

——《二程遗书》卷二十四

【注释】

①二帝:指唐尧、虞舜。②三王:指夏禹、商汤、周文王、周武王。③二典:指《尧典》和《舜典》,都是《尚书》的篇名。

【译文】

读《尚书》要明白二帝、三王是如何治理天下的。读《尧典》《舜典》,就要推究尧是如何治理百姓的、舜是如何事奉君王的。

【赏析】

程颢在这里指出了学习《尚书》的重点。

47 中庸之书,是孔门传授,成于子思①、孟子。其书虽是杂记,更不分精粗,一衮②说了。今人语道,多说高便遗却卑,说本便遗却末。

——《二程遗书》卷十五

【注释】

①子思:孔伋,字子思,孔子的嫡孙、孔鲤的儿子。孔伋师承曾参,

孟子是他的徒孙。子思也是"四配"之一，被追封为"述圣公"，后人由此而尊他为"述圣"。②一衮：口头语，混在一起的意思。

【译文】

《中庸》是孔子门下所传授的，据说是由子思、孟子整理成册。这本书是杂记，内容上不管是重点还是日常的话，都一并收录了进去。现在的人谈论圣贤之道时，大多数人都是说到立意高的地方就忘记了立意不高的地方，谈论到主旨就忘记了细节。

【赏析】

《中庸》是四书之一，可以说是儒家经典中的代表之一。即使是这样的鸿篇巨制，也没有抛弃立意不高的语句。那么作为初学者的我们，又有什么资格去嫌弃那些看起来立意不高的语句呢？必须要全部用心地探求，才能真正触摸到圣贤之道。

48

伊川先生易传序曰：易，变易也，随时变易以从道也。其为书也，广大悉备，将以顺性命之理，通幽明之故，尽事物之情，而示"开物成务"①之道也。圣人之忧患后世，可谓至矣。去②古虽远，遗经尚存。然而前儒失意③以传言④，后学诵言而忘味，自秦而下，盖无传矣。予生千载之后，悼斯文⑤之湮晦⑥，将俾后人沿流⑦而求源，此传所以作也。"易有圣人之道四焉：以言者尚其辞，以动者尚其变，以制器者尚其象，以卜筮者尚其占。"吉凶消长之理，进退存亡之道备于辞。推辞⑧考卦，可以知变、象与占在其中矣。"君子居则观其象而玩其辞，动则观其变而玩其占。"得于辞不达其意者有矣，未有不得于辞而能通其意者也。至微者理也，至著者象也，体用一源，显微无间。"观会通以行其典礼"，则辞无所不备。故善学者求言必自近，易于近者，非知言者也。予所传者辞也，由辞以得意，则在乎人焉。

——《二程文集》卷八《易传序》

【注释】

①开物成务：通晓万物之道，并遵循得到成功。开：了解。②去：距离。③失意：迷失意义。④传言：流传言语文字。⑤斯文：这部作品。⑥湮晦：埋没。⑦沿流：这里指依照《周易》的文辞。⑧推辞：推理研究卦辞。

【译文】

程颐先生在他写的《易传序》中说："易"就是变化，也就是顺从时节的变化去遵从自然法则。《周易》这本书的内容博大精深，天下的事理无不完备，其要旨就是让人们知道顺应天性天命的道理、明白昼明夜暗的原因、认识到天下万物的事理并各得其宜。圣人对后世的忧虑，可以说在这本书上表现得淋漓尽致。虽然现在距离古时候已经很长时间了，圣人遗留下的这部经典仍然流传在世间。可是以前的儒者虽然将文字流传了下来，却不清楚圣人的本意，以致后来的读者只能看到文字，却不知道这些文字的义理。大概从秦朝以后，《周易》的至理就失传了。我出生于圣人逝世千年之后，哀叹这部著作被湮没，希望后人能够通过《周易》的文字寻求到它的本源，这就是我写作《易传》的原因。"《周易》中包括了四种圣人之道：喜欢研究语言的人推崇里面的用词，喜欢行动的人推崇里面的变化，制作器物的人推崇里面的'象'，占卜算卦的人推崇里面的预测之理。"天道中的吉祥与凶险、消亡与成长的道理，前进和后退、生存和死亡的原因都包含在卦辞里面，仔细推究这些卦辞和卦义，可以知道天下万物变化的规律，卦象和占卜也都在里面了。"君子安居在家，就观察卦象、玩味卦辞；将要有所行动就观察卦中的变化、玩味卦中的预测。"明白《周易》中的文字、却不知道这些文字代表了什么意思的人是有的，可是不明白《周易》中的文字、却反而知道这些文字代表了什么意思的人是没有的。隐晦不容易看出来的是理，形象鲜明的是象，本体和作用来自同一个根源，显明的"象"和精微的"理"都是一起出现。"观察之后并融会贯通"，并以此来实行那些典法礼仪，这些在卦辞中都无所不备。所以善于学习的人，探求圣人的言语必定就近学起，改变了就近学起这个原则的人，是无法探究到圣人的言语的。我所作的"周易"的辞，能不能从中领会圣人的本意，就在于修学者个人了。

【赏析】

《周易》是中国传统思想文化中自然哲学与人文实践的理论根源，是中华民族智慧的结晶，被称为"大道之源"，对中国几千年来的政治、经济、文化等各个领域都产生了深远的影响，也正因为如此，程颐才会花费巨大的心思为《周易》作传。

49

伊川先生答张闳中①书曰：易传未传，自量精力未衰，尚觊有少进尔。来书云"易之义本起于数②"，则非也。有理而后有象，有象而后有数。易因象以明理，由象以知数。得其义则象数在其中矣。必欲穷象之隐微，尽数之毫忽③，乃寻流逐末，术家之所尚，非儒者之所务也。

——《二程文集》卷九《答张闳中书》

【注释】

①张闳中：二程弟子，"刘李学派"代表人物。②数：占筮求卦的基础，在《周易》中指阴阳数和爻数。③毫忽：极其细微的一点。

【译文】

程颐先生是这样回复张闳中的：我作的《易传》之所以还没有传播出去，是因为我感觉自己的精力还没有衰退，还希望把这本书再稍微完善一下。您的来信说"易经的义理是从'数'中产生的"，这是不对的。先有义理，然后才有象，象之后才是数。《周易》通过象说明道理，由象来推导其数。知道了义理，象和数也就都知道了。一定要去苦苦推究象的隐密微细、数的分厘毫末，那就是舍本逐末了！这种行为是那些算卦的人喜欢干的，不是我们儒者应该做的。

【赏析】

程颐认为先有了义理，然后才有了象，至于数则是从象中推导出来的。张闳中认为"易之义本起于数"，显然弄反了先后顺序。此外，只有占卜的人才会把精力放到数的研究上，儒家是不屑于这样做的。而且正是因为占卜人的这种行为，也是现代人认为《周易》是一部占卜书籍的重要原因。

> **50**
>
> 知时识势，学易之大方①也。
>
> ——《二程易传·夬传》

【注释】

①大方：根本方法，主要方法。

【译文】

知道天时、认清形势，这是学习《周易》最主要的方法。

【赏析】

《周易》讲的是变化，而变化是需要时间的，如果没有时间这个因素，任何变化是不可能的。所以学习《周易》时一定要明白，什么时候该做，什么时候不该做。

> **51**
>
> 大畜初①、二②，乾体刚健而不足以进，四③、五④阴柔而能止。时之盛衰，势之强弱，学易者所宜深识也。
>
> ——《程氏易传·大畜传》

【注释】

①初：指阳爻初九。②二：指阳爻九二。③四：指阴爻六四。④五：指阴爻六五。

【译文】

《大畜》一卦中，第一、第二爻都是阳爻，虽然下卦看起来有着旺盛的阳刚姿态，但是却不能上进，因为上面的第四、第五爻是阴爻，用阴柔之势阻挡了上升的道路。时节有盛有衰、运势有强有弱，学习《周易》的人最好能深入明白这一点。

【赏析】

　　这一条可以说是用具体的卦象说明了"时"和"势"的重要性，也是对上一条的补充。

> **52**
>
> 　　诸卦二、五虽不当位①，多以中②为美；三、四虽当位，或以不中为过。中常重于正③也。盖中则不违于正，正不必中也。天下之理莫善于中，于九二、六五可见。
>
> ——《程氏易传·震传》

【注释】

　　①当位：指卦的初、三、五爻为阳爻，二、四、上爻为阴爻。②中：指合乎时宜运势。③正：指应普遍遵循的法则。

【译文】

　　各卦的第二爻和第五爻，即使阴阳不当其位，因为处于中间的位置，也就是守中，所以大多数的爻辞也都是好的意思；第三爻和第四爻，即使阴阳各当其位，有些爻辞也因为没有守中而为过咎。由此看来，大多数情况下中比正更重要，因为守中不一定不能守正，守正却不一定能守中。天下的道理最好的就是守中，从九二爻、六五爻的爻辞就可以看出来了。

【赏析】

　　这一条有点片面了，大多数中间的爻辞都是好的，并不是所有中间的爻辞都是好的，从这一点来说"中"比"正"好，显然没有太强的说服力。

> **53**
>
> 　　问：胡先生①解九四作太子，恐不是卦义。先生云：亦不妨，只看如何用。当储贰②则做储贰使。使九四近君，便作储贰亦不害。但不要拘一，若执一事，则三百八十四爻，只作得三百八十四件事便休了。
>
> ——《二程遗书》卷十九

【注释】

①胡先生：胡瑗，字翼之，程颐的老师，北宋理学先驱，"安定学派"创始人，世称安定先生。②储贰：也有写作"储二"，太子的代称。

【译文】

问：胡瑗先生用太子来解释乾卦的九四爻，恐怕不是这一卦真正的意思。程颐先生说：这也没有什么，就看怎么用了，当太子解释就当太子用，本来九四的位置接近象征君王的九五之位，即使解释为太子也没有妨害。但是不能限定只能有这一种解释，如果一爻只有一种解释，那么《周易》一共六十四卦三百八十四爻，只能解释三百八十四种事物就结束了。

【赏析】

具体情况具体分析，《周易》本来讲的就是变化，如果限定死了，也就失去了《周易》的本意。

54

看易且要知时①。凡六爻人人有用，圣人自有圣人用，贤人自有贤人用，众人自有众人用，学者自有学者用，君有君用，臣有臣用，无所不通。因问：坤卦是臣之事，人君有用处否？先生曰：是何无用？如"厚德载物"，人君安可不用？

——《二程遗书》卷十九

【注释】

①知时：因时而变，通晓时势。

【译文】

读《周易》还要懂得因时而变。卦中的六个爻辞，每个都有着自己的用处，圣人有圣人的用处，贤人有贤人的用处，普通人有普通人的用处，为学者有为学者的用处，君王有君王的用处，臣子有臣子的用处，对任何人都是通用的。于是有人问：坤卦说的是臣子的事，恐怕对君王没有用处吧？程颐先生说：这一卦怎么对君王没有用处呢？就像"厚德载物"，对君王难道没有用吗？

【赏析】

《周易》中所谓的"变化",指的不仅是随着时间和形势变化,也会随着人的不同而变化。正是因为变化,也就成了放之四海而皆准的道理,每个人都能够从中汲取到自己需要的营养。

55

易中只是言反复往来上下①。

——《二程遗书》卷十四

【注释】

①反复往来上下:《周易》的三种卦变。反复,指两卦互为错卦(指将一个卦的六个爻全部变为相反的爻所形成的卦)。往来,指同一卦中两爻互换位置而变成另外一卦,爻位自下而上变换称往,自上而下变换称来。上下,指两卦互为综卦(本卦的爻位倒置)。

【译文】

《周易》中只有错卦、爻位往来、综卦的卦象。

【赏析】

虽然只是简单的三种卦变,然而随着时和势的变化,道尽了天下的义理。

56

作易,自天地幽明,至于昆虫草木微物,无不合。

——《二程外书》卷七

【译文】

周文王所作的《周易》,上至天地运转昼夜交替的天象,下至昆虫草木的微细之物,所有一切都符合《周易》所体现的易理。

【赏析】

天地万物没有哪一个不是阴阳交感而生,所以《周易》所讲述的义理既适用于至广至大,也适用于至细至微。

57

今时人看易，皆不识得易是何物，只就上穿凿。若念得不熟，与就上添一德①亦不觉多，就上减一德亦不觉少。譬如不识此兀子②，若减一只脚亦不知是少，若添一只，亦不知是多。若识则自添减不得也。

——《二程外书》卷五

【注释】

①德：指《周易》中各卦所具有的特性。②兀子：一种方形凳子，没有靠背亦作"杌子"。

【译文】

现在的人读《周易》时，都不知道《周易》究竟讲的是什么，只能在《周易》上面穿凿附会地理解。如果不是对《周易》精熟之人，即使在某一卦加一条特性也不觉得多，减一条也不觉得少。就像人不知道杌凳是四条腿一样，如果去掉一条腿，也不知道少了，加上一条腿也不知道多了。如果知道凳子只能是四条腿的，那就自然无法增减了。

【赏析】

由于《周易》中的圣人原意已经失传，后人对《周易》的理解只能是臆测，无法判断自己的理解是不是符合圣人的原意。如果大家都知道圣人的原意是什么，这种臆测的行为也就不存在了。

58

游定夫①问伊川"阴阳不测②之谓神"，伊川曰：贤是疑了问，是拣难底问？

——《二程外书》卷十二

【注释】

①游定夫：游酢的字，程门四先生之一。②阴阳不测：阴阳无常变幻莫测。

【译文】

游酢问程颐:"'阴阳无常变幻莫测,所以称之为神'是为什么呢?",程颐说:你是因为不知道来问我呢,还是专门挑难的来问我?

【赏析】

程颐善于从学生的提问中判断出该学生的学业到了哪种程度,于是就有了这个问题。如果游酢是有了疑问来问的,说明他已经对这句话有了一定的了解;如果他是挑难的来问,说明他对这句话的理解只是一鳞半爪,刚刚入门而已。

59

伊川以易传示门人,曰:只说得七分,后人更须自体究。

——《二程外书》卷十一

【译文】

程颐拿着他写的《易传》对弟子们说:(我因为能力有限,这本书中对《周易》的道理)只讲了七分,后辈学习的人还必须要自己体悟参究啊!

【赏析】

程颐所著的《易传》后来成为研究《周易》的重要文献。程颐本身在《周易》方面有着高深的造诣,不然也没有自信为《周易》这样上古流传下来的典籍作传,所以程颐的这番话我们看做是谦虚之词。不过程颐的话也是实话,这本书毕竟是他的一家之言,他不能、也不敢说自己已经把《周易》研究得透彻了,所以后人的体悟也很重要。

60

伊川先生春秋传序曰:天之生民,必有出类之才起而君长之。治之而争夺息,导之而生养遂,教之而伦理明,然后人道立,天道成,地道平。二帝而上,圣贤世出,随时有作,顺乎风气之宜,不先天①以开人,各因时而立政。暨乎三王迭兴,三重②既备,子丑寅之建正③,忠质文之更尚,人道备矣,天运周矣。圣王既不复作,有天下者虽欲仿古之迹，亦私意妄为而已。事之缪④，秦至以建亥为正；道之悖，汉专以智力持世。岂复知先王之道也？夫子当周之末，以圣人不复作也，顺天应时之治不复有也，于是作春秋，为百王不易之大法。所谓"考诸三王而不缪，建诸天地而不悖，质诸鬼神而无疑，百世以俟圣人而不惑"者也。先儒之传曰："游、夏不能赞一辞。"辞不待赞也，言不能与于斯耳。斯道也，惟颜子尝闻之矣："行夏之时，乘殷之辂⑤，服周之冕，乐则韶舞。"此其准的也。后世以史视春秋，谓褒善贬恶而已，至于经世之大法，则不知也。春秋大义数十，其义虽大，炳如日星，乃易见也。惟其微辞隐义，时措从宜者，为难知也。或抑或纵，或与或夺，或进或退，或微或显，而得乎义理之安，文质之中，宽猛之宜，是非之公，乃制事之权衡、揆⑥道之模范⑦也。夫观百物然后识化工之神，聚众材然后知作室之用。于一事一义而欲窥圣人之用心，非上智不能也。故学春秋者，必优游涵泳，默识心通，然后能造其微也。后王知春秋之义，则虽德非禹汤，尚可以法三代之治。自秦而下，其学不传。予悼夫圣人之志不明于后世也，故作传以明之，俾后之人通其文而求其义，得其意而法其用，则三代可复也。是传也，虽未能极圣人之蕴奥，庶几学者得其门而入矣。

——《二程文集》卷八

【注释】

①先天：先于天时而行事。②三重：指的是夏、商、周三种重要的仪礼：善德、征验、尊位。③建正：指的是正月，确立一年之始。④缪：通"谬"，荒谬。⑤辂：古代的一种大车。⑥揆：揣度。⑦模范：模型、规制。

【译文】

程颐先生的《春秋传序》是这样说的：上天化育了万民，必定有出类拔萃的人作为他们的君王来领导他们。君王的治理平息了百姓们的纷争，引导百姓达成生物养民，教导他们伦理纲常使生活有了秩序，这样就确立了人的法则、成就了天的法则、平正了地的法则。在唐尧虞舜以前的时代，圣贤不时就会出现，按照时序的变化指导百姓们的行动，顺应当时好的习俗，不在天时地之前开导百姓，都是顺应时代的发展制定各种政策。等到夏禹、商汤、周文王、周武王相继兴起，善德、征验、尊位三种重要的礼法都有了，分别把子月（农历十一月）、丑月（农历十二月）、寅月（农历一月）作为一年的正月，提倡忠贞、质朴、文采，人世间的礼仪法度已经完备了，天地运行的规则也齐全了。圣明的君王既然不再出现，那些拥有天下的君王虽然想要按照古代留下的事迹来做，也只不过是自己胡闹罢了。其中最荒谬的事，就是秦朝把亥月（农历十月）改成正月；最背离天道的行为，是汉朝只依靠智力来治理天下，哪里还知道以前的有为君王治理天下的理政之道呢？孔子生活在周朝的末年，因为圣人已经不再出现，也没有顺应天时的盛世了，因此才作了《春秋》，目的是为了以此作为诸位君王治理国家的根本原则。这就是《中庸》里面所说的"从三王那里考证也没有发现错误，施行于天下没有违背天地大道的原则，从鬼神隐微之道那里验证没有发现疑问，百代以后即使再有圣人出现也不会有疑惑！"以前的儒者在自己的传记中说："子游、子夏都无法添加一个字！"《春秋》本来就不需要添加什么，这里的意思是说他们没有参与其中的能力。这部书的大道只有颜回曾经听说过，就是"施行夏朝时期的礼法，乘坐殷商时期的车辆，穿戴周朝时期的衣服，欣赏《韶》这样的音乐舞蹈"。这就是准确的标准。后来人们把《春秋》当成了一部史书，说它的内容只有表扬善德、贬低而行罢了，至于《春秋》里面治理国家的大智慧就不知道了。《春秋》中的大义有几十条之多，这些义理大得如同天上的日月星辰在显耀，是非常容易看见的。只有那些用微妙的文辞来隐藏的义理才不容易发现。有控制有放任，有赞成有批评，有鼓励有压制，有隐晦的也有明显的，说理顺畅文采质朴，宽松严苛适度，评价大公无私，实在是决断国家大事、掌握道义准则的标准呀！就像看到了世间万事万物，才知道天地造化的神奇；把所有的材料聚集到一起，才知道它们在盖房子时的作用，想要从一件事、一条义理上明白圣人的用心，没有大智慧的人是做不到的。所以学习《春秋》的人一定要从容地涵养自己的德性，默默体认使内心通达，这样才能明白《春秋》中的微言大义。以后的君王如果知道了《春秋》中的大义，虽然没有大禹、商汤那样的品德，也可以效法夏、商、周时期的治理方式。可惜的是，从秦朝之后《春秋》的真正学问就失传了，我对此非常痛心，哀叹圣人的心血不被后世人所知，所以就作了《春秋传》来阐明，希望以后的人能通晓《春秋》的文辞而探索到其中的义理，明白圣人的用意而效法圣人的作法，这样"三代之治"就可以重现了。这本《春秋传》虽然没有把圣人的微言大义说透彻，但是差不多可以让学习《春秋》的人入门了。

【赏析】

这是程颐为自己著作的《春秋传》所写的序。文中程颐高度赞赏了《春秋》的作用，认为这本书对君王治理天下有着极高的参考作用。可惜的是世人很难真正知晓圣人真正的用意，所以才作了此书。

61

诗、书，载道之文。春秋圣人之用。诗、书如药方，春秋如用药治病。圣人之用，全在此书，所谓"不如载①之行事深切著明"者也。有重叠言者，如征伐、盟会之类，盖欲成书，势须如此。不可事事各求异义，但一字有异，或上下文异，则义须别。

——《二程遗书》卷二上

【注释】

①载：以……承载之意。

【译文】

《诗经》《尚书》是承载圣人之道的文章，《春秋》体现出来的是圣人的功用。如果说《诗经》《尚书》是药方的话，那么《春秋》就是用这剂药方来给人治病。圣人的功用全都在这本书里面，就是"空谈没有实际的行为表现得深切明显"。书中有一些词语会反复用到，例如征伐、盟会等，大概是想要写成一本书势必就要这样做。不能每一件事的用词都有一个不同的含义，不过如果用词中有一个字不同，或者上下文中的用词不同，就必须分辨出其中的区别在哪里。

【赏析】

《诗经》《尚书》讲述的是不同的义理，《春秋》是用不同的事件来说明义理的作用，有了《春秋》，《诗经》《尚书》中的义理理解起来就清晰明白了。学习《春秋》要注意同一个词语在不同地方的分别，有时候仅仅一个字的差别，却体现出圣人不同的态度，也就是晋朝杜预说的"以一字为褒贬"。

62

五经之有春秋，犹法律之有断例①也。律令唯言其法，至于断例，则始见其法之用也。

——《二程遗书》卷二上

【注释】

①断例：判案所参考的成例。

【译文】

五经中有了《春秋》，就像法律中有了可参考的成例。法律条令只是法律法规的说明，有了判例就能知道法律条文该如何具体运用了。

【赏析】

这一条用法律条文和判例作为例子，说明《春秋》和其他五经的关系，也是对上一条的补充。

63

学春秋亦善，一句是一事，是非便见于此。此亦穷理之要，然他经岂不可以穷理？但他经论其义，春秋因其行事，是非较著，故穷理为要。尝语学者且先读论语、孟子，更读一经，然后看春秋。先识得个义理，方可看春秋。春秋以何为准？无如中庸。欲知中庸，无如权。须是时而为中，若以手足胼胝①、闭户不出二者之间取中，便不是中。若当手足胼胝①，则于此为中；当闭户不出，则于此为中。权之为言，秤锤之义也。何物为权？义也，时也。只是说得到义，义以上更难说，在人自看如何。

——《二程遗书》卷十五

【注释】

①手足胼胝:手掌和脚底长满老茧,形容辛勤劳作。胼胝:pián zhī。

【译文】

　　学习《春秋》也很好,里面的每一句话都叙述了一件事,是对还是错从《春秋》中就能看出来,这也是穷尽其理的重点。难道其他的经典就不能穷尽其理吗?只不过其他的经典论述的都是大义,而《春秋》讲的是按照大义施行的历史事件,对和错比较明显,所以才说《春秋》是穷尽其理的重点。我曾经告诉学生,暂且先去读《论语》《孟子》,读完后再换一部经典读,然后再读《春秋》。为什么呢?因为要先知道什么是义理才可以读《春秋》。《春秋》以什么为标准呢?最好的就是《中庸》,想要读懂《中庸》,最好的就是知道什么是权衡。适合时宜才是守中,例如干活干得手脚生茧和闭门不出,如果只是在二者之间折中一下,这就不是"守中"。如果是干活应该干得手脚生茧,那么手脚生茧就叫作中;如果应该闭门不出,那么闭门不出就叫作中。如果用一个事物来说明什么是"权衡",秤锤就是最好的比喻。那么什么东西可以用来权衡呢?那就是大义和时宜。我只能说到大义这里,比大义更深奥的道理就更难解说了,只能靠每个人自己去领悟体会了。

【赏析】

　　《春秋》是鲁国史官记录大量当时本国诸侯、大夫、国人等失礼非礼之事,后经孔子修改而成。《春秋》的宗旨,不在于记实事,而在于个人心中对实事的评判,而评判的依据则是大义和适宜。朱熹说:"圣人作《春秋》,不过直书其事,善恶自见。"基于此,本条重点讲述了学习《春秋》的方法,以及为什么要这样做。

64

春秋传①为按,经为断。(本注:程子又云:某年二十时看春秋,黄聱隅②问某如何看。某答曰:"以传考经之事迹,以经别传之真伪。")

——《二程遗书》卷十五

【注释】

①传:《春秋》用字过于简练,而且都有着深意,后人理解起来非常困难,于是后来就有许多人对《春秋》逐字逐句地进行诠释,这些作品就叫作"传"。在诸多的"传"中,最著名的是左丘明的《左传》、公羊高的《公羊传》、谷梁赤的《谷梁传》。《左传》更是和《春秋》合并在了一起,原文叫作"经",新增的《左传》上的内容叫作"传"。②黄聱隅:黄晞,福建建安人,字景微,自号聱隅子,北宋著名学者、道学家。

【译文】

《春秋》中的传文就像案卷,本经就像评断。(原注:程颐又说:我二十岁的时候读《春秋》,黄晞问我是如何读的。我回答说:"用传文去推究本经记载的事迹,用本经去辨别传文内容的真假。")

【赏析】

《春秋》惜字如金,如果不读后面的"传"几乎无法明白具体的内容,也不知道圣人说这句话的用意;如果不读"经",也不知道"传"中所说的是真是假。

65

凡读史不徒要记事迹,须要识其治乱安危、兴废存亡之理。且如读高帝纪①,便须识得汉家四百年终始治乱当如何。是亦学也。

——《二程遗书》卷十八

【注释】

①高帝纪:指的是《史记·高祖本纪》。

【译文】

但凡阅读史书,不要只记住那些历史事件,也要明白里面的治乱安危、兴衰存亡的道理。就比如读《高祖本纪》,必须要明白汉朝历时四百年的统治中,为什么会有政治清明的时候,也有动荡混乱的时候。这也是学问啊!

【赏析】

唐太宗说"以史为鉴,可以知兴替",可见读史书并不是为了了解里面的历史事件,而是要从这些历史事件中吸取经验和教训,这才是读史的意义所在。

> **66**
> 先生每读史到一半,便掩卷思量,料其成败,然后却看,有不合处,又更精思,其间多有幸而成,不幸而败。今人只见成者便以为是,败者便以为非,不知成者煞有不是,败者煞有是底①。
> ——《二程遗书》卷十九

【注释】

①底:相当于"的"。

【译文】

程颐先生在读史书的时候,经常一个事件读到一半就合上书开始思索,预测这个事件最终会成功还是失败,等有了自己的判断后就接着看下去,如果事件的结局和自己的分析不一致,就开始进一步思考其中的原因,历史上有很多是侥幸成功的,也有许多是不幸失败的,现在的人看到成功了就认为这样做是对的,看到失败了就认为这样做是错的,却不知道很多成功者也有许多做错的地方,失败者也有许多正确的地方。

【赏析】

不能认为成功了,所有的措施都是正确的;也不能因为失败了,就觉得所有的措施都是不应该做的。程颐就是通过这一条告诉我们,成功、失败都有其偶然的因素,既要善于看到成功者身上的不足,也要看到失败者身上的闪光点。

> **67**
> 读史须见圣贤所存治乱①之机,贤人君子出处进退②,便是格物。
> ——《二程遗书》卷十九

【注释】

①治乱:安定与动乱。②出处进退:出仕及退隐的意思。

【译文】

读史书时,要能够看到圣贤判断安定与动乱的征兆,贤人君子出仕及退隐的原因,这就是穷究事理。

【赏析】

读史时要注意,出了哪些事后天下容易安定或动乱,什么时候贤人君子开始出仕或退隐。

68

元祐①中,客有见伊川者,几案间无他书,惟印行唐鉴②一部。先生曰:近方见此书。三代以后,无此议论。

——《二程外书》卷十二

【注释】

①元祐:宋哲宗年号(1086—1094年)。②《唐鉴》:宋代古文书籍,范祖禹撰,并分为二十四卷。

【译文】

宋哲宗元祐年间,有位客人去拜见程颐,看到他的书案上没有其他的书,只有印行的一部《唐鉴》。程颐先生说:"我最近才看到这部书。自夏商周以后,从来没有人能够发表这样的议论。"

【赏析】

《唐鉴》记载了唐朝三百年的治乱,对唐朝的得失鞭辟入里,深受当时学者的称赞,称范祖禹为"范鉴公"。程颐对《唐鉴》的评价也是非常高的。

69

横渠先生曰:序卦①不可谓非圣人之缊缊。今欲安置一物,犹求审处,况圣人之于易?其间虽无极至精义,大概皆有意思。观圣人之书,须遍布细密如是。大匠岂以一斧可知哉?

——张载《横渠易说·序卦》

【注释】

①序卦:《周易》中的篇名,主要用来说明六十四卦排列次序,《十翼》之一。

【译文】

张载先生说:《序卦》也不能说不是圣人的蕴积。我们想要把一个东西放好,还要看看放到哪个位置合适,何况圣人要排列《周易》中每一卦的位置呢?其中虽然没有说精妙到极点的道理,大体上都是有意义的。读圣人的书,就必须像这样细致。是不是能工巧匠,只看他砍一斧子能判断出来吗?

【赏析】

《序卦》说的是六十四卦的顺序,以及圣人为什么这样安排。因此有人就认为《序卦》并不重要,因为《序卦》不像六十四卦那样有着具体的内容。这一条就是张载对这种认识的驳斥。

70

天官之职①,须襟怀洪大方看得。盖其规模至大,若不得此心,欲事事上致曲穷究,凑合此心如是之大,必不能得也。释氏锱铢天地②,可谓至大,然不尝为大,则为事不得。若畀③之一钱,则必乱矣。又曰:太宰④之职难看,盖无许大心胸包罗,记得此,复忘彼。其混混⑤天下之事,当如捕龙蛇,搏虎豹,用心力看方可。其他五官⑥便易看,止一职也。

——张载《横渠语录》

【注释】

①天官之职:周代官制,朝廷分设六官,天官冢宰居首,统御百官,总理治国大事。②锱铢天地:指锱铢那样细微的事物中也包含天地那样宏大的事物,属于佛教宇宙观之一。锱铢,都为古时极小的计量单位,锱为一两的四分之一,铢为一两的二十四分之一。③畀:bì,给予。④太宰:官名,亦称大宰或大冢宰,冢宰的首领。⑤混混:浑浊,纷乱貌。⑥五官:指《周礼》中除《天官冢宰》的其余五篇:《地官司徒》《春官宗伯》《夏官司马》《秋官司寇》《冬官考工》。

【译文】

《周礼》中的天官这一官职,必须有宽广的胸襟才能看下去。因为这一部分的气势极为宏大,如果没有这样宽广的胸襟,每件事上斤斤计较的人是不可能体会到的。佛教宇宙观提到,锱铢一样大小就包含了一片天地,也可以说是宏大了,可是他们从来没有做过这么宏大的事,如果给他们一钱这么大,他们必然就手忙脚乱了。又说:太宰这一篇不好懂,如果没有那么大的心胸去容纳,记下了这个就忘了那个。其中包含了纷纷杂杂、大大小小的天下之事,要像捕捉龙蛇,搏斗虎豹一样,需用尽自己的心力去看才行。其他的五篇就容易看了,因为它只有一种官职。

【赏析】

"天官"这一部分说的是各种职务的设置和编制,"太宰"这一部分说的是工作内容,都是极其繁琐、无趣的。想要读下去,就必须能耐住性子才行。

71

古人能知诗者唯孟子,为其"以意逆志"①也。夫诗人之志至平易,不必为艰险求之。今以艰险求诗,则已丧其本心,何由见诗人之志?诗人之性情温厚,平易老成。本平地上道著言语,今须以崎岖求之,先其心已狭隘了,则无由见得。诗人之情本乐易②,只为时事拂着他乐易之性,故以诗道其志。

——张载《经学理窟·诗书》

【注释】

①以意逆志:指从作品立意中推究出作者的心志。②乐易:平易安乐。

【译文】

古代的人能读懂《诗经》的只有孟子,因为他"能从作品的立意逆推出诗人的心志"。诗人的心志本来是极为平易的,没有必要当成艰深难懂的东西去苦苦推究。现在抱着艰深难懂的态度去读《诗经》,这就是已经丧失本心了,哪里还能够知道诗人的心志呢?诗人的性情是温厚、平易、老成的,本来就像站在平地上说话一样。现在却以艰深险峻之意去推究它,自己内心就已经开始先狭隘了,自然无法知道诗人的心志。诗人的情感本来是和乐平易的，只因为当时有事情扰乱了他的心性，所以才用诗来抒发他的心志。

【赏析】

"诗言志"，说明诗是抒发人的思想感情的。既然是抒发自己的感情，必然不会说的艰深晦涩让人看不懂，因此如果抱着"诗人的话不会这么直白吧"的态度读《诗经》，就是立场有了偏差，也就无法读出诗人的真意了。

> **72**
>
> 尚书难看，盖难得胸臆①如此之大。只欲解义，则无难也。
>
> ——张载《经学理窟·诗书》

【注释】

①胸臆：气度、胸怀。

【译文】

《尚书》之所以不容易看明白，是因为很难有这么大的胸襟。如果只是想知道它的字面含义，就没有什么困难了。

【赏析】

《尚书》成书较早，由于语言文字习惯的变迁，后人很难读懂，所以韩愈有"佶屈聱牙"的感叹。张载说《尚书》之所以难懂是因为读者的心胸不够宽广，也算是一家之言了。

> **73**
>
> 读书得少，则无由考校得义精。盖书以维持此心。一时放下，则一时德性有懈。读书则此心常在，不读书则终看义理不见。
>
> ——张载《经学理窟·义理》

【译文】

读书少，义理就没有办法精细地考究校正出来。因为读书能够维持住自己心性的涵养，停止读书，德性修养就立刻开始懈怠。保持读书的习惯，就是一直在涵养自己的心性，不读书始终无法体悟到圣贤义理。

【赏析】

这里程颐说出了读书的意义：一是维持和提高自己的修养；二是细致地考较义理。

> **74**
>
> 书须成诵。精思多在夜中，或静坐得之。不记则思不起，但通贯得大原^①后，书亦易记。所以观书者释己之疑，明己之未达，每见每知新益，则学进矣。于不疑处有疑，方是进矣。
>
> ——张载《横渠语录》

【注释】

①大原：源本、根基。

【译文】

能够潜心思考的时间大多都是在夜里，有些义理在静坐中就明白了。不记得书的内容就没有办法思考，只有知道了书的主旨，内容就容易记下来了。所以看书的目的只是为读书而不熟记，思考就很难产生。而只要贯通了书的根源，书的内容也很容易记下。人看书的目的，就是为了消除自己的疑惑、弄明白自己不明白的地方，每次读书都有新的增益，那么就是学问有进步了。能够在没有疑问的地方提出问题，这才是进步。

【赏析】

古人读书时，会将每一本书都背诵下来。这样做一是为了加深记忆，二是可以思考以探究出其中的义理。这种方法现代也值得借鉴。

> **75**
>
> 六经须循环理会，义理尽无穷。待自家长得一格，则又见得别^①。
>
> ——张载《横渠语录》

【注释】

①别：不同之处，新意。

【译文】

儒家的六部经典之中的义理无穷无尽，须要循环往复地去体会。等到自己的修学上升一个层次的时候，就会看出新的义理。

【赏析】

儒家的经典妙用无穷，某一刻可能觉得自己已经穷尽了其中的义理，等过了一段时间再去读，就能读出不同的感觉。

> **76**
> 如中庸文字辈，直须①句句理会过，使其言互相发明。
> ——张载《横渠语录》

【注释】

①直须：就该，正应。

【译文】

像《中庸》这类文字，就应该一句句地去理解和体会，还要前文和后文进行对照，互相进行印证。

【赏析】

不仅限于《中庸》，也不仅是儒家的经典，任何书籍都要这样去阅读。

> **77**
> 春秋之书，在古无有，乃仲尼所自作，惟孟子能知之。非理明义精，殆未可学。先儒未及此而治之，故其说多凿。
> ——张载《横渠语录》

【译文】

上古的时候是没有《春秋》这部书的，据说是孔子著作的，只有孟子才真正理解里面的主旨，如果没有达到道理明达、义旨精熟的境界，就很难学习到其中真谛的。以前的儒者没有达到这个境界就开始研究《春秋》，所以他们的很多言论都是穿凿附会的。

【赏析】

先秦以后的很多学者都不知道《春秋》的要旨在哪里，所以关于《春秋》的作品有很多让人词不达意的感觉，甚至有些完全就是牵强附会。

卷四 / 存养

1

或问：圣可学乎？濂溪先生曰：可。有要乎？曰：有。请问焉。曰：一①为要。一者无欲也，无欲则静虚动直②。静虚则明，明则通；动直则公，公则溥③。明通公溥，庶矣乎！

——周敦颐《通书·圣学》

【注释】

①一：专一。②静虚动直：清虚正直。③溥：广大。

【译文】

有人问周敦颐先生：普通人能够通过学习达到圣人的境界吗？先生说："可以。"又问："有要点吗？"先生说："自然是有的。"于是这个人就问要点是什么。先生说："要点就是凝定专一。什么是凝定专一呢？就是心中没有欲念，没有了欲念，就可以静中清虚、动中正直。做到了静中清虚就能够明达，做到了明达就能够通彻；做到了动中正直就能够大公无私，做到了大公无私就能够宽宏周遍。能够明达、通彻、大公无私、宽宏这四点，差不多就是圣人了！"

【赏析】

圣人的境界看起来似乎高不可攀，其实也可以通过学习达到。如果专心地学习，能够做到明达、通彻、大公无私、宽宏，基本上也就可以算是一个圣人了。

> **2**
>
> 伊川先生曰：阳始生甚微，安静而后能长。故复之象曰："先王以至日^①闭关^②。"
>
> ——《程氏易传·复传》

【注释】

①至日：冬至这一天。②关：门栓。

【译文】

程颐先生说：阳气刚产生的时候是很微小的，必须在安静的环境中小心呵护才能成长起来。所以《周易·复卦》的象辞说："以前的君王到了冬至这一天要关上大门禁止出行。"

【赏析】

"冬至一阳生"。按照中国古代的哲学思想，冬至这一天阴气达到了极致，阳气开始产生，不过这时候的阳气是十分弱小的，要小心呵护，仔细温养。

> **3**
>
> 动息^①节宣^②，以养生也；饮食衣服，以养形^③也；威仪行义，以养德也；推己及物，以养人也。
>
> ——《程氏易传·颐传》

【注释】

①动息：活动与休息。②节宣：情感的节制与宣泄。③形：身体。

【译文】

运动要适量、情绪要控制，这样才能养生；饮食要节制、穿衣要按时，这样才能养身；待人接物要符合礼仪，这样才能养德；设身处地替别人着想，这样才能涵养人性。

【赏析】

这一条是程颐对《易经·颐卦》的思想延伸。这一条中讲到的内容，都是中国传统的养生与修养自身的要点，即使到了现代也适用于所有的人。

> **4**
>
> "慎言语"以养其德，"节饮食"以养其体。事之至近而所系至大者，莫过于言语饮食也。
>
> ——《程氏易传·颐传》

【译文】

"言语要谨慎"才能涵养自己的德性，"饮食要节制"才能保养自己的身体。天下所有的事物中，和人身最贴近也是关系最重大的，没有什么能比得过言语和饮食的了。

【赏析】

言语、饮食是日常小事，所以最容易被人忽视，可是一旦放纵了，就会对德性、身体造成伤害，所以程颐提醒人们要从这些不起眼的小事做起。

> **5**
>
> "震惊百里，不丧匕鬯①。"临大震惧，能安而不自失者，唯诚敬而已。此处震之道也。
>
> ——《程氏易传·震传》

【注释】

①匕鬯：指古祭祀宗庙时所用的器具。匕，勺子；鬯，祭祀专用的香酒。

【译文】

"雷声大作，响彻百里，可是手中勺子里的香酒一点也没有洒出来。"听到了巨大的声音、感到极端的恐惧，能够让人情绪安定不失态的，只有诚敬才能够做到。这是应对震惧之事的方法。

【赏析】

听到了巨大的声音或者面临巨大的变故，有人却能够面不改色从容自若，为什么呢？就是这些人做到了"诚敬"，诚敬是一种笃定，是一种大气，是一种临危不乱的人生智慧。

> **6**
>
> 人之所以不能安其止^①者，动于欲^②也。欲牵于前而求其止，不可得也。故艮之道，当"艮^③其背"，所见者在前，而背乃背之，是所不见也。止于所不见，则无欲以乱其心，而止乃安。"不获其身"，不见其身也，谓忘我也。无我则止矣。不能无我，无可止之道。"行其庭不见其人"，庭除^④之间至近也，在背则虽至近不见，谓不交于物也。外物不接，内欲不萌，如是而止，乃得止之道，于止为无咎也。
>
> ——《程氏易传·艮传》

【注释】

①安其止：对自己的状况感到满意。安，对……感到满足。止，这里是状况的意思。②动于欲：被欲望所诱惑。③艮：停止。④庭除：大厅前台阶下的院子。

【译文】

人之所以无法对自己的状况感到满意，是因为被欲望吸引了。前面有了欲望的牵引，想要让其停下来是做不到的。所以艮卦的道理应当是"止于背后"，人只能看到前面，而背后与之相背，所以是看不见的。心停留在看不到的地方，自然就没有欲望来扰乱内心，也就对自己的状况感到满意了。"不获其身"的意思就是看不到自己的身体，说的是忘掉自己的欲望。没有了欲望自然就停止了，不能做到这一点，就没有可以停止的道理。"在庭院间行走，看不到人"，在庭院里面，说明距离是很近的，可是因为是背对着，所以即使再近也看不见对方，因为自己的目光与对方没有接触。与外界的物欲没有牵连，内心也没有产生欲望，像这样能够停止，才是做到停止的正确方法，停止下来也就没有过失祸患了。

【赏析】

没有了外物的引诱和内心的欲望，人们自然会对自身的状态感到满意，也就不会进行新的行动。一旦有了外物的引诱和内心的欲望，强行阻止人进行新的行动,心中就会有怨怼,也就做不到"无咎"了。

7

明道先生曰:若不能存养①,只是说话。

——《二程遗书》卷一

【注释】

①存养:留存本心、涵养德性。

【译文】

程颢先生说:如果做不到存心养性,(那么讲论圣贤之道)就是说说罢了。

【赏析】

追求圣贤之道必须表现在行动上,行动的特征就是存心养性,所以程颢才这样说。

8

圣贤千言万语,只是欲人将已放①之心,约之使反复入身来,自能寻向上去,"下学而上达②"也。

——《二程遗书》卷一

【注释】

①放:放飞。②下学而上达:学习普通事理,领悟高深大道。

【译文】

圣贤说了千言万语,就是为了让人把因外物引诱而放出去的心约束住,让它重新回到自己的身上,这样自然能再上升一个层次,也就是"学习人情事理,领悟圣贤大道"。

【赏析】

圣人留下那么多的教诲,总结起来就是让人留存本心、涵养德性。

9

李籲①问：每常②遇事，即能知操存③之意，无事时如何存养得熟？曰：古之人，耳之于乐，目之于礼，左右起居，盘盂几杖④，有铭有戒⑤，动息皆有所养。今皆废此，独有理义之养心耳。但存此涵养意，久则自熟矣。"敬以直内"，是涵养意。

——《二程遗书》卷一

【注释】

①李籲：字端伯，宋代缑氏（今属河南偃师）人。李吁是二程的弟子，曾经把二程的话编在一起，叫作《师说》（和韩愈的《师说》同名）。②每常：口头语，"平常"的意思，现在部分地区仍然这样说。③操存：操持。④盘盂几杖：盘和盂都是盛物的器皿，区别为盘是圆形的，盂是方形的。几是坐几，杖是手杖，都是古代老人使用的东西。⑤有铭有戒：古代铸刻在器物上用以记述生平、称颂功德或警戒自己的文字。

【译文】

李吁问程颢先生：平常遇到了事情，自然就知道了存养心性的义理，要是没有了事情，又该怎么把心性存养纯熟呢？先生说：古代的人听到的都是雅致的音乐，看到的行为都符合礼法的约束，周围活动的地方、使用的圆盘方盂、坐几手杖等器具上，都刻着告诫自己的文字，不管是行动还是休息时都能涵养自己的性情。如今这些都没有了，只剩下用理、义来涵养心性这一种方式。不过只要有涵养心性的愿望，时间长了自然就纯熟了。"敬以直内"，就是涵养心性的意思。

【赏析】

古人的一言一行、一器一物、衣食住行都要受到礼法的约束，否则就是"僭越"，就连听音乐也要听那些雅乐，不能听"靡靡之音"，在这诸多的约束下，人的修养当然会提升得很快。虽然后来人们受到的约束没有这么多了，但是如果有决心，心性仍然能够得到涵养。

10

> 吕与叔尝言患思虑多，不能驱除。曰：此正如破屋中御寇①，东面一人来未逐得，西面又一人至矣，左右前后，驱逐不暇。盖其四面空疏，盗固易入，无缘②作得主定③。又如虚器入水，水自然入。若以一器实之以水，置之水中，水何能入来？盖中有主则实，实则外患不能入，自然无事。
>
> ——《二程遗书》卷一

【注释】

①寇：强盗。与"盗"的含义近似，不过"寇"是入室抢劫的强盗，"盗"是在野外打劫的强盗。②无缘：无由，无从。③作得主定：指主人安定于其中。

【译文】

吕大临曾经说他一直忧愁心中的思虑过多，无法驱除出去。先生告诉他：这就像在一座四处漏风的房子里抵御强盗，东边来了一个强盗还没有赶走，西边又来了一个，前后左右都有强盗，赶都来不及。四面的墙壁都有漏洞，强盗当然容易进来，主人在里面自然无法安居。又像把空容器放到水里，水自然就会流到容器里面。如果把一个盛满水的容器放到水里，水又怎么能流进容器内呢？大致上就是：心中有了做主的事物，自然就充实了；心中充实了，外界的祸患就无法对内心造成干扰，自然也就平安无事了。

【赏析】

心中有了主见，对外物的诱惑也就有了抵抗力，不会再被外物所干扰。

11

> 邢和叔①言：吾曹②常须爱养精力，精力稍不足则倦，所临事皆勉强而无诚意。接宾客语言尚可见，况临大事乎？
>
> ——《二程遗书》卷一

【注释】

①邢和叔：邢恕，字和叔，郑州原武（今河南新乡原阳西部）人，早年曾跟随二程学习。②吾曹：我们。

【译文】

邢恕说：我们平常的时候要注意蓄养自己的精力。精力有所不足就会感到疲倦，有什么事情都不想去做，即使去做也是勉勉强强的。这一点从接待客人的言语态度上就可以看出来，何况有了大事呢？

【赏析】

邢恕说的"常须爱养精力"不是让人少做事情或者不做事情，而是说不要把精力浪费在与修身养性不相关的事情上，这样才能保证有足够的精力来学习。

12

明道先生曰：学者全体①此心。学虽未尽，若事物之来，不可不应，但随分限②应之，虽不中，不远矣。

——《二程遗书》卷二上

【注释】

①全体：保全。②分限：本分，这里指本心。

【译文】

程颢先生说：做学问的人要保全自己本善之心的完整。虽然对事物的义理还没有研究到极致，可是当面临事物的时候也不能不去应对，只要是按照自己的本心来应对，虽然未必能合乎事理，也相差无几了。

【赏析】

生活不可能按照我们的意愿按部就班地进行，总是有这样或那样的突发事件，我们不可能在此之前做好一切准备。当事情发生的时候，只要我们用心地处理，即使做得不够好，也不会有愧于心了。

> **13**
>
> "居处恭,执事①敬,与人忠。"此是彻上彻下语。圣人元②无二语③。
>
> ——《二程遗书》卷二上

【注释】

①执事:处理事务。②元:开始、开头。③二语:其他的,别的。

【译文】

"待人接物谦恭有礼,处理事情诚敬不贰,与人交往忠信不欺。"这是贯通上下学问的话。圣人从一开始就没有说过别的话。

【赏析】

"居处恭,执事敬,与人忠。"看起来恭、敬、忠说的是三种态度,但是究其根源都是从内心发出的,只是时间不同、地点不同、对象不同,所以才有了不同的说法。

> **14**
>
> 伊川先生曰:学者须敬守此心,不可急迫,当栽培①深厚,涵泳于其间,然后可以自得。但急迫求之,只是私己,终不足以达道。
>
> ——《二程遗书》卷二上

【注释】

①栽培:指义理的培育。

【译文】

程颐先生说:做学问的人必须以诚敬的态度守持自己的本心,不能急切地要求明白义理,等内心的义理培养得深厚了,再用心地涵养,之后自然能体悟到圣贤之道。要是急切地去追求,就是有了私心,最终也无法达到圣贤之道。

【赏析】

做学问不能操之过急，急了就是有了功利心，修养上就有了缺陷，就很难达到圣贤之道。

15

明道先生曰："思无邪"，"毋不敬"，只此二句循而行之，安得有差？有差者，皆由不敬不正也。

——《二程遗书》卷二上

【译文】

程颢先生说："思想纯正没有邪念"，"行为端方毫无不敬"，只要按照这两句话去做，怎么会有差错呢？有差错的人都是因为不诚敬、不中正。

【赏析】

内心有邪念、行为不端正，就是做事情的态度有问题，如此一来出现失误甚至错误就在所难免。所以我们做事情的时候一定要注意自己的态度，要诚要敬。

16

今学者敬而不自得，又不安者，只是心生①，亦是太以敬来做事得重，此"恭而无礼则劳"也。恭者，私为恭之恭也。礼者，非体②之礼，是自然底道理也。只恭而不为自然底道理，故不自在也，须是"恭而安"。今容貌必端、言语必正者，非是道独善其身，要人道如何，只是天理合如此，本无私意，只是个循理而已。

——《二程遗书》卷二上

【注释】

①生：生疏，不纯熟。②体：身体。

【译文】

现在做学问的人态度是恭敬的，可是自己却没有什么收获，又觉得心中不安,就是因为恭敬之心还不够纯熟,也是把"做事情要恭敬"看得太重了,这就是孔子说的"外表很恭敬,心里却不以为然,所以才劳心费神"。这种恭敬是私下里刻意表现出来的恭敬。所谓的礼,并不是行为举止表现出来的礼节,而是自然存在的礼仪。只是表面上恭敬,而不是遵循自然存在的礼仪,所以才觉得心中不安,必须"恭敬而又心安"才是正确的。如今要求容貌一定要端庄、言语一定要中正的原因,并不是说让人管好自己,让别人怎样去评价自己,而是应该这样做,本来就不是刻意的,只不过是遵循天理罢了。

【赏析】

发自内心的恭敬才是恭敬,刻意表现出来的恭敬不是真正的恭敬;自然存在的礼仪才是礼仪,刻意做出的礼仪不是真正的礼仪。

> **17**
>
> 今志于义理而心不安乐者何也?此则正是剩一个①"助之长②"。虽则心"操之则存,舍之则亡",然而持之大甚,便是"必有事焉"而正之也。亦须且恁去③,如此者只是德孤。"德不孤,必有邻",到德盛后,自无窒碍,左右逢其原④也。
>
> ——《二程遗书》卷二上

【注释】

①剩一个:有一个的意思。②助之长:指揠苗助长。③恁去:那样去做。④原:本源的意思。

【译文】

现在的人有志于学习义理,然而心里却不快活,为什么呢?这是因为有了一个急于求成的心理。虽然本善之心"操持了就会存在,舍弃了才会消失",可是操持得太急切了,就是孟子说的"必然有事情要去做"这种情况,这种态度必须改正。话虽这样说,可是也必须要这样去做,这样做的后果只不过会让自己的德行变得孤单。《论语》中说:"有了德行就不会孤单,必定会有志同道合的人与他为伴。"等到德行修养到大成的境界后,自然就没有了障碍,能够左右逢源了。

【赏析】

欲速则不达，不管是做学问还是做事业，都不能急于求成。

18

敬而无失，便是"喜怒哀乐未发谓之中"。敬不可谓中，但敬而无失，即所以中也。

——《二程遗书》卷二上

【译文】

保持诚敬从不间断，就是"喜、怒、哀、乐这些情绪，还没有发作出来叫作中"。诚敬不能叫作中，但保持诚敬从不间断，这样就能叫作中了。

【赏析】

一时的诚敬谁都能够做到，能长时间地保持诚敬甚至一辈子都保持诚敬就非常困难了，所以程颐才说"敬而无失"才是守中。

19

司马子微①尝作坐忘论，是所谓"坐驰"②也。

——《二程遗书》卷二上

【注释】

①司马子微：又名司马承祯，字子微，法号道隐，自号白云子，唐代河内温县（今河南温县）人，"仙宗十友"之一，道教上清派第十二代宗师。②坐驰：身体安坐，内心烦扰。

【译文】

司马承祯曾经写了一篇《坐忘论》，他说的"坐忘"就是所谓的"身体安坐不动，内心杂念纷驰"。

【赏析】

"身体安坐不动，内心杂念纷驰"，这是典型的表里不一，说明内心仍然被外物所引诱，只是做个样子罢了。

20

伯淳昔在长安仓中闲坐,见长廊柱,以意数之,已尚不疑。再数之不合。不免令人一一声言数之,乃与初数者无差。则知越著心把捉①,越不定。

——《二程遗书》卷二上

【注释】

①著心把捉:刻意捉摸。

【译文】

从前程颢在长安的谷仓中闲坐,看到长廊下有几根柱子,就默默地数了一下数量,数完后也没有怀疑数量是不是正确。又数了一遍,发现和刚才数的数字不一样。于是就让人一根一根地去数并且大声地说出来,发现这次的数字和第一次数的一样。从这件事我们看出,越是刻意地去做,就越是捉摸不定。

【赏析】

对心的体会应当是随事而应,不要有任何应付,才能逐步存养,得出准确的结论。

21

人心作主不定,正如一个翻车,流转动摇,无须臾停,所感万端。若不做一个主,怎生奈何?张天祺①昔尝言自约数年,自上著床便不得思量事。不思量事后,须强把他这心来制缚,亦须寄寓在一个形象,皆非自然。君实②自谓:吾得术矣,只管念个"中"字。此又为"中"所系缚,且"中"亦何形象?有人胸中常若有两人焉:欲为善,如有恶以为之间;欲为不善,又若有羞恶之心者。本无二人,此正交战之验也。持其志,使气不能乱,此大可验。要之,③圣贤必不害心疾。

——《二程遗书》卷二下

【注释】

①张天祺：张戬，字天祺，关中鄠县人，张载的弟弟。②君实：司马光，字君实，北宋著名政治家、文学家、史学家，曾主持编纂《资治通鉴》。陕州夏县（今山西夏县）涑水乡人，世称涑水先生。③要之：总之。

【译文】

心中没有主宰就无法安定下来，就像翻车一样流转摇动没有停止的时候。万物纷纭芜杂而人心感应不息，倘若不能自作主宰，怎么能行呢？张戬以前曾说："我这么做好几年了。我自己要求自己，上了床就不能想任何事情。"不想事情，就是强行把自己的心束缚住，或者把自己的心寄托在一个具体的事物上，这都不是自然而然的。司马光说："我知道怎么办，只要心中一直默念'中'就可以了。"可这就又被"中"给束缚住了，而且"中"又有什么具体的形象呢？有的人心中常常好像有两个人一样，当想做好事的时候，好像有个恶念在拦着他；想做不好的事，又好像有羞耻、厌恶的心告诉他这样做不对。其实人的心里哪有这两个人，这就是善和恶在互相争斗的想象呀！坚守自己的心志，不能让心气动乱，完全是可以验证的。总而言之，圣贤必定不会有六神无主的毛病。

【赏析】

心中有了主宰，就不会被外物所干扰。

22

明道先生曰：某写字时甚敬，非是要字好，只此是学。

——《二程遗书》卷三

【译文】

程颢先生说：我写字的时候真诚恭敬，不是为了把字写好，只是这样做才是学习的态度。

【赏析】

做事情必须认真，这种态度无关于他人，因为做事情本来就应该这样。

> **23**
>
> 伊川先生曰：圣人不记事，所以常记得。今人忘事，以其记事。不能记事，处世不精，皆出于养之不完固。
>
> ——《二程遗书》卷三

【译文】

程颐先生说：圣人不会刻意地去记下某一件事，所以一旦有了事情就会记得清清楚楚。现在的人容易忘事，就是因为他们刻意地记下了每一件事。记不住事情，做事的时候无法精细，都是因为内心涵养不足，以致无法全面稳固。

【赏析】

这一条说"刻意不记，反而记得；刻意去记，反而忘记"看起来比较矛盾，其实原因就在于自己的心是否"安"。内心涵养得稳固了，就能做到心安，心安了很容易记住事情；如果刻意地去记反而不容易记住事情。所以，这一条表面看是讲关于如何记事情的，其实仍然是在谈涵养心性的重要性。

> **24**
>
> 明道先生在澶州①日，修桥少一长梁，曾博求之民间。后因出入②，见林木之佳者，必起计度之心。因语以戒学者：心不可有一事。
>
> ——《二程遗书》卷三

【注释】

①澶州：今河南濮阳。程颢曾在这里担任过镇宁军节度判官。②出入：指出门做事。

【译文】

程颢先生在澶州的时候，有一次修筑桥梁，准备材料的时候发现缺少一根长梁，曾在民间到处寻找。后来只要出去，一旦见了比较高大的树木就会在心里估计它的长短粗细。他在这件事上有了感悟，告诫学道的人："心中不可执著于任何的贪念。"

【赏析】

心中有了挂念就会时刻不忘,凡是遇到了相似的事物就会比较一番,这就是有了执念。心中有了执念,又岂能允许他物进来?

25

伊川先生曰:入道莫如敬,未有能致知而不在敬者。今人主心不定,视心如寇贼而不可制,不是事累心,乃是心累事。当知天下无一物是①合少得者,不可恶也。

——《二程遗书》卷三

【注释】

①合:应该,可以。

【译文】

程颐先生说,想要进入圣贤之道,没有什么比恭敬更好的了,没有人穷尽了知识学问内心却不恭敬的。有的人心中无法安定,把心看作是无法制服的贼寇,这不是外界的事物牵累了他的心,而是他的心牵挂着外界的事物。要知道天下的事物没有任何一件是可以缺少的,所以不可以厌恶外界的事物。

【赏析】

做事情没有成功,不能从外界找那么多的客观原因,首先要从自身反省,如果能够吸取教训,终有成功的那一天。

26

人只有一个天理,却不能存得,更做甚人也?

——《二程遗书》卷十八

【译文】

人从本原上来说,只有一个天理,如果连天理都不能留存持守,还做什么人呢?

【赏析】

程颐的这句话语气有点激动，可是也正因为这样，才体现出了留存持守天理的重要性。

> **27**
>
> 人多思虑，不能自宁，只是做他心主不定。要做得心主定，惟是止于事，"为人君，止于仁"之类。如舜之诛四凶①，四凶已作恶，舜从而诛之，舜何与②焉？人不止于事，只是揽他事，不能使物各付物③。物各付物，则是役物；为物所役，则是役于物。有物必有则，须是止于事。
>
> ——《二程遗书》卷十五

【注释】

①诛四凶：诛是问罪，四凶指共工、驩兜、三苗、鲧。②何与：何干。③物各付物：所有事物自有其理则，依其理则对待即可。

【译文】

人的心中思虑多了就无法安定，是因为心中没有确定做什么。要想内心安定，只能把心思专注在某件事上，就像"作为君主，应当专注于仁德"一样。像舜问罪"四凶"这件事，是"四凶"已经作恶了，因此舜才向他们问罪，并不是舜想要问罪他们。人不能专注于正在做的事，反而又为其他的事分心，不能做到事情来了就去做、事情做完就放下。能做到这一点，就是心在役使外物，做不到就是心被外物役使。事物的存在，必定有其存在的道理，所以任何事情都必须止于事情所应之理。

【赏析】

集中精力做某件事情，必然不会被外物所扰；心中不定，外物必然趁虚而入。

28

不能动人，只是诚不至。于事厌倦，皆是无诚处。

——《二程遗书》卷五

【译文】

不能感动他人，只是不够真诚。感觉厌倦外界的事物，那是因为缺乏诚敬。

【赏析】

"精诚所至，金石为开"，有了诚心就会无往而不利。

29

静后见万物自然皆有春意。

——《二程遗书》卷六

【译文】

内心宁静了，看到的世间万物都带着无限生机。

【赏析】

心情愉快，看到的一切都充满生机；心情不好，看到的一切都觉得不顺眼。

30

孔子言仁，只说"出门如见大宾，使民如承大祭"。看其气象，便须"心广体胖"，"动容周旋中礼"自然，惟慎独[1]便是守之之法。圣人"修己以敬"，"以安百姓"，笃恭[2]而天下平。惟上下一于恭敬，则天地自位，万物自育，气无不和，四灵何有不至[3]？此"体信[4]""达顺[5]"之道，聪明睿智皆由出，以此事天飨帝[6]。

——《二程遗书》卷六

【注释】

①慎独：不需要别人监督就能控制住自己的欲望。②笃恭：纯厚恭敬。③四灵何有不至：盛世怎么会不到来呢？古人认为只有盛世才会有四灵出

现。四灵指麒麟、凤凰、玄龟、龙，也有一说是青龙、白虎、朱雀、玄武。④体信：体认诚信。⑤达顺：达于顺应天理之境。⑥事天飨帝：事奉上天，祭享上帝。飨，祭祀。

【译文】

　　孔子谈论仁的时候，只说"出门工作，要像接待贵客一样恭敬认真；役使百姓，要像举办重大的祭祀一样小心谨慎"。看到的气象应该是"心胸宽广、体貌安舒"，"举止仪容、进退往来"自然地合乎礼法，只有"慎独"才是守持的方法。圣人不仅用"诚敬来提高自己的修养"，还用它"使百姓安定"，对内纯厚恭敬，对外安定天下。只要统治者和老百姓都把恭敬放在心上，那么天地自然各在本位、万物自然生发化育、四方之气没有不和谐的，盛世怎么会不到来呢？这就是"体认诚信，达于顺应天理之境"的方法，聪明睿智都是从这里产生的，应该用这样的方法去侍奉上天、祭享上帝。

【赏析】

　　君子贵在慎独。不依靠外界的监督，依然可以从内心深处自觉地遵守礼仪，才是真正的君子。个人遵守礼仪则修养有成，所有的人都遵守礼仪则天下大同。

㉛
　　存养熟后，泰然行将去，便有进。

　　　　　　　　　　　　　　　　——《二程遗书》卷六

【译文】

　　心性保全涵养纯熟之后，只管从容去做，学业自然会有进步。

【赏析】

　　心性纯熟了，做起学问自然会水到渠成。

㉜
　　不愧屋漏，则心安而体舒。

　　　　　　　　　　　　　　　　——《二程遗书》卷六

【译文】

心地光明无愧于心，自然心性安宁、身体宽舒。

【赏析】

即使旁边没有人，同样按照礼仪规范自觉地行动，不做任何违反道德的事。

33

心要在腔子①里。

——《二程遗书》卷七

【注释】

①腔子：胸腹，躯体。

【译文】

心要放到身体里面。

【赏析】

程颐的意思是心要管束好，不要被外界事物引诱。

34

只外面有些隙罅①，便走了。

——《二程遗书》卷七

【注释】

①隙罅：裂缝，缝隙。

【译文】

只要外面有一丝缝隙，心就向外奔驰了。

【赏析】

如果心性不稳，只要有一点诱惑，心就跑出去了。

35

人心常要活，则周流无穷，而不滞于一隅。

——《二程遗书》卷五

【译文】

人的心要灵活，要让它时时保持灵魂，而不是停留在某一个角落。

【赏析】

人的心怎么能够灵活呢？只有不被外物所累才会灵活，才不会停留在某个地方一动不动。

36

明道先生曰："天地设位，而易行乎其中"，只是敬也，敬则无间断。

【译文】

程颢先生说："天的位置在上方，地的位置在下方，阴阳变化的道理就在天地之间运行。"对于人来说就是诚敬，只有诚敬才能够体现天地化生万物之心从无间断。

【赏析】

天地万物各有其位，诚敬则是通行的道理。

37

"毋不敬"，可以对越①上帝。

——《二程遗书》卷十一

【注释】

①对越：答谢，颂扬。

【译文】

"保持诚敬从不间断"，可以用这个来答谢昊天上帝了。

【赏析】

古人对昊天上帝是十分崇敬的，能够用作祭品的都是玉器、丝帛等贵重物品，程颐把"诚敬"比作祭祀昊天上帝的祭品，可见有多么重要了。

38

敬胜百邪。

——《二程遗书》卷十一

【译文】

坚守诚敬，众邪不生。

【赏析】

只要我们心中有敬，百邪统统不能入内。

39

"敬以直内，义以方外"，仁也。若以敬直内，则便不直矣。"必有事焉，而勿正"，则直也。

——《二程遗书》卷十一

【译文】

"心存诚敬则内心正直，胸有道义则行为规范"，这是仁。如果刻意地"用恭敬使内心变正直"，那么这个正直就不是真正的正直了。"必然有事情要去做，不过也不要刻意去做"，这就是正直。

【赏析】

程颢在这里分析了什么是"敬以直内"、什么是"以敬直内"。诚敬本来就是我们的天性，顺着这个天性自然地把它发挥出来，这样才是真正的"直"，也就是说"敬以直内"的目的不是为了"直内"，"直内"不过是心存诚敬的附加产物。后者则与前者大相径庭了，"以敬直内"的目的是为了"直内"，诚敬只不过是实现目的的手段。二者效果可能是相同的，但是用心不同，也就有了形而上和形而下的区分了。

40

涵养吾一。

——《二程遗书》卷十五

【译文】

涵养我专一的本性。

【赏析】

"一"就是独一无二,也就是没有二、三乃至无穷的欲望。程颢这里说自己摒弃了所有的闲思杂虑、个人利害,一心都在天理上和道义上用功。

41

"子在川上曰:'逝者如斯夫!不舍昼夜。'"自汉以来儒者皆不识此义。此见圣人之心"纯亦不已"也。"纯亦不已",天德也。有天德便可语王道,其要只在慎独。

——《二程遗书》卷十四

【译文】

"孔子站在河边说:'时光流逝,就像这流水一样啊!日夜奔流从不停息。'"汉朝以后的儒者都没有明白这句话的真义。这里就可以看出圣人实践道德的本心"德性纯粹而实践毫无止息",这就是上天之德啊。有了上天之德就可以谈论为王之道,其要领只在于要"慎独"两个字。

【赏析】

程颐用"纯亦不已"形容孔子的精神境界是十分恰当的。德性是纯粹的,所以才有了各种不间断地实践道德的行为。

> # 42
>
> "不有躬①,无攸利②。"不立己,后虽向好事,犹为化物不得以天下万物挠己;己立后,自能了当③得天下万物。
>
> ——《二程遗书》卷六

【注释】

①不有躬:因徇私而丧失身心自主的权利。②无攸利:没有什么实际利益。③了当:安排妥当。

【译文】

蒙卦六三爻说:"因徇私欲而丧失身心自主的权利,没什么利益。"人不能自主,以后尽管向好的方面发展,仍然不免被外物所化,不得不被天下万物扰乱了自己的内心;独立生活了之后,自然能安排好天下万事万物。

【赏析】

有了私欲,天性就失去了对人的控制权,所有的行为都是为了外物做出的,这就是被外物役使了,这样就不会有好的结果了。

> # 43
>
> 伊川先生曰:学者患心虑纷乱,不能宁静,此则天下公病。学者只要立个心,此上头尽有商量①。
>
> ——《二程遗书》卷十五

【注释】

①有商量:这里指可以有进步的可能。

【译文】

程颐先生说,做学问的人担心思虑杂乱无法宁静,这是所有人的通病。只要心存诚敬、内心正直,德性上完全有进步的可能。

【赏析】

做学问就是为了修养德性，进入圣人的境界，而做学问很重要的一点是要保持"心静"。外界的事物纷纷扰扰，又有谁能保证自己不会被诱惑呢？程颐认为即使被诱惑了也不要紧，只要重新"敬以直内"，还是可以取得进步的。

44

闲邪①则诚自存②，不是外面捉一个诚将来存著。今人外面役役③于不善，于不善中寻个善来存著，如此则岂有入善之理？只是闲邪则诚自存。故孟子言性善皆由内出，只为诚便存。闲邪更著甚工夫？但惟是动容貌，整思虑，则自然生敬。敬只是主一④也。主一则既不之东，又不之西，如是则只是中；既不之此，又不之彼，如是则只是内。存此则自然天理明。学者须是将"敬以直内"涵养此意，直内是本。（本注：尹彦明曰：敬有甚形影？只收敛身心，便是主一。且如人到神祠中致敬时，其心收敛，更著不得毫发事，非主一而何？）

——《二程遗书》卷十五

【注释】

①闲邪：防止邪念滋生。闲，防止、阻止。②诚自存：真诚之心自然得以保存。③役役：劳苦不息。④主一：心念专一。

【译文】

不让邪念出现，内心中的诚敬就保存下来了，并不是从外面抓一个"诚敬"回来放到自己的心里。如今的人在外面为了不好的事忙忙碌碌，想要在一堆恶的事物里面找到一个善存在心里，这样做哪里有进入善道的道理？所以说不要让邪念出现，内心中的诚敬自己就保存下来了。因此孟子说，"善"都是从内部出现的，只要做到了诚敬就有了。还费什么力气不让邪念出现呢？只要做到端正容貌，理顺思路，诚敬自然就出现了。诚敬就是为了心念专一。心念专一就是既不往东边去，也不往西边去，这样就只能在中间了；既不到这里，也不去那里，这样就只能在内了。只要心中保存着这个道理，天理自然而然地就明白了。做学问的人应该将"敬以直内"

来涵养这个道理，要记住"直内"才是根本的目的。（原注：尹焞说诚敬哪里有什么形体和影子？只要把身心收敛住就是心念专一了！就像人到祠堂中致敬的时候，他的内心是收敛的，容不下一丝半毫的杂事干扰他的心神，如果不是心念专一是什么呢？）

【赏析】

程颐认为诚敬是人与生俱来的，不是通过修学培养出来的，更不是从外界抓回来的，只要能够"闲邪"，诚敬自然就显现出来了。而且程颐也对如何"闲邪"提出了自己的办法，那就是"动容貌，整思虑"。这种办法是从外部入手，从而在内部产生效果。虽然是从外部入手的，但是并不是外物，因为诚敬是人内心本来就有的，外部的手段只不过是一个诱因，真正的改变还是在内心。

45

闲邪则固一①矣，然主一则不消言闲邪。有以一为难见，不可下工夫，如何？一者无他，只是整齐严肃，则心便一。一则自是无非僻②之干，此意但涵养久之，则天理自然明。

——《二程遗书》卷十五

【注释】

①固一：心念专一。②非僻：邪恶。

【译文】

不让邪念出现，心念就会更加专一，不过如果能够专注于一就不需要防止邪念了。有人认为"一"这个概念很难理解，所以不能在这里下功夫，对不对呢？其实想做到"一"很容易，只要能够衣冠整齐、做事严肃就可以了。做到了"一"，此后就不会再有邪僻之事的干扰，"一"只要涵养得久了，自然也就明白了天理。

【赏析】

所谓"一"就是专心无二，如果在一开始时能端正态度，严肃认真，就会很容易做到专一。

46

有言未感①时知何所寓②？曰："操则存，舍则亡，出入无时，莫知其乡③"，更怎生寻所寓？只是有操而已。操之之道，"敬以直内"也。

——《二程遗书》卷十五

【注释】

①感：感应。②寓：寄托。③乡：通"向"，去向。

【译文】

有人问程颐："对外界没有感应的时候，我怎么知道心在哪里呢？"先生回答说："操持本心就可以留住它，舍弃本心就会失去它。不知道它什么时候来也不知道它什么时候去，更不知道它要去向哪里"。怎么能够找到心在什么地方？就看有没有操持了。操持内心的方法就是'恭敬而使内心正直'。"

【赏析】

没有必要追究心究竟在什么地方，只要"敬以直内"地操持了，自然就能感觉到心的存在。

47

敬则自虚静，不可把虚静唤做敬。

——《二程遗书》卷十五

【译文】

内心有了诚敬，自然会虚无寂静，但是不可把虚无寂静叫作诚敬。

【赏析】

虚无寂静是诚敬的效果，不能认为虚无寂静了就是有了诚敬。

48

　　学者先务，固在心志，然有谓欲屏去闻见知思，则是"绝圣弃智①"。有欲屏去思虑，患其纷乱，则须坐禅入定。如明鉴在此，万物毕照，是鉴之常②，难为使之不照。人心不能不交感万物，难为使之不思虑。若欲免此，惟是心有主。如何为主？敬而已矣。有主则虚③，虚谓邪不能入；无主则实④，实谓物来夺之⑤。大凡人心不可二用，用于一事，则他事更不能入者，事为之主也。事为之主，尚无思虑纷扰之患，若主于敬，又焉有此患乎？所谓敬者，主一之谓敬；所谓一者，无适⑥之谓一。且欲涵泳主一之义，不一则二三⑦矣。至于不敢欺，不敢慢，"尚不愧于屋漏"，皆是敬之事也。

——《二程遗书》卷十五

【注释】

　　①绝圣弃智：出自《老子》，意为弃绝智慧，返归天真。这里是贬义，指断绝圣明、舍弃智慧。②常：规律，引申为功能。③虚：虚明透澈。④实：指充满了杂念。⑤物来夺之：心为外物所夺。⑥无适：没有放逸驰散。适，去，往。⑦不一则二三：不能专心主一，就是三心二意。

【译文】

　　做学问首先是坚守心志，可是有的人却说，想要坚守心志，就必须摒弃听到的和看到的知识和思想，这就是道家说的"断绝圣明，舍弃智慧"了。还有人担心思虑会扰乱内心，想要摒弃这些就必须学佛家的坐禅入定。这些想法都是不对的，就像这里有一面镜子，能够照出来天下万物是天的功能，难道能让它不照出来吗？人的心不能不与万物有所交集并感应出来，难道能够让它不去思虑吗？想要避免这些担心，只要心中有专注之事就行了。那么怎么能让心念专一呢？做到诚敬就可以了。心念专一就会虚明透澈，虚明透澈说的是邪物无法侵入内心。心念不专一就会充满杂念，充满杂念说的是心志被外部的事物干扰了。大致上来说人是不能够一心二用的，专注在一件事上，就注意不到其他的事了，就是因为事情成了心中之主。事情成了心中之主，尚且没有思虑纷扰的担心，要是诚敬做了心中之主,哪里还有这个担心呢?所谓的诚敬就是专主于一;所谓的一就是心念不放逸驰散。还要沉下去潜心涵养"专主于一"的义理,如果不能心念专一,就是三心二意了。至于不敢欺诳、不敢懈慢、"在室内人不见处尚且无愧于心",这些都是运用恭敬心的具体事件。

【赏析】

不管是立身处世,还是超凡入圣,都须要诚敬。诚敬指的是真诚,有敬畏之心,能够脚踏实地。

49

严威俨恪①,非敬之道,但致敬须自此入。

——《二程遗书》卷十五

【注释】

①严威俨恪:严肃、恭敬。出自《礼记》。俨恪,yǎn kè。

【译文】

外在的威严庄重,并不是恭敬的含义,可是想要达到真正的诚敬却必须从这里入手。

【赏析】

严肃、威重、庄严、恭敬只是诚敬外部的体现,本身并不是诚敬,可是能够做到这些,也算是入了诚敬的门了,这种做法也符合程颐"由外而内"的观点。

50

"舜孳孳①为善。"若未接物,如何为善?只是主于敬,便是为善也。以此观之,圣人之道,不是但嘿②然无言。

——《二程遗书》卷十五

【注释】

①孳孳:同"孜孜",勤勉,不懈怠。②嘿:同"默"。

【译文】

"舜做善事从来不懈怠。"如果不接触外物,怎么做善事呢?只要内心是诚敬做主,就是做善事了。从这一点来看,圣人之道并不是一语不发,沉静无言的。

【赏析】

安安静静地坐在那里,不言不语、无思无虑不是圣人之道,即使不与外物接触,只要心中谨守诚敬,这也是在"为善"。

51

问:人之燕居[①],形体怠惰,心不慢者,可否?曰:安有箕踞[②]而心不慢者?昔吕与叔六月中来缑氏[③],间居中某尝窥之,必见其俨然危坐,可谓敦笃矣。学者须恭敬,但不可令拘迫,拘迫则难久。

——《二程遗书》卷十八

【注释】

①燕居:闲居。②箕踞:两腿伸展形如簸箕地坐着,古人认为这种座法轻慢无礼。③缑氏:今河南省偃师县东南一带。

【译文】

有人问:人在闲暇的时候,身体懒散懈怠,内心却不怠慢,可以吗?程颐先生说:哪里有轻慢无礼地坐在那里,内心却不怠慢的?有一年的六月,吕大临来缑氏学习,他闲居时的样子我曾经注意过,每一次看到的时候他都是正襟危坐,可以说是敦厚笃实啊!做学问的人应该恭敬,但是不能拘谨,拘谨就无法持久了。

【赏析】

即使在休息的时候,仍然要注意保持恭敬的态度,仍然要遵从礼法的约束。要恭敬,但是不能拘谨,因为拘谨不是发自内心的,是有意约束自己的行为和思想,这是不符合天性的。

52

思虑虽多,果①出于正,亦无害否?曰:且如在宗庙则主敬,朝廷主庄,军旅主严,此是也。如发不以时,纷然无度,虽正亦邪。

——《二程遗书》卷十八

【注释】

①果:果真。

【译文】

有人问:"内心的思虑虽然很多,如果确实都是中正无邪的,这样就没有害处,对吧?"程颐说:"就像在宗庙里要持守恭敬,在朝堂上要持守庄重,在军队中要持守严肃,这是一样的道理。即使是中正的思虑,如果不是在该发起的时候发起,纷纷乱乱地没有节制,那也是邪的。"

【赏析】

即使是正确的行为,在不合适的时候做出来,仍然是错误的。

53

苏季明①问:喜怒哀乐未发之前求中,可否?曰:不可。既思于喜怒哀乐未发之前求之,又却是思也。既思即是已发(本注:思与喜怒哀乐一般),才发便谓之和,不可谓之中也。又问:吕学士②言当求于喜怒哀乐未发之前,如何?曰:若言存养于喜怒哀乐未发之前则可,若言求中于喜怒哀乐未发之前则不可。又问:学者于喜怒哀乐发时,固当勉强裁抑③,于未发之前,当如何用功?曰:于喜怒哀乐未发之前,更怎生求?只平日涵养便是。涵养久,则喜怒哀乐发自中节。曰:当中之时,耳无闻,目无见否?曰:虽耳无闻、目无见,然见闻之理在始得。贤且说静时如何。曰:谓之无物则不可,然自有知觉处。曰:既有知觉,却是动也,怎生言静?人说"复其见天地之心",皆以谓至静能见天地之心,非也。复之卦下面一画便是动也,安得谓之静?或曰:莫是于动上求静否?曰:固是,然最难。释氏多言定，圣人便言止。如"为人君，止于仁；为人臣，止于敬"之类是也。易之艮言止之义曰："艮其止，止其所也。"人多不能止，盖人万物皆备，遇事时各因其心之所重者更互而出④。才见得这事重，便有这事出。若能物各付物，便自不出来也。或曰：先生于喜怒哀乐未发之前，下"动"字？下"静"字？曰：谓之静则可，然静中须有物⑤始得。这里便是难处。学者莫若且先理会得敬，能敬则知此矣。或曰：敬何以用功？曰：莫若主一。季明曰：晒尝患思虑不定，或思一事未了，他事如麻又生，如何？曰：不可，此不诚之本也。须是习，习能专一时便好。不拘思虑与应事，皆要求一。

——《二程遗书》卷十八

【注释】

①苏季明：苏昞的字。苏昞是陕西武功人，最初跟张载学习，后来转到二程门下完成学业。②吕学士：吕大临。③裁抑：抑损。④更互而出：交相超出。⑤物：主宰。

【译文】

苏昞问：已经有了喜怒哀乐等种种的情绪，不过还没有发作，这时候可以做到"中"吗？程颐说：不可以。当你有了这种想法时，这种想法就"已经发作"了（原注：思考同喜怒哀乐各种情绪是一样的），刚发作的时候叫作"和"，不能再叫作"中"了。又问：吕大临说应该在喜怒哀乐未发之前求"中"，这句话怎么理解？程颐说：如果说在喜怒哀乐没有发作之前存养心性，这样没问题，如果说在喜怒哀乐没有发作之前求"中"，这就不对了。又问：当喜怒哀乐发作出来的时候，做学问的人当然应该尽量克制。可是在没有发作之前，又该怎么做呢？程颐说：在喜怒哀乐没有发作之前，又有什么要求？只要平时注意涵养内心就行了。涵养得久了，喜怒哀乐种种情绪发作时自然合乎"中"的要求。问：在"中"的境界中，是什么都听不见，什么都看不见吗？程颐说：是的。不过虽然什么都听不见、什么都看不见，那些看见的、听到的道理还是存在的。说说你在静的时候是什么感觉。苏昞说：说没有东西是不行的，我自然感觉到有东西在那里。程颐说：

既然你有感觉,那你的心就是动了,怎么能够说是静呢?人们说"从《复卦》可以看出天地造化万物之心",都认为这句话说的是"在极度宁静之中可以体悟到天地造化万物之心",这是不对的。复卦最下面的一爻是阳爻,也就是我们常说的"一阳生",发生就是动了,怎么能说它是静呢?有人说:莫非是在动上求静吗?程颐说:当然是这样的,可是很难。佛教经常说"定",圣人就说"止"。就像"为人君,止于仁;为人臣,止于敬"这类的话就是。《周易》中的《艮卦》对"止"的含义是这样解释的:"艮就是止,止在它的处所。"大多数人都无法做到"止",因为人的心中具备了世间万物,每次遇到事情的时候,都会按照自己认为的轻重程度去处理。一旦觉得哪件事重要了,哪件事的处理就超出了应有的限度。如果能做到物来则应、物去不留,自然也就不会超过限度了。有人问:在先生看来,喜怒哀乐尚未发作的状态应该是"动"呢,还是"静"呢?程颐说:说静更合适一些,但是静中必须有事物才行,这个地方就是难点呀。不如先去学习什么是诚敬,能做到诚敬,自然也就明白这个道理了。有人问:怎么下功夫学习诚敬呢?程颐说:没有什么比专注于一更重要的了。苏昞说:我曾经很担心自己会思虑不定。有时候一件事还没有想好,其他的事就像乱麻一样出来了,这该怎么办呢?程颐说:这样就不好了,说明你还没有明白什么是诚敬的根本呀,还需要加强学习,等知道什么是"专一"的时候就好了。不管是思考还是做事,共同的要求就是专一。

【赏析】

诚敬是成就智慧学问最主要的钥匙,不管大事小事,我们都应该全神贯注,心存诚敬之心。

54

人于梦寐间,亦可以卜①自家所学之浅深。如梦寐颠倒,即是心志不定,操存不固。

——《二程遗书》卷十八

【注释】

①卜:估计。

【译文】

人在做梦的时候也可以推断自己学问深浅。如果梦中做的事与义理不合,就说明自己的心志还不够坚定,操守的存养还不够稳固。

【赏析】

日有所思夜有所梦,如果梦中的行为与义理不合,说明自己平常也是这样思虑的,这就是修养不够的体现。

55

问:人心所系著之事果善,夜梦见之,莫不害否?曰:虽是善事,心亦是动。凡事有朕兆①入梦者却无害,舍此皆是妄动。人心须要定,使他思时方思乃是。今人都由心。曰:心谁使之?曰:以心使心②则可。人心自由,便放去也。

——《二程遗书》卷十八

【注释】

①朕兆:征兆。②以心使心:以义理之心来管摄人心。

【译文】

问:心里牵挂着一件善事,夜里做梦的时候梦到了,没有什么害处吧?程颐说:即使是善事,那也是心动了。只有梦见事情的征兆是没有害处的,除此之外都是妄动。人的内心必须坚定,让它思考的时候才能思考。现在的人都是任由心随便思考的。问:是什么在指挥心呢?程颐说:用自己的本心来指挥就行了。如果本心是自由自在的,就放任它去好了。

【赏析】

这一条有两个要点,一是坚守本心不妄动;一是"以心使心"。坚守本心不妄动,就是心性坚定,不起不该有的心思、不在不应该起心思的时候起心思;"以心使心"让心听从本心的指挥,不要约束它。

56

"持其志,无暴①其气质",内外交相养也。

——《二程遗书》卷十八

【注释】

①暴:伤害。

【译文】

"守持自己的心志,不要损害自己的气质",这是从内外两方面交相涵养自身。

【赏析】

"持"是不间断的养护,"无暴"是不要伤害,这样总是在增加,一直不减少,自然也就得到了涵养。

57

问:"出辞气①",莫是于言语上用工夫否?曰:须是养乎中,自然言语顺理。若是慎言语不妄发②,此却可著力。

——《二程遗书》卷十八

【注释】

①出辞气:讲究言辞语调。②发:指发言。

【译文】

有人问,"说话要注意自己的用词、语气",莫非是要在说话上下功夫?程颐先生说,只要涵养好了,说出来的话自然就条理顺畅;如果是说话小心,轻易不说出口,这种情况就可以在说话上下功夫了。

【赏析】

如果达到了"中"的境界,不用刻意地组织语言,自然用词准确、条理顺畅。

> **58**
>
> 先生谓绎①曰：吾受气②甚薄，三十而浸③盛，四十、五十而后完。今生七十二年矣，校其筋骨，于盛年无损也。绎曰：先生岂以受气之薄，而厚为保生邪？夫子默然，曰：吾以忘生徇欲④为深耻。
>
> ——《二程遗书》卷二十一上

【注释】

①绎：张绎，字思叔，程颐弟子。②受气：生来具有的气质。③浸：逐渐。④忘生徇欲：不顾生命徇私欲。

【译文】

程颐先生告诉张绎说：我小时候禀气薄弱，到三十岁的时候才慢慢强盛起来，四五十岁后才完备。我今年七十二岁了，检查了一下自己的筋骨，发现和盛年时相比没有什么减损。张绎说：先生，难道您是因为先天的禀气稀薄，所以才这么注重养生吗？程颐沉默了，良久才说：我认为，不顾生命只顺从私欲是最大的耻辱。

【赏析】

程颐的一生都是在求学、教学、著作中度过的，为儒学的发展做出了不可磨灭的贡献，所以他是有资格说"以忘生徇欲为深耻"。

> **59**
>
> 大率①把捉不定，皆是不仁。
>
> ——《二程外书》卷一

【注释】

①大率：大概。

【译文】

大体上来说，心难以安定的原因都是因为不仁。

【赏析】

人心是湛然、空虚、安定的，因为这是仁的本体。人心之所以动摇、纷扰，就是因为仁被私欲夺了。

> **60**
> 伊川先生曰：致知①在所养，养知②莫过于"寡欲"二字。
> ——《二程外书》卷二

【注释】

①致知：即"养理"，探究万事万物之理。②养知：培养智慧。

【译文】

想要知道万事万物之理，需要靠教育和训练，而涵养知识智慧最重要的就是静心寡欲、心念专一。

【赏析】

注意，这里程颐用的是"寡欲"而不是"无欲"。"无欲"就是没有了追求，连圣人之道都不追求了，那还养知、致知做什么呢？

> **61**
> 心定者其言重以舒，不定者其言轻以疾。
> ——《二程外书》卷十一

【译文】

心定的人，说出来的话稳重宽舒；心不定的人，说出来的话轻率、疾速。

【赏析】

言发于心。说出的每一句话都要经过深思熟虑，所以给人稳重的感觉。若心思不定，注意力没有集中在谈话上，说话时就不会有太多的思考，会让人觉得为人浅薄、寡淡。

62

明道先生曰：人有四百四病①，皆不由自家，则是心须教由自家。

——《二程外书》卷十二

【注释】

①四百四病：泛指人身的各种疾病。在佛教教义里，认为人有四百零四种病。

【译文】

程颢先生说：人会患上各种疾病，对此我们是做不了主的，但是心是自己的，必须要自己做主。

【赏析】

心在自己的身体里，本来就应该由自己做主，怎么程颢还要在这里专门提起呢？因为如果心志不坚定，就会被外物引诱，就会听从外物的指挥，不由自己做主了。

63

谢显道从明道先生于扶沟①，明道一日谓之曰：尔辈在此相从，只是学颢言语，故其学心口不相应，盍若②行之？请问焉。曰：且静坐。伊川每见人静坐，便叹其善学。

——《二程外书》卷十二

【注释】

①扶沟：扶沟县，程颢曾经在这里做过知县。在今河南周口市。②盍若：如何比得上。

【译文】

程颢先生在扶沟县的时候，谢良佐跟着他学习，有一天程颢对他说，你们在这里跟着我，只能学到我的一些话，所以你们实际的学问和你们能够说出来的学问显得不一致。如何比得上去施行呢？于是谢良佐就问怎么施行。先生告诉他："去静坐吧！"程颐每次看到有人在静坐，就会赞叹他善于学习。

【赏析】

　　静坐并不是静静地坐在那里神游天外，而是静静地思索学问，以期从感性认识升华到理性认识。

64

　　横渠先生曰：始学之要，当知"三月不违"与"日月至焉"，内外宾主①之辨，使心意勉勉循循②而不能已，过此几③非在我者。

——张载《横渠文集》

【注释】

　　①内外宾主：指心在内为主，在外为宾。②勉勉循循：力行不倦的样子。③几：几乎。

【译文】

　　张载先生说：开始做学问时的要点，就是要知道"长久的不违于仁德"和"心偶然想到仁德"有着内外宾主的分别，让心中的意志进取不息、依次而行而不会停止。超过这个阶段几乎就不是我们能够作主的了。

【赏析】

　　知道内外宾主，努力了就可以进步；如果越过了这个阶段，就不是努力便能长进的了。

65

　　心清时少，乱时常多。其清时视明听聪，四体不待羁束而自然恭谨，其乱时反是。如此何也？盖用心未熟，客虑①多而常心少也，习俗之心未去，而实心②未完也。人又要得刚，太柔则入于不立。亦有人生无喜怒者，则又要得刚，刚则守得定不回，进道勇敢。载则比他人自是勇处多。

——张载《经学理窟·学大原下》

【注释】

①客虑：指纷乱驰散的杂念。②实心：义理之心。

【译文】

人心很少有清净的时候，大部分时间都是心绪纷乱的。内心清净，人就会耳聪目明，不用管束自己就能做到恭谨，内心纷乱时刚好与此相反。这是为什么呢？这是因为心性还不纯熟，杂虑多、恒心少，世俗之心没有清除，而义理之心还没有完备。人还必须要刚健，太柔和了就会进入难以自立的局面。也有人生来就没有喜怒这种行为，这就更应该刚健了，刚健了就能守持住这种状态不至退步，圣人之道的进步也会勇毅果敢。我和其他人相比就是勇毅的地方多。

【赏析】

心性要涵养纯熟，义理之心才会完备，完备了才不会思绪纷乱；人也应该刚健，刚健了进步后就不会反复，反而勇毅果敢。

66

戏谑不惟害事，志亦为气所流。不戏谑亦是持气①之一端。

——张载《横渠语录》

【注释】

①持气：守持自身的气。也可称为"持志"。

【译文】

开玩笑不但不利于做事情，心志也会在气的影响下动摇。不开玩笑也是持守自身之气的一个方面。

【赏析】

开玩笑的话经常是缺乏思考的，也不是自己真实意志的反映，属于妄念的一种，有了妄念，内心就无法坚守。

67

> 正心之始，当以己心为严师。凡所动作，则知所惧。如此一二年守得牢固，则自然心正矣。
>
> ——张载《经学理窟·学大原上》

【译文】

开始正心的时候要把自己的内心当成一位严厉的老师，一举一动都要有所戒惧。坚持这样做一两年，只要能够稳固下来，内心自然就中正了。

【赏析】

自己的心中究竟有没有起了邪念，只有自己知道，一旦发现自己有了邪念，就要马上阻止，更不能在行动上表现出来，所以张载说"当以己心为严师"。

68

> 定然后始有光明。若常移易不定，何求光明？易大抵以艮为止，止乃光明。故大学"定"而至于"能虑"，人心多①则无由光明。
>
> ——张载《横渠易说·大畜》

【注释】

①心多：心念纷乱。

【译文】

只有做到了定，然后才会有光明。如果一直移动变化无法定下来，还求什么光明呢？《周易》里把"艮"大体上解释为"止"，"止"就是光明。所以《大学》中说"做到了'定'，就可以'思考'；内心思虑繁杂，就无法得到光明"。

【赏析】

这是张载对《大畜》一卦解释的语录。定就是停止。停止什么呢？停止就是安定，停止一切不应该有的妄念。

69

"动静不失其时,其道光明。"学者必时其动静,则其道乃不蔽昧而明白。今人从学之久,不见进长,正以莫识动静,见他人扰扰,非关己事,而所修亦废。由圣学观之,冥冥悠悠①,以是终身,谓之"光明"可乎?

——张载《横渠易说·艮》

【注释】

①冥冥悠悠:昏昏噩噩。

【译文】

《周易·艮卦》上说:"运动和静止要按时而行,这样做才会前途光明。"做学问的人一定要知道动和静的恰当时机,那么他学的道就不会是遥不可见,而是清清楚楚。现在的人学习了很长的时间,可是学业仍然没有什么进步,就是因为不知道什么时候该动,什么时候该静,看到他人纷纷扰扰,本来这都和他不相干,可是他的修为仍然荒废了。从圣人之学的角度来看,这样的人可以说是浑浑噩噩地过了一生,能够说他有"光明"吗?

【赏析】

"该学习的时候就努力学习,不要玩耍;该玩耍的时候就好好玩耍,不要去想学习的事。"这是现代教育的理念,不过张载早在北宋时期就提出了与此类似的说法。

70

敦笃虚静者,仁之本。不轻妄,则是敦厚也;无所系阂①昏塞,则是虚静也。此难以顿悟,苟知之,须久于道实体②之,方知其味。夫仁亦在乎熟之而已。

——张载《孟子说》

【注释】

①阂：阻碍不通。②实体：实际体认，切实体验。

【译文】

敦厚忠诚、谦虚沉静是仁的根本。不轻举妄动、荒诞不经就是敦厚；不约束阻隔、糊涂困厄就是虚静。这些很难一下子就明白，想要明白就必须长时间地、站在圣贤之道的角度上去亲身体验，才能知道其中的奥妙。仁也就是在反复学习、涵养成熟罢了。

【赏析】

不轻举妄动、荒诞不经就是敦厚；不约束阻隔、糊涂困厄就是虚静。而敦厚、虚静则是"仁之本"，可见这些要求在张载心中的重要性。

卷五 ／ 改过迁善，克己复礼

1

濂溪先生曰：君子"乾乾""不息"于诚，然必"惩忿窒欲"[1]、"迁善改过"而后至。《乾》之用，其善是，损、益之大，莫是过。圣人之旨深哉！"吉、凶、悔、吝[2]生乎动。"噫！吉一而已，动可不慎乎？

——周敦颐《通书·乾损益动》

【注释】

①惩忿窒欲：控制愤怒和欲念。②吝：《易经》中的"吝"有着专门的含义，就是遗憾、麻烦、艰难的意思。

【译文】

周敦颐先生说：君子们对于诚敬的涵养是"永不停息"的，虽然如此，还是要"控制愤怒、抑制欲念"、"回头向善、改正错误"才能达到诚敬的境界。乾卦的好就是这一点，损卦、益卦中的大义也没有超过这个的。圣人的意旨是多么深远呀！"吉祥、凶险、悔恨、麻烦都是由人的举动引发的。"唉！这四个当中只有一个好的，想要有所举动，能不慎重吗？

【赏析】

想要达到诚敬的境界，仅仅依靠涵养是不行的，还要学会控制自己的情绪和欲望、改正错误一心向善。也只有到了诚敬的境界，才不会妄动，才能避免凶险、悔恨、麻烦等不良的后果。

2

濂溪先生曰：孟子曰："养心莫善于寡欲。"予谓养心不止于寡而存①耳。盖寡焉以至于无，无则诚立明通。诚立，贤也；明通，圣也。

——周敦颐《濂溪集》第九《养心亭说》

【注释】

①寡而存：清心寡欲而存心养性。

【译文】

周敦颐先生说：孟子认为"想要涵养心性，最好的方法就是减少欲望"。我认为用减少欲望来涵养心性，不仅仅是能够让心性存在这一个优势。如果欲望一直在减少，就会达到没有欲望的境地；没有欲望，就会树立诚敬、智明通达。树立诚敬，这是贤人才能做到的；智明通达，这是圣人才能做到的。

【赏析】

周敦颐认为涵养心性要"寡欲"，最好是"无欲"，只有断绝了一切的私欲，才能达到贤人、圣人的境界。

卷三的第60条程颐说培养知识最好的方法也是"寡欲"，但不能"无欲"。为什么呢？这和两个"无欲"中的"欲"是不同的，涵养心性需要断绝的"欲"是感性的、心理上的欲望，是私欲；用来养知的"欲"是理性的、精神上的欲望，是天性。

3

伊川先生曰：颜渊问克己复礼之目①，夫子曰："非礼勿视，非礼勿听，非礼勿言，非礼勿动。"四者身之用也，由乎中而应乎外，制于外所以养其中也。颜渊"请事斯语②"，所以进于圣人。后之学圣人者，宜服膺③而勿失也。因箴④以自警。视箴曰："心兮本虚，应物无迹。操之有要，视为之则。蔽交于前，其中则迁。制之于外，以安其内。克己复礼，久而诚矣。"听箴曰："人有秉彝⑤，本乎天性。知诱物化⑥，遂亡其正。卓彼先觉⑦，知止有定。闲邪存诚，非礼勿听。"言箴曰："人心之动，因言以宣。发禁躁妄，内斯静专。矧是枢机⑧，兴戎出好⑨。吉凶荣辱，惟其所召。伤易则诞，伤烦则支⑩。己肆物忤，出悖来违。非法不道，钦哉训辞。"动箴曰："哲人知几，诚之于思。志士厉行，守之于为。顺理则裕，从欲惟危。造次⑪克念，战兢自持。习与性成，圣贤同归。"

——《二程文集》卷八《四箴》

【注释】

①目：具体要目。②请事斯语：请求实践这些话。③服膺：铭记于心。④箴：劝告，规诫。⑤秉彝：持守的常道。⑥知诱物化：为物欲所化。⑦先觉：先知先觉的圣人。⑧矧是枢机：况且（言语）是（人与外界交流的）关键。矧，况且。枢机，比喻事物的关键。⑨兴戎出好：发动战争。⑩伤烦则支：说话过多，思想就分散。⑪造次：指事情发生得很突然。

【译文】

颜回问孔子什么是克制私欲、合于礼法的具体要目，孔子说："不是礼法允许的不看，不是礼法允许的不听，不是礼法允许的不说，不是礼法允许的不做。"看、听、说、做都是人体的功能，内心有了感应就有了外部的表现，控制自己的行为就可以涵养内心。于是颜回就要求自己按照这些去做，后来进入了圣人的境界。学习圣人之道的读书人都应该对这些话铭记于心。所以我写了四篇箴言来警醒自己。

《视箴》说：内心本来就是虚灵空明的，和万物的感应无迹可循。操持内心有一个要点，就是要给"看"树立一个准则。如果有万物蒙蔽了双眼，人的内心就会随之迁转。所以要控制外在的行为来安定内心。克制自己的私欲，让自己的行为符合礼法的要求，时间长了自然就能做到诚敬了。

《听箴》说：人的内心有需要守持的永恒之理，这是由人的天性决定的。如果内心受了外物的引诱并被外物同化，内心的中正也就没有了。那些品行卓越的先知者，都知道停下来才能有安定。防范邪念的干扰，把诚敬留在心中，不符合礼法的就不要去听。

《言箴》说：内心有了触动，需要用话语来表达出来。说话的时候不能浮躁轻狂，内心才能够宁静专一。况且话语是人类与外界交流的关键手段，一句话就可能引起战争，一句话也可能使双方握手言和。吉祥、凶险、荣誉、悔辱，都是说话导致的。太随便了就会虚妄怪诞，太啰嗦了就会没有重点；说话放肆，他人就会不高兴；说话违背正理，做事就会不顺利。不符合礼法的话就不要去说，圣贤训诫的话真令人佩服呀！

《动箴》说：智慧卓越的人知道事情将要发生的征兆，会用心地思考该不该去做。有志向的君子时刻警惕自己的行为，做事的时候也时刻操持着内心。顺应天理的行动，自然处处游刃有余；服从欲望的指使，必定时时都可能有危险降临。变生肘腋不忘克制邪念，战战兢兢把持内心善念。修习日久自然与本性契合，圣人、贤人也成了朋友。

【赏析】

"克己复礼"是孔子早年对"仁"的定义，也是孔子一生的追求之一，在儒学中有着很重要的地位。孔子认为"克己复礼"的具体做法就是约束自己的看、听、说、做。因为颜回就是做了这些才进入了圣人的境界，所以程颐为了勉励自己，就做了这四篇箴言。

4

复之初九曰："不远复①，无只②悔，元③吉。"《传》④曰：阳，君子之道，故复为反善之义。初，复之最先者也，是不远而复也。失而后有复，不失则何复之有？唯失之不远而复，则不至于悔，大善而吉也。颜子无形显之过⑤，夫子谓其庶几，乃"无只悔"也。过既未形而改，何悔之有？既未能不勉而中⑥，所欲不逾矩，是有过也。然其明而刚，故一有不善，未尝不知，既知，未尝不遽改，故不至于悔，乃"不远复"也。学问之道无他也，唯其知不善，则速改以从善而已。

——《程氏易传·复传》

【注释】

①复：返回。②只：同"衹"，仅仅，只有。③元：大。④《传》：《程氏易传》。⑤形显之过：外在上表现出来的过失。⑥不勉而中：不用勉强就

能合首中道。

【译文】

《周易·复卦》的初九爻辞说："刚走不远就返回，就不会有悔恨，大吉。"《程氏易传》上说："阳"是君子的原则，所以"复"代表的就是重新回到了正确道路上的意思。第一爻是最开始的一爻，是走得不远就回来了。只有离去才会回来，没有离去又何谈回来呢？只是走得还不远，所以才没有大的悔恨，才是大善、吉祥。颜回没有在形体上表现出来的错误，所以孔子说他"差不多"了，这就是"没有大的悔恨"。错误还没有形成行动，又有什么好悔恨的呢？既然做不到不用勉强就符合礼法，心中的欲望没有超出规定，这就是有错误了。但是颜回明睿刚健，所以一旦有了犯错误的征兆，就没有不知道的；只要知道了，就没有不立刻改正的，所以才不至于走到需要悔恨的地步，这就是"走得不远就返回"了。做学问没有其他的方法，只有知道了自己的错误就迅速改正这一条路罢了。

【赏析】

犯了错误并不可怕，重要的是要知道自己犯了错误，并且能够尽快地改正，这就是"知错能改善莫大焉"。

5

晋之上九："晋其角①，维用伐邑②，厉吉③，无咎，贞吝④。"传曰：人之自治，刚极则守道愈固，进极则迁善愈速。如上九者，以之自治，则虽伤于厉而吉且无咎也。严厉非安和之道，而于自治则有功也。虽自治有功，然非中和之德，故于贞吝之道为可吝也。

——《程氏易传·晋传》

【注释】

①晋其角：进升到牛角一般刚硬在上的境地。②维用伐邑：只有用来讨伐城邑。③厉吉：猛厉吉祥。④贞吝：这里指无法持久。贞，占卜，问卦。

【译文】

《周易·晋卦》上九爻辞说："进步到像牛角一样坚硬，就只能用来攻击城市了。这种行为严厉而吉祥，不会有过失，但是无法持久。"《程氏易传》上说：人修养自身，越刚健对于道的守持就越坚固，刚健到了极点，改过向善就很容易了。像上九这个爻辞，用它来修养自身虽然有点过于严厉，但是对于人来说是很有好处而且不会有什么过失的。严厉虽然不符合安定和睦的道理，可是对于修养自身是有功效的。虽然对于修养自身有功效，可是因为不符合安定和睦的义理，所以想要实现贞静中正一道是有困难的。

【赏析】

对于个人修养来说，严厉一点是有好处的。不过严厉并不符合中庸之道，无法持久地严厉下去。就像带领一个团队，如果领导者一直给大家施加很大的压力而不知道一下大家的心情，下面的人迟早会承受不了压力而出问题。

6

损者，损过而就中，损浮末①而就本实也。天下之害，无不由末之胜也。峻宇雕墙，本于宫室；酒池肉林，本于饮食；淫酷残忍，本于刑罚；穷兵黩武，本于征讨。凡人欲之过者，皆本于奉养，其流之远，则为害矣。先王制其本者，天理也；后人流于末者，人欲也。损之义，损人欲以复天理而已。

——《程氏易传·损传》

【注释】

①浮末：古代以农为本，工商为末。这里指工商行业。代指虚浮不重要之事。

【译文】

"损"，就是减少过度的部分变得中正，减少细枝末节走向务实。人间所有的危害，都是细节性的部分超过了本体。高大的房子、绘画的墙壁，最初的根源是人们居住的房屋；以酒为池、悬肉为林，最初的根源是人们日常的饮食；过度的刑罚、严酷的法律，最初的根源是对犯罪的惩罚；竭尽所有兵力，随意发动战争，最初的根源是国家之间攻打不义的战争。所有那些人类过分的欲望，都来自于维持生存最基本的物质需求。然而随着这种需求变化得越来越大，就变成危害了。古代圣贤的君王制定政策的是根本，是符合天道规则的；后来的人陷入末节，这是人欲造成的。"损"的意义，就在于减少人欲来恢复天理。

【赏析】

程颐认为所有为了满足基本生存需求的行为都是正当的，可是当满足了之后，还要进一步的索取就过分了，必须减少这方面的欲望。

7

夫人心正意诚，乃能极中正之道，而充实光辉。若心有所比①，以义之不可而决②之，虽行于外，不失其中正之义，可以无咎，然于中道未得为光大也。盖人心一有所欲，则离道矣。夫子于此，示人之意深矣。

——《程氏易传·夬传》

【注释】

①比：偏爱。②决：决离。

【译文】

人只要内心中正、诚敬，就能穷极中正之道，使德行充满光辉。如果心中有了偏爱的东西，因为道义上是不允许的，也要与之决裂，这样做并没有脱离中正的义理，也不会有什么过失，不过中正之道就无法得到发扬光大了。但凡人一旦内心有了私欲，就偏离正道了。孔子在这里的话有很深刻的意义啊！

【赏析】

对于品德不良的人一定要坚决地离开他，不要顾忌面子而虚与委蛇，否则不利于提高自己的修养。

8

方说①而止，节之义也。

——《程氏易传·节传》

【注释】

①说：喜悦。

【译文】

刚刚有了喜悦的情绪，就要停下来不喜形于色，这就是节卦"节制"的含义。

【赏析】

虽然程颐只说了喜悦这一种情绪，但是其他情绪同样也要有节制。

9

节之九二，不正之节①也。以刚中正②为节，如"惩忿窒欲"、损过抑有馀是也。不正之节，如啬节③于用、懦节④于行是也。

——《程氏易传·节传》

【注释】

①不正之节：指节卦九二阳爻居于阴位，故不正。②刚中正：指节卦九五阳爻居于上卦阳位，故正。③啬节：吝啬、节俭。④懦节：懦弱、节制。

【译文】

节卦的第二爻是阴位，可是这一爻却是阳爻，因此这一爻属于"不正之节"。要把刚毅中正作为采取节制措施的标准，例如"抑制愤怒、断绝邪欲"，减少过度的、控制多余的行为等，都是正当的。那么什么是不正当的节制行为呢？因为吝啬而节俭用度、因为懦弱而不敢行动之类的行为。

【赏析】

做事情要有节制，但是节制也是有限度的，不应该成为不想做事的借口。

10

人而无克、伐、怨、欲①，惟仁者能之。有之而能制其情不行焉，斯亦难能也，谓之仁则未可也。此原宪②之问，夫子答以知其为难，而不知其为仁。此圣人开示③之深也。

——《程氏经说·论语解》

【注释】

①克、伐、怨、欲：指好胜、自夸、怨恨、贪婪四种恶德。②原宪：字子思（和孔伋的字一样），春秋时宋国人，孔门七十二贤之一。③开示：开阐明示。

【译文】

一般人都有好胜、自夸、怨恨、贪婪这四种毛病，只有有仁德的人才能杜绝。虽然有这些毛病，可是能控制住自己的情感不发作出来，这也算是难能可贵了，但是把它叫作"仁"就不行了。这是原宪问孔子的问题，孔子回答他说："知道克制是很难得的，但是我不认为这就是'仁'。"这就是圣人对学生的深刻提示！

【赏析】

能够控制住自己的负面情绪是很难得的，但是不代表自己没有这些情绪，只是没有表现出来而已，所以并不能叫作"仁"。

11

明道先生曰：义理与客气①常相胜②，只看消长分数③多少，为君子和小人之别。义理所得渐多，则自然知得客气消散得渐少，消尽者是大贤。

——《二程遗书》卷一

【注释】

①客气：中医指外界的邪气，这里指的是由于自身习惯所引起的私欲，指的是一时的意气和偏激的情绪。②相胜：相互制约。③分数：程度。

【译文】

程颢先生说：义理和"客气"一直在互相斗争，各自减少和增长后的比例，就是划分君子和小人的标准。义理增加得越来越多，那自然受形气之私的影响越来越少，等到完全不受大贤左右，便成了大贤。

【赏析】

我们都知道君子和小人是对立的，但是划分君子和小人的依据是什么呢？程颢在这里就给出了一个标准。

12

或谓：人莫不知和柔宽缓，然临事则反至于暴厉。曰：只是志不胜气，气反动其心也。

——《二程遗书》卷十七

【译文】

有人对程颐说："人们都知道做事应该柔和宽缓，可是当真遇到了事情的时候却反而变得暴躁凶厉，这是为什么呢？"程颐回答他："这就是因心志无法压制偏激的意气，结果偏激的意气扰乱了心志。"

【赏析】

程颐认为，人的心志坚定了，自然就不会受到负面情绪的影响。

13

人不能祛思虑，只是吝①。吝故无浩然之气。

——《二程遗书》卷十五

【注释】

①吝：指气度狭小。

【译文】

人不能消除掉心中的种种杂虑，就是因为气度太狭窄了。气度狭窄也就无法养成浩大刚正的精神。

【赏析】

人的气度大了，自然就能够容纳万物，些许杂虑也不会有什么影响，这样才能修养出浩然正气。

14

治怒为难，治惧亦难。克己可以治怒，明理可以治惧。

——《二程遗书》卷一

【译文】

想要让自己不再易怒是很困难的，想要让自己不再胆怯也是很困难的。控制住了自己的私欲就可以不再容易发怒，明白了世间万物的道理就可以改正恐惧的毛病。

【赏析】

容易发怒是因为控制不了自己的情绪，而情绪都是由私欲引起的，所以从源头上控制住了私欲也就不会发怒了；容易害怕是因为对事物不了解，如果知道了这个事物的来龙去脉，自然也就不会再害怕了。

15

尧夫①解"他山之石，可以攻玉"：玉者温润之物，若将两块玉来相磨，必磨不成，须是得他个粗砺底物，方磨得出。譬如君子与小人处，为小人侵陵②，则修省畏避，动心忍性，增益预防，如此便道理出来。

——《二程遗书》卷二上

【注释】

①尧夫：邵雍的字，北宋著名理学家、易学家、诗人，与周敦颐、张载、程颢、程颐并称"北宋五子"。②陵：欺凌。

【译文】

邵雍是这样解释"他山之石，可以攻玉"的：玉的质地是温润的，如果用两块玉石互相打磨，则必然无法打磨出自己希望的形状，必须要用一个比较粗糙的东西来磨，才能磨成玉。就像君子和小人在一起，君子被小人欺负了就会远离小人去提高自身的修养、反省自己的行为，内心受到触动后性格会更加坚韧，学识也增加了，并且加强防范，这样道理就说清楚了。

【赏析】

通常我们会用"一帆风顺"祝福他人，殊不知顺利的境遇并不利于人的成长。也正是这个原因，孟子才说"生于忧患死于安乐"。同时要注意这一条中"修省畏避"的正确含义，君子远离小人并不是害怕他，而是担心自己和他一起久了，就会"如入鲍鱼之肆，久而不闻其臭矣！"同时也是为了加强学习提高自己的修养。

16

目畏尖物，此事不得放过，便与克下①。室中率置尖物，须以理胜他。尖必不刺人也，何畏之有？

——《二程遗书》卷二下

【注释】

①克下：克服。

【译文】

看到了尖锐的东西就害怕，这个问题不能置之不理，必须要克服。在房间里到处都放上尖锐的东西，用正理战胜自己畏惧的心理。尖锐的东西在那里一动不动，必然无法对人造成伤害，又有什么好害怕的呢？

【赏析】

明知道只要自己不去动那个尖锐的东西就不会受到伤害，可为什么还会害怕呢？这是因为自己的心性不坚定，所以必须要用各种方式来使自己的心性坚定起来。

17

明道先生曰：责上责下，而中自恕己，岂可任职分①？

——《二程遗书》卷五

【注释】

①职分：应尽的本分。

【译文】

程颢先生说："出了问题，把责任全部推给上级和部下，唯独处于中间的自己没有一点责任，这样的人怎么能够担任官职？"

【赏析】

我们的生活中，并非全是阳光与彩虹，相反充斥着很多不幸与困苦，这种时候，有担当的人，会努力去承担打击与重压，努力坚持去捍卫自己想要守护的东西，而不是推诿躲避。

18

"舍己从人①"，最为难事。己者我之所有，虽痛舍之，犹惧守己者固而从人者轻也。

——《二程遗书》卷九

【注释】

①舍己从人：舍弃自己的立场，服从众人的主张。

【译文】

"放弃自己的主张，听从众人的意见"是最难做到的。自己的主张是自己内心最真实的体现，虽然痛下决心放弃了，还要考虑自己是不是太固执己见了，是不是对别人提的意见轻视了。

【赏析】

与人一起时，要不断修正自己的言行，抛弃自己的偏激观念，因为真正的道德修养方法，不仅仅局限于向内心用功夫，也在于处理人与人之间的关系。

19

"九德"①最好。

——《二程遗书》卷七

【注释】

①九德：指《尚书·皋陶谟》中的九种美德："宽而栗、柔而立、愿而恭、乱而敬、扰而毅、直而温、简而廉、刚而塞、强而义"。

【译文】

《尚书·皋陶谟》中提到的九种美德是最好的。

【赏析】

能做到这九种美德，基本上就达到圣贤的境界了。

20

饥食渴饮，冬裘①夏葛②，若致些私吝心在，便是废天职。

——《二程遗书》卷六

【注释】

①裘：动物皮毛做成的衣服。②葛：用葛麻做的衣服。

【译文】

饿了需要吃饭，渴了需要喝水，冬天要穿皮裘，夏天要穿葛衣，如果因为私心或者吝啬不这样做，就是违背了天道的旨意。

【赏析】

吃饱穿暖是为了维持生存，是天理。可是如果无节制地追求美味佳肴、轻裘纱衣，这就是人欲，这种人欲违反天道。

21

猎，自谓今无此好。周茂叔曰："何言之易也？但此心潜隐未发，一日萌动，复如前矣。"后十二年因见，果知未也。

【译文】

程颢曾说：我认为我现在已经对打猎不感兴趣了。周敦颐说："怎么说得这么轻松呀？只不过这个心思深深地隐藏了起来没有发作罢了，有朝一日发作了，你还会像以前一样喜欢打猎。"过了十二年，程颢看见有人打猎又有了打猎的兴致，于是知道自己果然还没有放弃这种爱好。

【赏析】

有些事情没有发生，只不过是条件不允许或者没有遇到诱因。一旦条件合适了或者有了诱因，自然也就发生了。

22

伊川先生曰：大抵人有身，便有自私之理，宜①其与道难一。

——《二程遗书》卷三

【注释】

①宜：当然。

【译文】

程颐先生说：大致说来，因为人有身躯，于是就有了自私的心理，当然也就和大道难以合而为一。

【赏析】

"自私之理"也就是私欲，不祛除私欲是无法与天道合一的。

23

罪己责躬不可无，然亦不当长留在心胸为悔。

——《二程遗书》卷三

【译文】

做错了事，责备自己、反省自己都是应该的，但是也不要一直耿耿于怀，滞留心间成为悔恨。

【赏析】

做错了事情要反省，这样才能吸取教训，更好地前进；可是如果一直悔恨不已，就会成为包袱，影响进取的心态。

㉔

所欲不必沉溺，只有所向，便是欲。

——《二程遗书》卷十五

【译文】

并不是说沉迷其中才是欲望，只要心中有了某种想法，就已经是欲望了。

【赏析】

欲望是人的本性产生的，想达到某种目的的要求，并不是说一定要达成了这个愿望并沉溺其中才是欲望。

㉕

明道先生曰：子路亦百世之师。

——《二程遗书》卷三

【译文】

程颢先生说：子路也算得上是百世之师啊。

【赏析】

人很难发现自己的不足之处，如果有人告诉了自己，也就是让自己有了一个改正并进步的机会，怎么能够不高兴呢？子路的这个典故后来演变成了一个有名的成语"闻过则喜"。

26

> 人语言紧急，莫是气不定否？曰：此亦当习，习到言语自然缓时，便是气质变也。学至气质变，方是有功。
>
> ——《二程遗书》卷十八

【译文】

有人问：某人说话语速很快，莫非是他的气性不稳？程颐回答说：这就需要学习了，等学习到说话时自然而然地和缓了，自己的气质就改变了。学习到气质改变的时候才算是有了功效。

【赏析】

语速过快是因为说话前很少思考，这也是心性不坚的表现。程颐认为多学习就能够提高自身的修养，修养提高了心性也就坚定了，心性坚定了自然说话的语速就慢了。

27

> 问："不迁怒，不贰过"，何也？语录有怒甲不移乙之说，是否？伊川先生曰：是。曰：若此则甚易，何待颜子而后能？曰：只被说得粗了，诸君便道易。此莫是最难？须是理会得因何不迁怒。如舜之诛四凶，怒在四凶，舜何与焉？盖因是人有可怒之事而怒之，圣人之心本无怒也。譬如明镜，好物来时便见是好，恶物来时便见是恶，镜何尝有好恶也？世之人固有怒于室而色①于市，且如怒一人，对那人说话能无怒色否？有能怒一人而不怒别人者，能忍得如此，已是煞知义理。若圣人因物②而未尝有怒，此莫是甚难。君子役物，小人役于物。今见可喜可怒之事，自家著一分陪奉他，此亦劳矣。圣人之心如止水。
>
> ——《二程遗书》卷十八

【注释】

①色：表现出脸色、神态、样貌等。②因物：因外物可怒而怒。

【译文】

有人问:"不迁怒于人、不犯曾经犯过的错误,这是什么意思?您著作的《语录》中有对甲的怒火不要转移到乙的身上的说法,是这样吗?"程颐说:"是的。"那人接着问:"如果只是这样,那就太容易做到了,怎么能说只有颜回这样的贤人才能做到呢?"程颐说:"这是因为说得比较浅显,所以你们才觉得容易,其实这是最难做到的,必须要明白为什么不迁怒于人。就像舜问罪四凶这件事,舜发怒是因为四凶做了违背天道的事情,舜本身又有什么怒火呢?因为舜是遇到了让人愤怒的事情而发怒,圣人的内心本没有喜怒的个人情绪。就像一面镜子一样,好的东西放到镜子前面,那么镜子照出来的就是好的东西;坏的东西放到镜子前面,那么镜子照出来的就是坏的东西,镜子本身又有什么喜欢和厌恶的呢?世上的人当然有在家里生气的,到了外面还给人甩脸子的,就像对一个人生气了,那么和这个人说话的时候当然脸色不好看。对一个人发怒,而不给另外的人甩脸子,能做到这一步已经是难能可贵的。像圣人那样,只对应该发怒的事情才发怒,而本身是没有喜怒的,这难道不是很难做到的吗。君子能够役使万物,而小人只能够被事物所役使。如果看到一件令人高兴或者恼怒的事,就分出一份心一直牵挂着,这也未免太累了吧?要像圣人那样,平静地面对一切,不受外界的影响"。

【赏析】

"不贰过",许多人努力一下还是能够做到的,可是要做到"不迁怒他人"就不容易了,这需要更高的修养。

28

人之视最先,非礼而视,则所谓开目便错了。次听次言次动,有先后之序。人能克己,则心广体胖,仰不愧,俯不怍①,其乐可知。有息则馁②矣。

——《二程外书》卷三

【注释】

①怍：羞愧。②馁：指气不足。

【译文】

在"视、听、言、动"四种行为中，要把"视"排在第一位，如果是不符合礼法的"视"，那么睁开眼就错了。"视"之后才依次是听、言、动，有着严格的先后之别。人如果能够克服自己的私欲，就能够心胸宽广、体貌舒泰，抬起头来不愧于天、低下头来不愧于人，其中的乐趣可想而知。如果停止了这种修养，自己的气就会不足。

【赏析】

"非礼勿视，非礼勿听，非礼勿言，非礼勿动"，这是克己复礼的要点，必须一直坚持下去，一旦有了停顿就会影响自己的修养。

29

圣人责己感也处多，责人应也处少。

——《二程外书》卷七

【译文】

圣人要求自己多考虑他人的感触，少要求他人考虑自己的感触。

【赏析】

一个有德的人，对于自己的要求很高，而对于别人该回应的需求，就要少一点。

30

谢子①与伊川先生别一年，往见之，伊川曰："相别一年，做得甚工夫？"谢曰："也只去个'矜'字。"曰："何故？"曰："子细检点得来，病痛尽在这里。若按伏得这个罪过，方有向进②处。"伊川点头，因语在坐同志者曰："此人为学，切问近思者也。"

——《二程外书》卷十二

【注释】

①谢子：指谢良佐，字显道，学者称上蔡先生。②向进：前进的方向。

【译文】

谢良佐离开程颐先生一年，等第二年去拜见先生的时候，先生问他："你离开我一年了，有了什么长进呢？"谢良佐说："就去掉了'自夸'一个缺点。"先生问："你是怎么做到的？"谢良佐说："我仔细检查了一下，发现我所有的不足都来源于这个毛病，只有去掉了这个缺点，才有进步的方向。"程颐先生点了点头，趁机告诉在座的学生说："这个人做学问做到了'切问近思'啊！"

【赏析】

这是《近思录》中非常有名的一条。谢良佐是历史上有名的大儒，以他的修养，尚且需要花费一年的时间才能够改正"自夸"这一缺点，可见提高修养是何等艰难，我们普通人要更加努力才是。

31

思叔诟詈①仆夫，伊川曰："何不'动心忍性'？"思叔惭谢②。

——《二程外书》卷十二

【注释】

①诟詈 lì：责骂。②惭谢：惭愧，谢罪。

【译文】

程颐看到张绎在辱骂仆人，就告诉他："你为什么不借这个机会'反省一下自己的行为，学会克制自己的情绪'？"张绎惭愧地请求先生原谅他的行为。

【赏析】

程颐是很会教育学生的，看到张绎在责骂仆人，不管仆人是否做错了事情，张绎这样无法克制自己的情绪都是影响自己修养的，所以趁机提点他一下。

32

"见贤"便"思齐",有为者亦若是。"见不贤而内自省",盖莫不在己。

——《二程外书》卷二

【译文】

"看见了贤者",就"希望自己也能成为这样的人",即使做出了一番成就的人也应该这样做。"看到了不贤的人,就要在内心反省一下自己有没有这些问题",这都取决于自己。

【赏析】

孔子说"三人行必有我师",不仅要从优秀的人那里吸取他们的优点,还要从犯了错误的人那里吸取教训。

33

横渠先生曰:湛一①,气之本;攻取②,气之欲。口腹于饮食,鼻舌于臭味,皆攻取之性也。知德者属厌③而已,不以嗜欲累其心,不以小害大、末丧本焉尔。

——张载《正蒙·诚明》

【注释】

①湛一:湛然纯一。②攻取:攻击夺取,指对事物产生执著的追求。③属厌:饱足。

【译文】

张载先生说:气的本体是湛然纯一的,求取外物只是气的欲望。口腹希望能够得到美味的饮食、鼻舌希望能够得到诱人的香味,这都属于求取外物的范畴。有德性的人知道什么是适可而止,不会让嗜好和欲望迷失了心性,不会因为这些小事对大事造成伤害,不会因为这些末节损伤了根本。

【赏析】

口腹之欲是人的本性，是无可厚非的。但是要适可而止，能够满足生命的需求就行了，不能演变成奢侈，否则就是"小害大、末丧本"了。

34

纤恶必除，善斯成性①矣；察恶未尽，虽善必粗矣。

——张载《正蒙·诚明》

【注释】

①成性：体现出自己善良的本性。

【译文】

哪怕是一丁点的缺点，也必须坚决地改正，这样善才能成为本性；如果自身的缺点没有察觉和改正，即使有了善也是粗浅的。

【赏析】

张载认为人不能有一丁点的缺点，这样才是一个完人。现在看来有些苛刻了。

35

恶不仁，故不善未尝不知。徒好仁而不恶不仁，则习不察，行不著。是故徒善未必尽义，徒是未必尽仁。好仁而恶不仁，然后尽仁义之道。

——张载《正蒙·中正》

【译文】

如果厌恶不仁的事，那么有了不善的事就没有不知道的。仅仅是喜欢仁而不厌恶不仁，那么对不仁之事就会流于习惯而不能觉察，践行的成效也不会显著。因为这个原因，只有善未必完全符合了大义的要求，只是正确也未必完全符合了仁的要求。做到了喜欢仁并厌恶不仁，然后才能真正实现仁义之道。

【赏析】

张载在这里用浅显的语言说明了什么是"仁义之道":既要喜欢仁,也要厌恶不仁。

36

责己者当知无天下国家皆非之理。故学至于"不尤人",学之至也。

——张载《正蒙·中正》

【译文】

需要反省自己的人要明白,没有只有自己正确,而世间其他人都不对的道理。所以修养到了"不埋怨他人"的程度,就到了修学的最高境界了。

【赏析】

总有人用"众人皆醉我独醒""真理总是掌握在少数人手里"来为自己的错误观点狡辩,张载在这里就一针见血地指出:不可能有"天下国家皆非之理"!等什么时候学会了不怨天尤人,才是真正地有了修养。

37

有潜心于道,忽忽①为他虑②引去者,此气③之。旧习缠绕,未能脱洒,毕竟无益,但乐于旧习耳。古人欲得朋友与琴瑟简编④,常使心在于此。惟圣人知朋友之取益为多,故乐得朋友之来。

——张载《论语说》

【注释】

①忽忽:急速。②他虑:其他的思虑。③气:指自心驱向外物的"客气"。④简编:泛指书籍、典籍。

【译文】

有的人是真心想要学习圣贤之道,可是莫名其妙地却被其他的思虑吸引走了，这就是"客气"造成的，以前的坏习惯还存在，无法自在洒脱，到了最后也没有什么好处，只不过是习惯了原来的坏习惯。以前的人知道朋友、乐器、书籍能够让自己取得进步，所以一直把自己的心思放到这些方面。只有圣人才知道，朋友能够给自己的帮助最大，所以圣人喜欢朋友的到来。

【赏析】

人想要进步，就必须和原来的坏习惯一刀两断，这样才能轻装上阵、一往无前。好的朋友比书籍更重要，如果有一些好的朋友和你在学习的问题上一起切磋，进步就会更快一些。

38

矫轻①警惰。

——张载《横渠语录》

【注释】

①轻：轻浮。

【译文】

要改正轻浮的习气，警惕不要有怠惰的习惯。

【赏析】

做事情有易有难。对于容易做的，人们往往会轻视，结果却因为粗心没有做好；对于困难的，往往又会因为畏难有了逃避的心，结果一步步地拖了下去，最终也无法完成。

39

"仁之难成久矣！人人失其所好。"盖人人有利欲之心，与学正相背驰，故学者要寡欲。

——张载《经学理窟·学大原上》

【译文】

《礼记·表记》上说："已经很长时间没有人能成就仁德了！人人都没

有了追求仁德的心。"就是因为每个人的心中都有私心和欲望,这些都是和圣贤之道相违背的,所以做学问的人要减少自己的欲望。

【赏析】

仁就是推己及人,有了私心和欲望,自然就不愿意委屈自己去成全别人,这样又怎么能成就圣贤之道呢?

40

君子不必避他人之言,以为太柔太弱。至于瞻视①亦有节,视有上下,视高则气高,视下则心柔。故视国君者,不离绅带②之中。学者先须去其客气。其为人刚行③,终不肯进,"堂堂乎张④也,难与并为仁矣。"盖目者人之所常用,且心常托之,视之上下。且试之,己之敬傲,必见于视。所以欲下其视者,欲柔其心也。柔其心,则听言敬且信。人之有朋友,不为燕安,所以辅佐其仁。今之朋友,择其善柔以相与,拍肩执袂以为气合,一言不合,怒气相加。朋友之际,欲其相下⑤不倦。故于朋友之间,主其敬者,日相亲与,得效最速。仲尼尝曰:"吾见其居于位也,与先生并行也,非求益者,欲速成者。"则学者先须温柔,温柔则可以进学。诗曰:"温温恭人,惟德之基。"盖其所益之多。

——张载《经学理窟·气质》

【注释】

①瞻视:顾盼。②绅带:古时士大夫腰上束的大带。③刚行:刚键要强。④张:指颛孙师。颛孙师是孔门十二哲之一,颛孙是复姓,名师,字子张,春秋末年陈国人。⑤相下:谦让。

【译文】

君子没有必要在乎别人的话,哪怕别人说自己太柔弱。就拿看人来说,也是有礼节的。看人的视线有高有低,视线高的是意气高,视线低的代表柔顺。所以看国君的时候视线不能离开绅带的中线。做学问的人首先要能够引发私欲的"客气"。如果性格太刚强了,最后定然无法在圣贤之道上有进步。曾参说:"子张的容貌庄严端正,难以和他一起修养仁德。"像眼睛这种器官是人天天都要使用的,要看上看下都要依靠眼睛才行。我们可以自己试验一下,不管内心是恭敬还是傲慢,都从眼睛里表现了出来。之所以要把视线放低,就是为了使内心柔和一些;内心柔和了,那么听别人说话的时候态度也就更恭敬了,也更容易相信别人的话。人交朋友不是为了享乐,而是要互相帮助增加仁德。现在的人交朋友都是挑一些外表柔顺的人,大家在一起勾肩搭背一副意气相投的样子,但是有一句话说得不对,立马就翻脸了。朋友之间的相处,应该是互相尊敬并且一直坚持下去。孔子曾经说:"我看到他坐在他不应该坐的位置上,走路时和长辈并排。这样的人不是追求学问进步的,他是想快些长大成人啊!"求学的人首先要做到温顺柔和,这样才可以在学业上进步。《诗经》上说:"做人要温文尔雅、态度柔和,只有这些是德性的根基",因为这样做获得的进步最多。

【赏析】

古代认为,和他人说话的时候直视对方的眼睛是不尊重对方的表现(和现代社会的看法相反),特别是和地位比较高的人说话,视线一定不能高于对方的腰部,不然就是"无礼"了。张载在这里还谈到了他对交朋友的要求,他认为交朋友的目的不是为了"燕安""气合",而是为了"辅佐其仁"。

41

世学①不讲,男女从幼便骄惰坏了,到长益凶狠。只为未尝为子弟之事②,则于其亲,已有物我,不肯屈下。病根常在,又随所居而长,至死只依旧。为子弟,则不能安洒扫应对;在朋友,则不能下③朋友;有官长,则不能下官长;为宰相,则不能下天下之贤。甚则至于徇私意,义理都丧,也只为病根不去,随所居所接④而长。人须一事事消了病,则义理常胜。

——张载《横渠语录》

【注释】

①世学:世代相传的学问。②子弟之事:古时后生晚辈应尽的本分之

事。③下：低于。让自己低于对方，这里是"有礼貌地、恭敬地对待……"的意思。④接：与外界交接。

【译文】

如果不教授那些世代相传的礼仪，不管男女，从小就会强横怠惰，长大了就更不堪了。就是因为没有做过晚辈弟子应做的本分之事，所以把自己的父母当成了外人，不肯屈身服侍。只要这种缺点的根源还在，那么这种缺点就会随着生活逐渐滋长，到死都不会改变。为人子弟，不能安心地洒扫庭院、应对宾客；和朋友相处，不能礼貌地对待对方；有长官和长辈在场，不能尊敬他们；当上了宰相，却不能礼遇天下英才。进一步就是发展到屈从自己的私欲，连义理都没有了，也正是因为这种缺点的根源还在，随着生活的环境和接触的事物成长起来。人必须一个一个地把这些缺点改正，这样义理就会超越私欲之心。

【赏析】

中国素有"礼仪之邦"之称，而礼仪也从来不是繁文缛节，它可以让人与人相互尊重，是培养人的责任心的重要手段。

卷六／齐家之道

1

伊川先生曰：弟子之职，力有馀则学文。不修其职而学文，非为己之学也。

——《程氏经说·论语解》

【译文】

程颐先生说：作为晚辈要先做好自己的本职工作，如果还有余力就可以学习文学。本职工作没有做好就开始学习文学，这不是提高道德修养的学习。

【赏析】

弟子的本职工作是什么呢？就是孔子说的"入则孝，出则悌，谨而信，泛爱众，而亲仁"。只有这些做好了，接下来才能谈学习文学的问题，否则就是舍本逐末了。

2

孟子曰："事亲若曾子可也"，未尝以曾子之孝为有馀也。盖子之身所能为者，皆所当为也。

——《程氏易传·师传》

【译文】

孟子说"像曾参那样侍奉父母就可以了"，孟子认为曾参的孝敬没有太过分的地方。作为子女，能够做到何种程度就做到何种程度，这都是子女应该做的。

【赏析】

侍奉父母不仅要做到自己该做的一切,还要做到能做到的一切。

3

"干母之蛊①,不可贞②。"子之于母,当以柔巽③辅导之,使得于义。不顺而致败蛊④,则子之罪也。从容将顺,岂无道乎?若伸己刚阳之道,遽然矫拂⑤则伤恩,所害大矣,亦安能入乎?在乎屈己下意,巽顺相承,使之身正事治而已。刚阳之臣事柔弱之君,义亦相近。

——《二程易传·蛊传》

【注释】

①干母之蛊:矫正母亲的过失。②贞:这里是"强行"的意思。③柔巽:柔顺。④败蛊:祸乱。⑤矫拂:违背。

【译文】

《周易·蛊卦》九二爻辞说:"说服母亲改正错误,如果母亲有抵触情绪不要强行说服。"儿子想要让母亲改正错误,应该柔顺地引导她,让她的做法符合义理的要求。如果因为儿子不柔顺导致说服失败,这是儿子的不对。慢慢地、柔顺地去引导她,难道不会成功吗?如果使用强硬的态度,急切地想要母亲改正错误就会伤害母亲的感情,造成的危害是很大的,母亲又怎么能够接受呢?重要的是儿子要放低身段,压下心中的不满,好言好语地顺着母亲的话语去引导,让她能够自己正确地处理事务。性格比较刚硬的臣子侍奉柔弱的君主时,也要采取类似的做法。

【赏析】

母亲有了错误,儿子想办法要让她改正,但是必须要注意方式方法的问题,如果让母亲不高兴,就是违背孝道了。

> **4**
>
> 蛊之九三，以阳处刚①而不中，刚之过也，故小有悔。然在巽体，不为无顺。顺，事亲之本也。又居得正，故无大咎。然有小悔，已非善事亲也。
>
> ——《程氏易传·蛊传》

【注释】

①以阳处刚：指蛊卦九三爻为阳爻第三爻为刚位。

【译文】

蛊卦的第三爻是阳爻，却处在刚位，位置是不合适的，这就是阳刚太过了，所以有点小遗憾。然而因为是在蛊卦里，却不是没有柔顺。柔顺是侍奉父母的根本。又处在正位，因此不会有大的过失。然而小有遗憾，就算不上善于侍奉父母了。

【赏析】

侍奉父母要尽心，如果小有遗憾，就说明没有完全尽心，在程颐看来，这也不是善于侍奉父母。

> **5**
>
> 正伦理，笃恩义，家人之道也。
>
> ——《程氏易传·家人传》

【译文】

要让伦常之理中正、恩情道义笃实，这是"家人"一卦告诉我们的道理。

【赏析】

一家人应该是什么样子呢？那就是父母爱自己的孩子，孩子孝敬自己的父母；哥哥对弟弟友爱，弟弟对哥哥恭敬；丈夫对妻子有恩有义，妻子对丈夫尊重维护。这才是一个健康温暖的家庭。

6

人之处家，在骨肉父子之间，大率以情胜礼，以恩夺义。惟刚立之人，则能不以私爱失其正理，故家人卦大要以刚为善①。

——《程氏易传·家人传》

【注释】

①以刚为善：指家人卦九三、九五、上九三阳爻都是大吉之卦。

【译文】

在家庭生活里，因为大家都是至亲，相处的时候容易亲情超过礼法、关系超过义理。只有那些性格刚毅的人，才能够不因为私人关系失去公允的判断，所以"家人"一卦的主旨就是以阳刚为佳。

【赏析】

俗话说熟不拘礼，关系好了则不用那么拘泥于礼法，何况是有血缘关系的家人呢？不过儒家认为这种做法是不对的，即使是家人，彼此相处时也要遵从礼法，不然就是于理不合了，会影响家庭关系和社会稳定。

7

家人上九爻辞，谓治家当有威严，而夫子又复戒云，当先严其身也。威严不先行于己，则人怨而不服。

——《程氏易传·家人传》

【译文】

"家人"一卦在上九爻辞中说治理家庭应当有威严，随后孔子又告诫说，必须要先严格要求自己。如果不先把威严放在自己身上施行，其他人心里就会有怨气而不服从管理。

【赏析】

正人先正己，只有自己做得到并且做得好，才有资格要求别人这么做。所以不能严于律己宽以待人的人是做不好领导的。

8

归妹九二，守其幽贞①，未失夫妇常正之道。世人以媟狎②为常，故以贞静为变常，不知乃常久之道也。

——《程氏易传·归妹传》

【注释】

①幽贞：幽静安正。②媟狎：不庄重。

【译文】

"归妹"的九二爻说，坚持幽静贞正，不会丧失夫妇之间中正的纲常之道。世人都认为夫妇之间就不应该那么庄重，所以觉得庄重是不正常的，却不知道庄重才是使夫妻关系稳固的长久之道啊！

【赏析】

夫妻之间要互敬互爱，只有互相尊重，才是维持夫妻关系的关键。

9

人无父母，生日当倍悲痛，更安忍置酒张乐①以为乐？若具庆②者可矣。

——《二程遗书》卷六

【注释】

①张乐：置乐。②具庆：父母都在。

【译文】

如果父母去世了，自己生日那天应该更加悲痛，怎么能够忍心置办酒席、演奏音乐来取乐呢？如果父母都健在是可以这样做的。

【赏析】

过去称自己的生日为"母难之日"，意思是母亲生我的时候就像遭受了一场劫难一样。如果母亲去世了，生日的时候应该更加怀念母亲，哪里有心情寻欢作乐呢？

10

问：行状[①]云："尽性至命[②]，必本于孝弟。"不识孝弟何以能尽性至命也？曰：后人便将性命别作一般事说了。性命、孝弟，只是一统底事，就孝弟中便可尽性至命。如洒扫应对与尽性至命，亦是一统底事，无有本末，无有精粗，却被后来人言性命者别作一般高远说。故举孝弟，是于人切近者言之。然今时非无孝弟之人，而不能尽性至命者，由之而不知也。

——《二程遗书》卷十八

【注释】

①《行状》：指程颐所作的《明道先生行状》。②尽性至命：指充分发挥自己的本善之性，以达天命。

【译文】

有人问程颐："您做的《明道先生行状》中说'穷尽本性、上达天命，必定是以孝悌作为根本的'。不知道什么是孝悌怎么能够穷尽本性、上达天命呢？"程颐说："这是后世的人把性命当成另外一回事了。本性、天命、孝顺、友爱四者是统一的，从孝顺、友爱中就可以穷尽本性、上达天命。就像洒扫庭院、应对宾客和穷尽本性、上达天命，也是统一的，没有什么本末之分，也没有什么精粗之别，但是后面的人一说到本性、天命就解释得高深莫测。所以用孝顺、友爱做例子，就是想让人觉得贴近一些。然而，现在不是没有孝顺、友爱的人，他们无法穷尽本性、上达天命的原因，就是因为他们只知道这样做，却不知道为什么这样做。"

【赏析】

做事情要知道如何去做，还要知道为什么要这样做，这样才能够"穷尽本性、上达天命"。

> **11**
> 问：第五伦①视其子之疾与兄子之疾不同，自谓之私，如何？曰：不待安寝与不安寝，只不起与十起，便是私也。父子之爱本是公，才著些心做，便是私也。又问：视己子与兄子有间②否？曰：圣人立法曰"兄弟之子犹子也"，是欲视之犹子也。又问：天性自有轻重，疑若有间然？曰：只为今人以私心看了。孔子曰："父子之道，天性也。"此只就孝上说，故言父子天性。若君臣、兄弟、宾主、朋友之类，亦岂不是天性？只为今人小看，却不推其本所由来故尔。己之子与兄之子，所争几何③？是同出于父者也。只为兄弟异形，故以兄弟为手足。人多以异形故，亲己之子异于兄弟之子，甚不是也。又问：孔子以公冶长④不及南容⑤，故以兄之子⑥妻⑦南容，以己之子妻公冶长，何也？曰：此亦以己之私心看圣人也。凡人避嫌者，皆内不足也。圣人至公，何更避嫌？凡嫁女，各量其才而求配，或兄之子不甚美，必择其相称者为之配；己之子美，必择其才美者为之配，岂更避嫌耶？若孔子事，或是年不相若，或时有先后，皆不可知。以孔子为避嫌，则大不是。如避嫌事，贤者且不为，况圣人乎？
>
> ——《二程遗书》卷十八

【注释】

①第五伦：东汉时期大臣，复姓"第五"，字伯鱼。②间：区别。③所争几何：相差有多少。④公冶长：孔子的弟子，七十二贤之一，春秋时鲁国人。复姓公冶，名长，字子长、子芝。⑤南容：孔子的弟子，七十二贤之一，春秋时鲁国人。复姓南宫，名适。⑥子：孩子。古时儿子、女儿都称为"子"。⑦妻：以女嫁人，嫁给……

【译文】

有人问：第五伦照看自己生病的儿子和照看他哥哥生病的儿子时是不一样的，他自己说有私心，是这样吗？程颐说：不用说安睡和不安睡了，就是一夜不起来一次和一夜起来十次，就可以看出他有私心了。父子之间的亲爱是光明正大的，要是刻意去做，就是有私心了。又问：看待自己的儿子和看待兄长的儿子有区别吗？程颐说：圣人确立礼法，"兄弟的孩子也是自己的孩子"，这是希望人们把兄弟的孩子看做自己的孩子。接着问：人的天性里就有轻重不同，是不是本来就应该区别对待？程颐说：这就是现在的人用私心来对待了。孔子说："父子之道，源自天性。"这是从孝道这方面来讲的，所以才说出于天性，其他的就像君臣、兄弟、主客、朋友之间的相处，难道不也是天性吗？只是现在的人目光短浅，不知道推究这些道理的本源罢了。兄弟的孩子和自己的孩子又有多少差别呢？他们都是同一个爷爷的后代，只不过哥哥和弟弟不是同一个身体，所以才说兄弟一个是手，一个是脚。因为不是一个身体，就亲爱自己的孩子，和兄弟的孩子区别对待，这样是不对的。又问：因为公冶长比不上南宫适，所以孔子把他哥哥的女儿嫁给了南宫适，自己的女儿却嫁给了公冶长。孔子这样做是为了避嫌吗？程颐说：这就是用自己的私心来忖度圣人了。大致上来说，人之所以避嫌，就是因为自己的内心不安，圣人是大公无私的，有什么好避嫌的？但凡女儿出嫁，都要考虑到本人的人才，然后找到合适的男子作为女婿。或许孔子他哥哥的女儿不是那么出色，所以要找一个和她差不多的人作为配偶；孔子的女儿比较出色，一定要找一个同样出色的人作为配偶。这难道需要避嫌吗？像孔子嫁女这件事，或许是男女双方的年龄不合适，或许是两个女孩的年龄大小不同，这都是我们不了解的。如果单纯地认为孔子是避嫌，这是非常错误的。像避嫌这种事，贤人都不屑于做，何况是圣人呢？

【赏析】

"孔子嫁女"是历史上一个有名的故事，有人认为孔子的行为光明磊落，也有人认为孔子是为了避嫌。其实认为孔子避嫌的人是以小人之心度君子之腹了。避嫌是因为心不诚、不正，如果孔子是这样的人，还会成为万世师表吗？所以程颐的这种说法是值得我们思考的，如果做得光明磊落，又何必避嫌呢？

> **12**
>
> 病卧于床，委之庸医，比之不慈不孝。事亲者亦不可不知医。
>
> ——《二程外书》卷十二

【译文】

有亲人生病，如果让庸医来治疗，就和不慈爱后辈、不孝顺长辈一样。想要侍奉好父母，是不能不了解一下医理的。

【赏析】

本来就有病了，再让庸医来治疗，必定会让病情加重，一旦有不忍言的事情发生，岂不是害了亲人？

> **13**
>
> 程子^①葬父，使周恭叔^②主客^③。客欲酒，恭叔以告。先生曰：勿陷人于恶^④。
>
> ——《二程外书》卷七

【注释】

①程子：指程颐。②周恭叔：程颐著名弟子。③主客：接待宾客。④陷人于恶：陷人于罪恶之中。

【译文】

程颐的父亲去世了，在举办葬礼的时候让周行己负责接待客人。按照礼法，葬礼的宴席是不允许喝酒吃肉的，可是有个客人非要喝酒，周行己就去问程颐怎么办，程颐先生说：不能让他犯错误。

【赏析】

当有人有了犯错误的倾向时，身边的人应该及时地阻止，而不是为他提供方便，否则即使是他犯的错误，我们也有一定的责任。

14

买乳婢①,多不得已。或不能自乳,必使人。然食己子而杀人之子,非道。必不得已,用二子乳食三子,足备他虞。或乳母病且死,则不为害,又不为己子杀人之子,但有所费。若不幸致误其子,害孰大焉?

——《二程外书》卷十

【注释】

①乳婢:乳母。

【译文】

买乳母来喂养自己孩子的大多都是有苦衷的,有的是自己没有奶水无法哺乳,必须要人替她哺乳。可是喂养了自己的孩子,却让别人的孩子饿死了,这是不符合道义的。如果确实没有办法,就用两个乳母喂养三个孩子,足以防止有什么意外发生。就算其中一个乳母有病快死了,也不会造成难以挽回的后果,也不用为了自己的孩子伤害别人的孩子了,只是费用多了一些。如果发生了不幸,让乳母耽误了她的孩子,这种后果和花钱多一点哪个更大呢?

【赏析】

程颐的这个提议是很人性化的。过去没有奶粉等替代母乳的营养品,如果生了孩子没有母乳或者母乳质量不好,就必须找一个乳母来喂养自己的孩子。如果乳母的孩子正好夭折了还好,否则就是自己的孩子抢了其他孩子的食物,而且食物只有这么多,自己的孩子吃得多了,乳母的孩子吃得就少了,甚至没有奶吃,这种行为是很残忍的。按照程颐的建议,就是两个乳母喂养三个孩子,虽然每个孩子都不够吃,但是也不会缺得太多,这样三个孩子就都能够成活了。

15

先公太中①讳珦，字伯温，前后五得任子②，以均诸父子孙。嫁遣孤女，必尽其力，所得俸钱，分赠亲戚之贫者。伯母刘氏寡居，公奉养甚至。其女之夫死，公迎从女兄③以归，教养其子，均于子侄。既而女兄之女又寡，公惧女兄之悲思，又取甥女以归嫁之。时小官禄薄，克己为义，人以为难。公慈恕而刚断，平居与幼贱处，惟恐有伤其意，至于犯义理，则不假④也。左右使令之人，无日不察其饥饱寒燠⑤。娶侯氏，侯夫人事舅姑⑥以孝谨称，与先公相待如宾客。先公赖其内助，礼敬尤至。而夫人谦顺自牧⑦，虽小事未尝专，必禀而后行。仁恕宽厚，抚爱诸庶，不异己出。从叔幼姑⑧，夫人存视，常均己子。治家有法，不严而整。不喜笞扑奴婢，视小臧获⑨如儿女。诸子或加呵责，必戒之曰："贵贱虽殊，人则一也。汝如是大时，能为此事否？"先公凡有所怒，必为之宽解，唯诸儿有过，则不掩也。常曰："子之所以不肖者，由母蔽其过，而父不知也。"夫人男子六人，所存惟二，其慈爱可谓至矣，然于教之之道，不少假也。才数岁，行而或踣⑩，家人走前扶抱，恐其惊啼，夫人未尝不呵责曰："汝若安徐，宁至踣乎！"饮食常置之坐侧。尝食，絮羹⑪，皆叱止之，曰："幼求称欲，长当何如？"虽使令辈⑫，不得以恶言骂之。故颐兄弟平生于饮食衣服无所择，不能恶言骂人，非性然也，教之使然也。与人争忿，虽直不右，曰："患其不能屈，不患其不能伸。"及稍长，常使从善师友游。虽居贫，或欲延客⑬，则喜而为之具。

——《二程文集》卷十二

【注释】

①太中：官名，汉以后各代多沿置，掌管论议之权。②任子：沿袭父兄功绩的官职名。③女兄：此指堂姐。④假：宽容。⑤寒燠：冷热。⑥舅姑：公公和婆婆。⑦自牧：自我修养。⑧从叔幼姑：小叔子、小姑子。⑨臧获：婢女。⑩踣：跌倒。⑪絮羹：调好味道。⑫使令辈：供使唤的人。

⑬延客：宴请宾客。

【译文】

　　我已经过世的父亲曾经做过太中大夫，名珦，字伯温，他因公共获得了五次封荫的机会，都平均分给了我叔叔伯伯的孩子。在叔叔伯伯们去世后，他们留下的女儿出嫁时我父亲都尽了全力，拿到手的俸禄都要给贫穷的亲戚分一些。我的伯祖母守寡后，父亲对她奉养得十分周全，后来伯祖母的女儿也守寡了，父亲就把这位堂姐接到家里，教导她的孩子和教导自己的儿子、侄子没有两样。后来这个堂姐的女儿也守寡了，父亲担心堂姐心里过于悲痛，就把外甥女接回来改嫁了。当时他只是一个小官，俸禄也很少，能够这样不顾自己的困难而顾全道义，人们都觉得这是很难做到的。父亲慈爱宽恕又刚毅果断，平时和年幼的孩子或者地位低下的人在一起的时候，唯恐伤了他们的自尊心，但是如果他们有人做了不符合义理的事情，他也绝不饶恕。对于经常在身边使唤的人，每天都要检查一下，看看他们吃得饱不饱、穿得暖不暖。父亲娶了侯家的女子为妻，侯夫人以侍奉公公婆婆孝顺谨慎著称，和我的父亲相敬如宾。父亲在家里得到了她很大的帮助，对她礼敬很是周到。而且夫人一向以谦恭温顺要求自己，哪怕是很小的事情也不会擅自做主，必定要告诉我的父亲后才会去做。她仁德温恕、宽厚待人，抚养关心父亲其他妾室的孩子如同自己生的孩子一样，对小叔子和小姑子像自己的孩子一样看待。夫人对家庭的管理很有章法，不严厉却能够整齐。她不喜欢责打奴仆，看待年龄小的奴仆就像自己的孩子一样。如果有孩子责骂他们，夫人必定惩戒孩子，说："虽然地位不一样，但是都是人。你像这么大的时候，能做好这样的事吗？"先父生气的时候，夫人必定会给他宽心安慰，只是儿子们犯了错误的时候她从不向父亲隐瞒。她常说："儿子们之所以没有出息，就是因为犯了错误母亲帮其隐瞒，致使父亲不知道儿子们的错误。"夫人生了六个儿子，后来只存活了两个，对儿子的慈爱可想而知，但是在教育上从不宽纵。孩子才几岁大，有时候走路摔倒了，仆人赶快走到前面抱起来，害怕孩子受了惊吓而哭泣，夫人没有一次不责骂道："你要是走得慢一点，哪里会摔倒呢！"吃饭的时候她常常让孩子坐在自己的旁边，如果孩子尝了一口嫌不好吃，或者要求在羹汤中添加调料之类的行为，她都会斥责阻止，说："小时候就要求满足口腹之欲，长大了该是个什么样子?"虽然是使唤的仆人,也不允许用恶毒的语言辱骂。所以我们兄弟一生在饮食衣服方面从不挑剔,也不会恶语伤人,不是我们天性就是这样,是夫人的教育让我们变成这个样子的。孩子们和别人闹矛盾的时候,即使孩子有理,她也不会偏袒,说:"我担心的是他不能委曲求全,不担心他不能扬眉吐气。"等孩子们稍微长大了一点,就让他们经常跟着良师益友出去游学,有时候孩子们想请客人吃饭,虽然家里不富裕,夫人也会高兴得操办一切。

【赏析】

心思宽厚,才能爱屋及乌;胸怀若谷,才能老吾老以及人之老,幼吾幼以及人之幼。

16

横渠先生尝曰:事亲奉祭,岂可使人为之?

——《横渠文集》卷十五

【译文】

张载先生曾经说:事奉自己的父母、祭奠自己的先人,这种事哪里能让别人替自己干呢?

【赏析】

不管怎么忙,服侍父母都是儿女应该亲自做的,不然孝悌何在?父母需要的是儿女的亲情,而不是冷冰冰的钞票!同样,祭奠先人表达的是自己的哀思和诚意,如果让别人替自己做,那你的哀思在哪里?诚意又在哪里?

17

舜之事亲有不悦者,为父顽母嚚[①],不近人情。若中人之性,其爱恶略无害理,姑必顺之。亲之故旧所喜者,当极力招致,以悦其亲。凡于父母宾客之奉,必极力营办,亦不计家之有无。然为养又须使不知其勉强劳苦,苟使见其为而不易,则亦不安矣。

——张载《礼记说》

【注释】

①父顽母嚚 yín：父亲愚钝顽固，母亲残暴冷酷。

【译文】

舜努力侍奉父母，他的父母尚且不高兴，其原因是他的父亲愚顽、母亲暴虐，这两个人都不合乎人之常情。如果父母是正常人，他们爱好和厌恶的东西大致上对义理没有妨碍，就暂且顺着他们。父母喜欢的故交旧友，就尽力延请过来，使父母愉悦。凡是招待父母的客人，一定要尽最大努力去办，也不要计较家母宾客的奉养，一定要极力置办，也不能计较家里的条件允许不允许。即使这样奉养了也不要让父母知道自己的难处，如果让他们知道了儿女的不易，他们的心里也不会安心的。

【赏析】

侍奉父母不能计较花钱多少，也不能让他们知道自己如何不容易。既然是为了让他们高兴，又何必说这些让他们不高兴的事呢？

18

斯干①诗言："兄及弟矣，式②相好矣，无相犹矣③。"言兄弟宜相好，不要厮学。犹，似也。人情大抵患在施之不见报则辍，故恩不能终。不要相学，己施之而已。

——张载《诗说》

【注释】

①《斯干》:《诗经·小雅》的篇名。②式：无实义，句首语气词。③无相犹矣：不必要求对方和自己做得一样。

【译文】

《斯干》诗说："哥哥和弟弟，要处理好关系，不要对方和自己做得一样。"说的是兄弟之间要友爱和睦，但是不要学习对方的缺点。"犹"就是"似"。人之常情，大多数人都担心对兄弟好却得不到回报，于是就停止了，所以这种恩情很难维持到最后。因此兄弟间不要比较，只要是有利于兄弟关系的事，自己只管做下去就是了。

【赏析】

兄弟之间互相友好是道义的要求，如果有了让对方回报的心理，就是有了私欲，首先立场就不正确了。不要管对方是怎样做的，是不是和自己做的一样，管好自己，一直做下去就是了。

> ⑲
> "人不为周南、召南，其犹正墙面而立。"常深思此言，诚是，不从此行，甚隔著事，向前推不去。盖至亲至近，莫甚于此，故须从此始。
> ——张载《诗说》

【译文】

"人如果不学习《周南》《召南》，就像面对着墙壁站立一样。"我常常深思这句话的含义，确实是这样啊，如果不从《诗经》这里做起，就像中间隔着许多事物，往前面推导不出去。大凡对修养最亲最近的，没有能超过《诗经》的，所以必须从这里开始。

【赏析】

孔子说："诵《诗》三百，授之以政，不达；使于四方，不能专对。虽多，亦奚以为？"从这里可以看出来，"诵《诗》三百"后，交给他政事是应该能够完成的，说明《诗经》也有着很强的实用性。

> ⑳
> 婢仆始至者，本怀勉勉敬心①，若到所提掇②更谨，则加谨，慢则弃其本心，便习以性成。故仕者入治朝则德日进，入乱朝则德日退，只观在上者有可学无可学尔。
> ——张载《经学理窟·学大原上》

【注释】

①勉勉敬心：尽心尽力。②提掇：督促指点。

【译文】

奴婢仆人刚到的时候,心中原本就有着尽心尽力的想法。如果他们一到家里,主人就开始监督提点,那么他们就会谨慎又谨慎;如果主人根本不管他们,那么他们就会慢慢地懈怠下来,时间长了就成了习惯。所以入朝做官,如果朝堂安定,德行就会日渐进步;如果朝堂混乱,德行就会日渐退步,就看上面的人有没有值得学习的地方。

【赏析】

张载的这番话深得领导的艺术。作为一个领导,员工刚入职的时候你就紧紧催促,那么他以后的表现不会太差,如果你开始的时候就不管不问,那么他以后肯定不会是一个优秀的员工。反过来也是这样,如果有一个优秀的领导,肯定能够从他那里学到很多东西;如果是一个不负责任的领导,恐怕能学到的只有敷衍了事了。

卷七 ／ 出处进退，辞受之义

1

伊川先生曰：贤者在下，岂可自进以求于君？苟自求之，必无能信用①之理。古人之所以必待人君致敬尽礼而后往者，非欲自为尊大，盖其尊德乐道之心不如是，不足与有为也。

——《程氏易传·蒙传》

【注释】

①信用：信任。

【译文】

程颐先生说：对于君主来说，贤人是处于下位的，怎么能够自己去君主那里求取官职呢？如果草率地求取，也不会有君主信任他、任命他的道理。古人之所以一定要君主用完备的礼仪、非常恭敬地邀请才去就任的原因，并不是妄自尊大，而是为了看看君主是不是真的有尊重德能、喜好道义的心意。如果没有，那就没有必要为其效力了。

【赏析】

古代贤人出仕都是需要一套完备的恭请礼仪，并不是贤人妄自尊大、自矜身份，而是为了考验君主是不是真的有礼贤下士的气度。如果有，当然可以一展抱负并辅佐君主成就一番事业；如果君主没有这样的气度，即使出仕也无法完全施展胸中的抱负，还不如做一个隐士呢。

2

> 君子之需时也，安静自守，志虽有须，而恬然若将终身焉，乃能用常①也。虽不进而志动者，不能安其常也。
> ——《程氏易传·需传》

【注释】

①用常：指坚持原来的志向。

【译文】

君子想要施展自己的抱负需要恰当的时机，在等待这个时机的时候要安然处之，坚守自己的心志，虽然自己的志向需要施展，但是也必然要恬然自适，好像一辈子都可以如此，才能坚持原来的志向。但如果仍然没有被选用，但是心志已经动摇了，就无法安于原来的志向了。

【赏析】

有了目标就必须坚持下去，不能因为外界环境的改变（包括各种压力的增加和各种诱惑）而随意地改变目标。

3

> 比："吉，原筮，元永贞①，无咎。"传曰：人相亲比②，必有其道；苟非其道，则有悔咎。故必推原占决其可比者而比之，所比得元永贞，则无咎。元，谓有君长之道；永，谓可以常久；贞，谓得正道。上之比下，必有此三者，下之从上，必求此三者，则"无咎"也。
> ——《程氏易传·比传》

【注释】

①元永贞：要永久中正。②亲比：亲近依附。

【译文】

比卦的卦辞说："吉祥，原来的筮辞是'元永贞'，没有过失。"《程氏易传》中说：人们互相亲近是有一定原则的；如果不按照这个原则，就会有犯错误、后悔的时候。所以必须要推究最初的是占断，可以亲近的才去亲近，如果占卜的结果是元永贞，那就没有问题了。"元"的意思是有做领导的气质，"永"的意思是目光长远，"贞"的意思是做人正派。做领导的想要让下属信服自己，就必须具备这三种品质，做下属的选举领导，也必须选择具有这三种品质的人，这样才会"没有后患"。

【赏析】

人是一种群居动物，只要进入了社会就必须有朋友，也就是俗话说的"在家靠父母，出门靠朋友"。那么选择朋友的标准是什么呢？程颐告诉了我们答案，就是要具有"元永贞"这三种品质，否则就不能成为"益友"。

4

履之初九曰："素履①，往无咎。"传曰：夫人不能自安于贫贱之素②，则其进也，乃贪躁而动，求去乎贫贱耳，非欲有为也。既得其进，骄溢必矣，故往则有咎。贤者则安履其素③，其处也乐，其进也将有为也，故得其进，则有为而无不善。若欲贵之心与行道之心交战于中，岂能安履其素乎？

——《程氏易传·履传》

【注释】

①素履：本色的、没有任何绣饰的鞋子，这里比喻无所杂念，谨慎守礼的处世态度。②素：本质。这一条的三个"素"分别有三种含义，注意区别。③安履其素：安于贫穷。

【译文】

履卦初九的爻辞是这样说的："生活质朴无华，做人清白自守，坚持下去就不会有过失。"《程氏易传》中说：人如果不能安贫乐道，那么他要求出仕的原因是贪鄙浮躁，目的是为了脱离此时的贫贱生活，而不是为了有所作为。如果真的出仕了，必定会志得意满，所以这样下去就会出现过失。品德高尚的人则安于贫贱的生活，觉得这样其乐无穷，他出仕的目的是为了有所作为，所以品德高尚的人出仕，就会有一番作为，而且没有什么是做不好的。如果心中既想着荣华富贵，又想着有所作为，怎么能够安于贫贱的生活？

【赏析】

程颐反对为了荣华富贵而出仕，他认为出仕的目的是为了施展胸中的抱负，为天下的百姓做一番事业，如果不是为了这个目的，宁愿在家过贫贱的生活也不愿意享受荣华富贵。程颐的这个观点颇有些孔子"道不行，乘桴浮于海"的意味。

5

大人于否①之时，守其正节，不杂乱于小人之群类，身虽否而道之亨也。故曰："大人否亨。"不以道而身亨，乃道否也。

——《程氏易传·否传》

【注释】

①否 pǐ：困厄，不顺。意为世道不通，小人横行。

【译文】

德性圆满的人即使处于小人横行的乱世，也会坚守自己中正的气节，不会和小人为伍，虽然身处逆境，但是却圣道亨通。所以《周易·否卦》六二爻辞说："德性圆满的人有了困厄是好事。"如果不是圣道亨通而是自身亨通，这就是圣道的灾难了。

【赏析】

无论在什么时候，哪怕斧钺加身，都要坚守自己中正的气节，不与一些品德低下的人同流合污。

6

人之所随，得正则远邪，从非则失是，无两从①之理。随之六二，苟系初则失五矣，故象曰"弗兼与②也"，所以戒人从正当专一也。

——《程氏易传·随传》

【注释】

①两从：同时依从。②兼与：兼得。

【译文】

人的选择是很重要的，选择了中正自然远离了邪恶，顺从了错误就失去了正确，没有同时拥有二者的可能。随卦的六二爻说，如果选择了第一爻那么就失去了其他五爻，所以这一卦的"象"说"不能兼得"，以此来告诫人们随从正道要专一。

【赏析】

正邪不两立，我们无法既走正道，又能获得邪恶的欢心。所以既然选择了正道，就要一心一意地走下去，不要首鼠两端、模棱两可。

7

君子所贵，世俗所羞；世俗所贵，君子所贱。故曰："贲①其趾，舍车而徒②。"

——《程氏易传·贲传》

【注释】

①贲 bì：修饰。②徒：徒步。

【译文】

君子所看重的事物，都是世俗不屑一顾的；世俗所看重的事物，都是君子所鄙夷的。所以说："整理一下脚饰，丢下车子徒步前行。"

【赏析】

君子是有原则的，不符合道义的好处他们宁愿舍弃，也要过着虽然清贫但安宁的生活。

8

蛊之上九曰："不事王侯①，高尚其事。"象曰："不事王侯，志可则②也。"传曰：士之自高尚，亦非一道③。有怀抱道德，不偶于时④而高洁自守者；有知止足之道，退而自保者；有量能度分⑤，安于不求知⑥者；有清介自守，不屑天下之事，独洁其身者。所处虽有得失小大之殊，皆自"高尚其事"者也。象所谓"志可则"者，进退合道者也。

——《程氏易传·蛊传》

【注释】

①不事王侯：不出仕做官。②则：效法之意。③一道：这里指一种情况。④不偶于时：不合时宜。⑤量能度分：衡量自己才能，计度自己天分。⑥求知：追求显达。

【译文】

蛊卦的上九爻辞说："不出仕做官取悦王侯是高尚的事。"《象辞》说："不出仕做官取悦王侯，这种志向可以作为榜样。"《程氏易传》上说：士人自己就有高洁的情操，不是只有这一种做法。胸中有着远大的抱负，可是当时的形势无法让他施展，于是洁身自好坚守志向的；有知止知足、功成身退以求自保的；有自知才疏学浅不求闻达的；有坚持清正耿直，不屑于和碌碌无为的小人为伍独善其身的。这些虽然有得失、大小的不同，都是"让自己变得高尚起来"的做法。《象辞》所说的"不出仕做官取悦王侯，这种志向可以作为榜样"，是因为进取和隐退都是符合圣贤之道的。

【赏析】

儒家对于君王的态度是很看重的，最理想的出仕方法当然是文王访太公、三顾茅庐，作为帝王之师辅弼君王；其次也要像范蠡、管仲那样尽展胸中所学，成就一番事业。如果君主没有容人的气度，不肯采纳自己的意见，他们认为这种出仕就是"事王侯"，会用退隐山林来做无声抗议的。

9

遁者，阴之始长，君子知微，固当深戒。而圣人之意，未便遽已也，故有"与时行①"、"小利贞②"之教。圣贤之于天下，虽知道之将废，岂肯坐视其乱而不救？必区区③致力于未极之间，强此之衰，艰彼之进，图其暂安。苟得为之，孔孟之所屑为也，王允④、谢安⑤之于汉、晋是也。

——《程氏易传·遁传》

【注释】

①与时行：顺势而行。②小利贞：小有利益。③区区：勤苦。④王允：字子师，太原祁（今山西祁县）人，东汉末年曾担任司徒。当东汉大势已去的时候，他仍然试图诛杀宦官和董卓，让东汉重新延续下去。⑤谢安：字安石，陈郡阳夏（今河南太康）人，东晋著名政治家。他策划了著名的淝水之战，为风雨飘摇的东晋赢得数十年的清平安和。

【译文】

"遁"，代表着阳气消失、阴气滋长，君子知道这是告诉自己隐退的征兆，必须要引以为戒。不过圣人的意思并不是要马上停止，所以有了"顺势而行""会有一点小收获"的教导。圣贤对于天下是非常关心的，虽然知道秩序即将崩溃，又怎么能够坐看天下大乱而不出手相救？在一切都无可挽回之前，圣人必然尽最大的努力加强守护的力量，延缓秩序崩溃的速度，试图让天下再安定一段时间。如果能够做到的话，即使是孔子、孟子也认为值得去做，就像东汉末年的王允、西晋末年的谢安，做的都是这样的事啊。

【赏析】

虽然知道乱世即将来临，圣人也不会抽身而去，他们仍然想要为天下的苍生做些什么，哪怕只是微不足道的小事。

10

明夷初九，事未显而处甚艰，非见几之明①不能也。如是，则世俗孰不疑怪②？然君子不以世俗之见怪，而迟疑其行也。若俟众人尽识，则伤已及而不能去矣。

——《程氏易传·明夷传》

【注释】

①见几之明：见微知著的智慧。②疑怪：诧异。

【译文】

明夷卦的初九爻，说明事态还没有发展到世人皆知的地步，但是处境已经很艰难了，如果不是见微知著的君子，是无法看出这一点的。如果这时候君子采取了行动，世俗之人怎么能够不怀疑他的动机呢？但是君子不因为世俗的看法就行动迟疑。如果等到世俗的人都知道了事态的严重性，伤害已经到来而躲不开了。

【赏析】

君子能够见微知著，世俗的人除非到了很明显的地步，否则是无法明白事态严重性的。因此君子如果想要有所作为，就不必等到大家都明白自己的苦衷，只管去做就是了。

11

晋之初六，在下而始进，岂遽能深见信于上？苟上未见信，则当安中自守，雍容宽裕，无急于求上之信也。苟欲信之心切，非汲汲以失其守，则悻悻①以伤于义矣，故曰："晋如②摧如③，贞吉，罔孚④，裕⑤无咎。"然圣人又恐后之人不达宽裕之义，居位者废职失守以为裕，故特云"初六裕则无咎"者，始进未受命当职任故也。若有官守，不信于上而失其职，一日不可居也。然事非一概，久速唯时，亦容有为之兆者。

——《程氏易传·晋传》

【注释】

①悻悻：愤恨难平的样子。②晋如：晋升。③摧如：遭受挫折。④罔孚：没有信用。⑤裕：从容。

【译文】

《晋》卦的初六爻，说的是居于下位的人刚刚升官，怎么能够马上就获得上位者的信任呢？如果上位者没有立刻相信自己，就要安心地守持正道，从容不迫地做好手头上的工作，不要急切地想让上位者信任自己。如果想让上位者信任自己的心情太急切了，不是汲汲于名利丧失了自己的操守，就是对上位者愤愤不平失去了道义，所以这一爻的爻辞说："晋升的道路上受到了挫折，坚持中正就能够吉祥，没有得到信任，心态从容优裕就不会有过失。"然而圣人又害怕后人不明白"从容优裕"的含义，认为放弃了职责就是"从容优裕"，所以特地说明"在初六这一爻里心态从容优裕就不会有过失"，就是针对刚刚获得了晋升、但是还没有接到正式任命的人来说的。如果是有了职务的，但没有获得上位者的信任丢失了自己的职务，一天也不能呆下去。不过事情也不能一概而论，究竟是缓离还是速去要根据时机来确定，也要看看有没有征兆出现。

【赏析】

刚刚获得提升，上司对你的品行、能力还没有足够的了解，又怎么能够立刻就相信你、重用你呢？这时候最好的办法就是安心做事，免得给上位者留下不好的印象。等到自己的品行和能力都展现出来了，获得信任和重用也就是水到渠成的事了。

12

不正而合，未有久而不离者也。合以正道，自无终睽①之理。故贤者顺理而安行，智者知几而固守。

——《程氏易传·睽传》

【注释】

①睽：违背。

【译文】

以不正之道聚合在一起的人，时间长了没有不闹崩的。以正道聚合在一起的人，自然没有分离的道理。所以贤人都是遵循正理缓缓前行，圣人都是明察征兆固守正道。

【赏析】

只有志同道合的朋友才是真正的朋友，如果志向不同，价值观不同，那么双方的交往必将是痛苦的煎熬，不会有好的结果。

13

君子当困穷之时，既尽其防虑①之道而不得免，则命也。当推致其命②，以遂其志。知命之当然也，则穷塞③祸患不以动其心，行吾义而已。苟不知命，则恐惧于险难，陨获④于穷厄，所守亡矣，安能遂其为善之志乎？

——《程氏易传·困传》

【注释】

①防虑：因顾虑而有所提防。②推致其命：推究天命。③穷塞：困厄。④陨获：困迫失志，忧闷不安。

【译文】

君子在困顿穷厄的时候，如果已经穷尽了可以防范的措施，但是仍然不能避免事情的发生，这就是命中注定的。这时候就应该推究穷尽天命，来实现自己的志向。如果真的是天命就应该是这个样子的，那么不论是困难还是祸患都不要动摇自己的心志，只管践行自己的道义就是了。如果不知道天命是什么，那么遇到了困难就会恐惧，在贫困穷苦中失去志气，操守就丧失了，哪里还能够实现自己行善的志向呢？

【赏析】

做事情没有一帆风顺的，成功之前总是有着这样或那样的困难。要明白这就是对我们的考验，要坦然地面对这一切，坚定自己的志向不动摇，总有志向得以实现的那一天。

> **14**
>
> 寒士之妻，弱国之臣，各安其正而已。苟择势①而从，则恶之大者，不容于世矣。
>
> ——《程氏易传·困传》

【注释】

①势：威势。

【译文】

作为寒门小户的妻子、弱小国家的臣子，都要安然面对自己的境况。如果舍弃了自己的职责，投奔更富有的人或者更强大的国家，这就是最大的罪恶，天下的人都看不起这样的人。

【赏析】

家庭贫穷、国家软弱，这不是改嫁和叛国的理由。如果想要改变现状，应该做的就是奋发图强，让自己的家庭富裕起来，让自己的国家强大起来。

> **15**
>
> 井之九三，渫治①而不见食，乃人有才智而不见用，以不得行②为忧恻也。盖刚而不中③，故切于施为④，异乎"用之则行，舍之则藏"者矣。
>
> ——《程氏易传·井传》

【注释】

①渫治：过滤澄清。②不得行：无法有所作为。③刚而不中：九三爻为阳爻居阳位，故刚；九三爻居下卦之上位，故不中。④切于施为：迫切地想要施展才能。

【译文】

井卦的九三爻辞说，水井淘好了，却没有人吃里面的水，这就像一个人空有才华智慧，却不被上位者所重用，胸中的抱负无从施展而忧心悲痛。

这一爻刚而不中，所以代表着急切地想要有所作为，不能施行而忧伤痛心。九三爻是以阳爻处于刚位，但却不在下卦之中位，和"任用就去实行，不任用就去归隐"有所不同。

【赏析】

有才华有抱负，可是却没有施展的机会，心中当然是忧愁哀痛的。虽然如此，也要不急不躁，努力做好准备。一旦时机到来，就可以"一朝尽展凌云志"了。

16

革之六二，中正①则无偏蔽，文明②则尽事理，应上则得权势，体顺则无违悖。时可矣，位得矣，才足矣，处革之至善者也。必待上下之信，故"巳日③乃革之"也。如二之才德，当进行其道，则吉而无咎也。不进，则失可为之时，为有咎也。

——《程氏易传·革传》

【注释】

①中正：革卦六二阴爻居下卦之中位，故中；以阴爻居阴位，故正。②文明：事物的纹理脉络明白清晰。"文"，同纹。③巳日：有多种说法，一说为天干之"巳"日；一说为天命已至之"已"日；一说为祭祀之日。"巳"通"祀"。

【译文】

革卦的六二爻有着中正、文明、应上、体顺四个特性。中正了，就没有了障碍；文明了，就能够穷尽事物的道理；应上了，就代表着有了权力；体顺了，意味着没有人会违背命令。时机到了，权力有了，才能够了，这正是变革最好的条件。还必须要上下一心，所以说"祭祀的那天就进行变革"。像六二爻这样的才德，应该推行它的原理准则，这样就只有吉祥而没有过失。如果不推行，就是失去了可以推行的时机，本身就是过失了。

【赏析】

如果条件具备了，就要放开手脚地去做，不做就是错误的，会有严重的后果，也就是古语说的"天予弗取，必受其咎，时至不行，反受其殃"。

17

鼎之"有实"，乃人之有才业①也，当慎所趋向。不慎所往，则亦陷于非义。故曰："鼎有实，慎所之也。"

——《程氏易传·鼎传》

【注释】

①才业：才学。

【译文】

鼎中"有实物"，代表着人心中有才华有功业，必须慎重地决定自己的方向。如果不慎重决定所要去的地方，就会陷入不义之中。所以象辞说："鼎中有实物，要谨慎地选择去向。"

【赏析】

胸中有才华当然是好事，但是选择也很重要。你是愿意跟着尧舜造福万民呢？还是跟着桀纣为虎作伥呢？选择不同，就会有不同的人生。

18

士之处高位，则有拯①而无随②。在下位，则有当拯，有当随，有拯之不得而后随。

——《程氏易传·艮传》

【注释】

①拯：援救。这里指匡正错误。②随：指听之任之。

【译文】

士子如果处于高位，看到下属有了错误只能匡正，而不能听之任之。如果处于下位，当上位者有了错误，有的可以匡正，有的只能听之任之，有的匡正后如果上位者不改变，也就只好听之任之了。

【赏析】

指出下属的错误并要求其改正,是上司的职责,所以"有拯而无随";作为下属,上司有了错误时,要考虑到上司的威信,所以才有匡正的,有听之任之的,也有先匡正后听之任之的。

19

"君子思不出其位。"位者,所处之分①也。万事各有其所,得其所则止而安。若当行而止,当速而久②,或过或不及,皆出其位也,况逾分非据③乎?

——《程氏易传·艮传》

【注释】

①分:本分。②久:缓慢。③非据:占据了不应占据的位置。

【译文】

"君子的心思不要超出自己的本位。"本位说的是自己的职责范围。天下万事万物都有自己的位置,到了自己的位置就要停止安定下来。应该前进却停了下来,应该加速却慢了下来,或者过度或者不足,都是超出了自己的范围,何况逾越了本分占据了不应该占据的位置呢?

【赏析】

"不在其位不谋其政",做好自己的本职工作就可以了,不要对他人的工作指手画脚,干些出力不讨好的事。

20

人之止①,难于久终,故节或移于晚,守或失于终,事或废于久,人之所同患也。艮之上九,敦厚于终,止道之至善也。故曰:"敦艮②吉。"

——《程氏易传·艮传》

【注释】

①人之止:这是程颐对《易经·艮卦》上九一爻发挥的道理。艮卦上

下卦象均为艮，象征抑止。②敦艮：敦厚，无任何私欲。

【译文】

人即使知道必须止于至道，也很难坚持到最后，所以有的人在晚年丧失了气节，有的人最后失去了操守，有的事因为时间长了而荒废，这是所有人的通病。艮卦的上九爻象征着始终保持敦厚的态度。所以才说"止于敦厚是吉祥"。

【赏析】

做事情贵在坚持。只有坚持下去才有可能成功。如果不能坚持，哪怕停在了成功前的那一刻，仍然是失败的。

㉑

中孚之初九曰："虞吉。"象曰："志未变也。"传曰：当信之始，志未有所从，而虞度①所信，则得其正，是以吉也。志有所从，则是变动，虞之不得其正矣。

——《程氏易传·中孚传》

【注释】

①虞度：谋划、思虑。

【译文】

中孚卦的初九爻辞说："预计是吉祥的。"象卦说："心志没有改变。"《程氏易传》说，应该是开始的时候，心志没有偏向某一方，这样预测出来的结论才是正确的。心志有了偏向就会变化，预测出来的结果也就不正确了。

【赏析】

当判断一个事物时，如果事先就有了偏见，就很难得到正确的结论。所以预估一个事物，必须要立场中正。

22

贤者惟知义而已,命在其中。中人以下,乃以命处义①,如言"求之有道,得之有命,是求无益于得"。知命之不可求,故自处以不求。若贤者则求之以道,得之以义,不必言命。

——《二程遗书》卷一

【注释】

①以命处义:认为命由天定,以命定的观点看待义。

【译文】

有贤德的人只是按照义理做出判断,天命自然就在决断中表现出来。资质修养在中等以下水平的人,却按照天命有定的观点来处理义理。就像孟子说的"可以按照一定的方法去追求,可是能不能得到是命中注定的,追求本身对能不能得到是不起作用的"。知道命中注定得不到这个结果,所以就安然处之不再去追求。就像有贤德的人,追求的手段符合原则,得到的结果符合义理,根本就不考虑天命有无的问题。

【赏析】

这是程颐对"命中注定没有,何必再去努力"观点的驳斥。在程颐看来,只要追求的手段是光明正大的,获得的结果也是符合道义的,为什么不努力追求呢?

23

人之于患难,只有一个处置,尽人谋之后,却须泰然处之。有人遇一事,则心心念念不肯舍,毕竟何益?若不会处置了放下,便"是无义无命也"。

——《二程遗书》卷二上

【译文】

对于患难,人应该只能有一种做法,就是尽到了努力之后,就随它去吧!

有人碰到了一件事,心里一直念念不忘无法放下,那对人的身心修养有什么好处呢?如果学不会尽力之后便放下,这便是对道义和天命体会得不够。

【赏析】

事情来了,就要尽最大的努力去应对,这叫"尽人事";做完所有的努力后,事态的发展已经无能为力了,就心态平稳地旁观事态的发展,这就叫"听天命"。如果一直放不下,不仅对事态的发展没有任何帮助,还让自己的心情受到影响。

24

门人有居太学①而欲归应乡举②者,问其故,曰:蔡人③鲜习戴记④,决科⑤之利也。先生曰:汝之是心,已不可入于尧舜之道矣。夫子贡⑥之高识,曷尝规规⑦于货利哉?特于丰约⑧之间不能无留情⑨耳。且贫富有命,彼乃留情于其间,多见其不信道也,故圣人谓之"不受命"。有志于道者,要当去此心而后可与语也。

——《二程遗书》卷四

【注释】

①太学:古代中央政府设立的最高学府。②乡举:乡试。③蔡人:上蔡地方的人。④《戴记》:《大戴礼记》,前人多传谓其书成于西汉末礼学家戴德(世称"大戴")之手,现代学者研究其书应在东汉中期,也可能是大戴后学为传习《士礼》编定的参考资料汇集。⑤决科:指参加科举考试。⑥子贡:端木赐,字子贡,卫国的大商人,"孔门十哲"之一,孔子曾称其为"瑚琏之器"。⑦规规:见识浅陋。⑧丰约:指贫富。⑨留情:动情。

【译文】

有个学生在太学读书,却希望能够回到故乡应举,程颐问他为什么这样做,他说:"上蔡这个地方很少有学习《大戴礼记》的,这对我的考试是很有利的。"程颐说:"你有了这个想法,就无法进入尧舜之道了。像子贡那么高的才识,什么时候拘泥到财利了呢?只不过是在物资的丰饶和贫乏之间做不到不动情罢了。而且人的贫穷和富裕是上天注定的,他却留情于贫穷和富裕之间,大致上可以看出他是不信奉天命之道的,所以孔子说他'不禀受天命'。想要成就圣贤之道的人,只有去除了这种心思才能和他谈论圣贤之道。"

【赏析】

程颐这个学生的想法就是想要钻空子,应该是心性还没有修养到位,所以程颐才有了这番教导。

25

人苟有"朝闻道,夕死可矣"之志,则不肯一日安于所不安也。何止一日,须臾不能。如曾子易箦①,须要如此乃安。人不能若此者,只为不见实理。实理者,实见得是,实见得非。凡实理得之于心自别,若耳闻口道者,心实不见,若见得,必不肯安于所不安。人之一身,尽有所不肯为,及至他事又不然。若士者,虽杀之,使为穿窬②,必不为,其他事未必然。至如执卷者,莫不知说礼义,又如王公大人,皆能言轩冕③外物,及其临利害,则不知就义理,却就富贵。如此者只是说得,不实见,及其蹈水火,则人皆避之,是实见得,须是有"见不善如探汤④"之心,则自然别。昔曾经伤于虎者,他人语虎,则虽三尺童子,皆知虎之可畏,终不似曾经伤者神色慑惧,至诚畏之,是实见得也。得之于心,是谓有德,不待勉强。然学者则须勉强。古人有捐躯陨命者,若不实见得,则乌能如此?须是实见得生不重于义、生不安于死也。故有"杀身成仁",只是成就一个是而已。

——《二程遗书》卷十五

【注释】

①曾子易箦:曾参临死的时候,发现自己铺的席子是季孙送给他的大夫专用的席子,他是没有这个资格用这种席子的。为了遵从礼法的要求,他就让他的儿子给他另外换一张席子。箦 zé:竹席。②穿窬:指盗窃行为。窬 yú:墙上的洞。③轩冕:原指古时大夫以上官员的车乘和冕服,后引

为借指官位爵禄、国君或显贵者。④汤：热水。

【译文】

人如果有"朝闻道，夕死可矣"的志向，必定有一天也不会在不应该安处的地方安处，别说一天了，连一刻都无法做到。就像曾参换席子那样，必须要这样做了才能心安。人无法做到这一点的原因，是因为他没有见到实理。什么是实理呢？就是确实知道了什么是对、什么是错。实理是自己悟出来的，自然有所不同。像那些只是耳朵听听、嘴巴说说的道理，心里确实没有明白，如果真的明白了，必然不肯在不应该安处的地方安处。人生在世有许多不肯做的事情，但是有了其他事就不一样了。例如一个士子，你让他去穿门过户去做偷盗的事，即使是杀了他，他也不会干，但是让他干其他的事就不一定不干了。像那些读书人，通晓所有礼仪，又像那些王公大臣，一个个都说权力地位是身外之物，真的到了要选择利害的时候，却都不会选择义理，而是选择荣华富贵。像这样的人就只是嘴上说说道理，并不是真的明白，看到烈火、深水的时候，每个人都会马上避开，这就是因为人确实知道烈火、深水的危险。人应该有"看到了不善的事就像把手伸到了沸水里"的心情，自然就和一般的人不同了。过去曾经有个被老虎咬伤的人，其他人说到老虎的时候，虽然三尺高的小孩，都知道老虎的可怕，终究没有这个曾经被老虎咬伤的人那样神情恐惧，这是发自骨子里的害怕，就因为他是真的知道老虎是多么可怕。心里有了感悟，这就是有德，不用刻意地强迫自己。不过做学问还是需要勉力的。古人曾经有为了道义丢掉性命的，如果不是他们确实知道了什么是道义，他们能做到这样吗？必定是知道了生命没有道义重要、苟且偷生不如慷慨赴死安心，所以才有了"舍弃生命成就仁义"的壮举，目的就是为了证明自己认识到的是正确的。

【赏析】

程颐认为只有真正明白了道理的正确性，才能自动地去施行。人也只有明白了道理，才会去做自己本来就应该做的事情，而不是为了其他目的去做，这也是本条最后"只是成就一个是而已"的含义。

26

孟子辨舜、跖之分，只在义利之间。言"间"者，谓相去不甚远，所争毫末尔。义与利，只是个公与私也，才出义，便以利言也。只那计较，便是为有利害。若无利害，何用计较？利害者，天下之常情也。人皆知趋利而避害，圣人则更不论利害，惟看义当为不当为，便是命在其中也。

——《二程遗书》卷十七

【译文】

孟子区别舜和盗跖的标准，主要在义和利之间。说"间"，就是说义和利区别不是太大，相差只是一点点。所谓的义和利也就是公和私，刚超出了义的范围，就可以说是利了。只要起了计较的心思，就是因为有了利害，如果没有利害，又何必去计较呢？计较利害是人之常情，谁都知道要寻求对自己有利的，逃避对自己有害的，圣人行事则不是从利害出发的，只是看从义理上来说这件事应该不应该做，这样做天命也就在里面了。

【赏析】

这一条说的是"义利之辨"和"以义说命"，程颐分析得十分透彻，也充分说明了儒家最重要的目的就是为了让人把纯粹的道德意识表现出来。

27

大凡儒者，未敢望深造于道，且只得所存正、分别善恶、识廉耻，如此等人多，亦须渐好。

——《二程遗书》卷十七

【译文】

对于一般的儒生，我不敢期望他们能在圣贤之道上有多么高深的造诣，只要他们能存心端正、明辨善恶、知晓廉耻就可以了。像这样的人多了，世间的风气也就渐渐地好了。

【赏析】

不是每个人都能够成为圣人的，孔门弟子三千，能够称得上"贤者"的也不过是七十二人。可是即使无法成为圣人，能够提高自己的修养，做到"所存正、分别善恶、识廉耻"，也是一个很大的进步，对整个社会也有着积极的意义。

28

赵景平①问："子罕言利"，所谓利者，何利？曰：不独财利之利，凡有利心便不可。如作一事，须寻自家稳便处，皆利心也。圣人以义为利，义安处便为利。

——《二程遗书》卷十六

【注释】

①赵景平：程颐门人。

【译文】

赵景平问程颐："孔子很少谈论关于利的问题，这里的'利'究竟是什么呢？"程颐告诉他，不光是金钱方面的利益，只要起了对自己有利的心思就不可以。就像做一件事，想要找到一个对自己方便稳妥的方法，这都属于'利'的范畴。圣人把义当成利，只要有了义理之安就是利。

【赏析】

后世的一些儒生通常认为"子罕言利"中的"利"是金钱，所以常常摆出一副视金钱如粪土的姿态。其实这是不对的，孔子反对的是"利己"而不是金钱，不然子贡这样的大商人何以列入七十二贤之列？

29

问：邢恕①久从先生，想都无知识，后来极狼狈。先生曰：谓之全无知则不可，只是义理不能胜利欲之心，便至如此。

——《二程遗书》卷十九

【注释】

①邢恕：字和叔，郑州原武人，因排行第七故称邢七。邢恕早年曾求学于二程门下，中进士后为达目的不择手段，人称"四凶"之一。

【译文】

有人问："邢恕曾长期跟着您学习，想来他都没有学到什么知识，所以后来才那么狼狈不堪。"先生说："说他完全没有知识是不对的，只不过是他心中的义理无法胜过利欲，所以才到了这种地步。"

【赏析】

邢恕能中进士，足以说明他胸中所学超过了大部分的读书人，怎么能够说他无知呢？能够得到司马光、吕公著等大臣的青睐，也说明邢恕有足够的能力。可惜的是这个人修养不好，一旦得志就开始构陷他人、误国误民，后来被列入《宋史》的奸臣传中遗臭万年。

30

谢湜①自蜀之京师，过洛而见程子。子曰：尔将何之？曰：将试教官②。子弗答。湜曰：何如？子曰：吾尝买婢，欲试之，其母怒而弗许，曰："吾女非可试者也。"今尔求为人师而试之，必为此媪③笑也。湜遂不行。

——《二程遗书》卷二十一上

【注释】

①谢湜：谢湜是谢守中（世称雾隐先生）的儿子，字持正，四川金堂人，神宗元年中进士，官至国子博士。②教官：古时掌管一地教育的官员。③媪：老太太。

【译文】

谢湜从蜀中去东京，经过洛阳的时候去拜会程颐先生。先生问他："你这是去哪里呀？"谢湜说："我准备去试做一下教官。"先生没有回答他。谢湜追问："我这种做法怎么样？"先生："我以前买婢女的时候，想先要试一下，她的母亲非常生气地拒绝了我，还说'我的女儿怎么能够试用呢。'现在你想要试做人家的老师，肯定会被这个老太太笑话的。"谢湜听了先生的话，就打消了这种想法。

【赏析】

想要去试做，就说明没有自信能够做好。既然对自己都没有信心，那还是不要去做了。况且掌管一地的教化是何等的重任，又怎么能够试做呢？

31

先生在讲筵[①]，不曾请俸，诸公遂牒[②]户部，问不支俸钱。户部索前任历子[③]，先生云："某起自草莱[④]，无前任历子。"（本注：旧例：初入京官时，用下状[⑤]出给料钱历。先生不请，其意谓朝廷起我，便当"廪人继粟、庖人继肉[⑥]"也。）遂令户部自为出券历[⑦]。又不为妻求封[⑧]。范纯甫[⑨]问其故，先生曰："某当时起自草莱，三辞然后受命，岂有今日乃为妻求封之理？"问："今人陈乞恩例[⑩]，义当然否，人皆以为本分，不为害。"先生曰："只为而今士大夫道得个'乞'字惯，却动不动又是乞也。"问："陈乞封父祖如何？"先生曰："此事体又别。"再三请益，但云："其说甚长，待别时说。"

——《二程遗书》卷十九

【注释】

①讲筵：讲筵有两种含义，一是讲经、讲学的场所；二是特指天子的经筵。②牒：公文、文书。③历子：宋代料粮院掌发俸禄，有料钱历，据状注明各官授官日月，发给本人，凭以赴户部领支俸钱。料钱历即"历子"。④草莱：本义田野、杂草，此指平民、未出仕为官者。⑤下状：投递状子。⑥廪人继粟、庖人继肉：让掌管粮仓的人送来谷米，让掌管膳食的人送来肉食。出自《孟子》，指国君对投奔的贤士生活上的优待。⑦券历：指料钱历。⑧封：赐封爵位尊号。⑨范纯甫：范祖禹，字淳甫。⑩陈乞恩例：向皇帝陈述请求，乞求恩赐。

【译文】

程颐先生在讲学的时候，户部一直没有给他发俸禄，他也没有去要。

几位同僚听说了，就向户部发了公文问是怎么回事。户部就向先生要他原先职位上的料钱历。先生说："我从前是一个老百姓，哪里有料钱历呀。"（原注：按旧例，刚到京城做官要递交状子，以此作为出具料钱历的证明材料。程颐先生没有去领俸禄，意思是既然朝廷请我来做官，就应该像"廪人继粟、庖人继肉"那样给我送来。）于是他让户部自己出了料钱历。先生也没有为他的夫人求取封号。范祖禹问他为什么这样做，先生说："当初朝廷召请的时候我只是一个平头百姓，推辞了好几次都没有推辞掉，这才接受了任命，现在哪里有为妻子求取封号的道理呢！"范祖禹说："现在人们都会乞求皇帝按旧例给自己封赐，当然这种做法不符合'义'，可是大家都已经把这种做法当成了自己应该得到的，没什么不好的。"先生说："就是因为现在的士大夫说'乞'说习惯了，动不动就去'乞'。"范祖禹问："给皇帝上表请封父祖怎么样？"先生说："这就是另外一种性质的事了。"范祖禹再三地请他解释，先生只是说："这个问题说来话长，以后有时间再说吧"。

【赏析】

向皇帝为妻子、孩子乞求封赐，这就是利，君子是不应该这样逐利的，而为自己的父亲、爷爷乞求封赐是光宗耀祖，属于孝道，是可以做的。

32

汉策贤良[①]，犹是人举[②]之。如公孙弘[③]者，犹强起之乃就对[④]。至如后世贤良，乃自求举尔。若果有曰"我心只望廷对[⑤]，欲直言天下事"，则亦可尚已。若志富贵，则得志便骄纵，失志则便放旷[⑥]与悲愁而已。

——《二程遗书》卷一

【注释】

①汉策贤良：指汉朝的人才选拔制度。②人举：推举。③公孙弘：名弘，字季，齐地菑川人，汉武帝时先后两次被国人推荐，征为博士，西汉名臣。④就对：指接受对答的要求。⑤廷对：指在朝廷中应答皇帝的询问。⑥放旷：放逸无度。

【译文】

汉朝时选拔人才靠的是他人的推荐,像公孙弘那样的人,必须朝廷强行召请才出仕。到了后世的贤良,都是自己推荐自己了。如果真的有个人说"我心里只想着做官,和皇帝说一下我对天下的看法",这也是可以推崇的。如果只是为了荣华富贵,那么如果心愿得偿就会骄横放纵,没有达成就会放浪形骸、悲苦无度。

【赏析】

如果真有为国为民的心愿,那么毛遂自荐也不是不可以的;如果只是为了权力和地位,这种行为就不值得推崇了。

33

伊川先生曰:人多说某不教人习举业①,某何尝不教人习举业也。人若不习举业而望及第,却是责天理而不修人事。但举业既可以及第即已,若更去上面尽力求必得之道,是惑也。

——《二程遗书》卷十八

【注释】

①习举业:学习应试、应举的课程。

【译文】

程颐先生说:"好多人说我不教给学生应举的课业,我哪里不教学生应举的课业。如果不学习应举的课业,却希望自己能够考中,这就是苛责上天之理而自己不努力了。只要学习了应举的课业,能够考中就可以了,如果还要进一步竭尽全力地寻求考中的方法,这就是晕了头呀。"

【赏析】

学业的水平已经到了可以考中的程度了,但是在考试时还有各种因素影响到考生的发挥,谁也没有保证必然考中的方法,所以程颐说这样的人是晕了头。

34

问：家贫亲老，应举求仕，不免有得失之累①，何修可以免此？伊川先生曰：此只是志不胜气②，若志胜，自无此累。家贫亲老须用禄仕，然"得之不得为有命"。曰：在己固可，为亲奈何？曰：为己为亲，也只是一事。若不得，其如命何？孔子曰："不知命，无以为君子。"人苟不知命，见患难必避，遇得丧必动，见利必趋，其何以为君子？

——《二程遗书》卷十八

【注释】

①得失之累：患得患失。②志不胜气：坚定专一，不因物而动。

【译文】

有人问："我家里比较贫穷，双亲都已经年迈，因此想要去应举求个一官半职。担心自己不能考中，心里一直患得患失，我要怎么做才能不患得患失呢？"程颐先生说："你这种情况就是心志无法战胜气性，如果心志胜出了，自然不会有这种情况。家境贫困、双亲年迈，当然需要做官用俸禄来奉养他们，然而'能不能做官都是天命决定的'。"那人接着问："对于我自己来说当然是没有问题的，可是我还有双亲呢，怎么办呢？"先生说："不管是为了自己还是为了双亲，这都是一回事。如果没有得到官职，又能拿天命怎么办呢？孔子说：'不知道天命，就不能称之为君子。'人如果不知道天命，有了患难之事必定会躲开，见到了利益必定会争抢，这种行为怎么能够称为君子呢？"

【赏析】

家境贫困、双亲年迈，想要用俸禄来奉养双亲当然是值得肯定的。但是能不能做官都是天命决定的，不能对此抱太大的希望，何况想要改善家境有许多办法，又何必非要做官呢？而且这个人的动机也有问题，可能奉养双亲只是一个借口，所以程颐才点出来"为己为亲，也只是一事"，而且说了一番道理来教育他。

> **35**
>
> 或谓科举事业夺人之功①，是不然。且一月之中，十日为举业，馀日足可为学。然人不志此，必志于彼。故科举之事，不患妨功，惟患夺志。
>
> ——《二程外书》卷十一

【注释】

①夺人之功：指占用了做学问的时间。

【译文】

有人说，学习科举的课业占用了修学圣道的时间，这种说法是不对的。一个月里用十天的时间来学习科举的课业，剩下的时间足够去学习圣贤之道了。然而人的志向不是在这里，就必定是在那里，所以科举这件事不必担心它会妨碍自己学习圣贤之道，只担心它会改变自己的志向。

【赏析】

担心科举妨碍学习圣贤之道纯粹是无稽之谈，在科举中考中的不乏学识渊博的大儒。只要有志于圣贤之道，时间总是可以抽出来的，只有那些把中举入仕当成人生目标的人，才会有这样的感叹。

> **36**
>
> 横渠先生曰：世禄①之荣，王者所以录②有功，尊有德，爱之厚之，示恩遇③之不穷也。为人后者，所宜乐职劝功④，以服勤事任⑤，长廉远利⑥，以似述世风⑦。而近代公卿子孙，方且下比布衣，工声病⑧，售有司⑨。不知求仕非义，而反羞循理为无能；不知荫袭为荣，而反以虚名为善继，诚何心哉！
>
> ——张载《横渠文集·策问第五》

【注释】

①世禄：指贵族世代享有爵禄。②录：采取任用。③恩遇：恩情礼遇。

④乐职劝功：乐于本职工作，努力建功立业。⑤服勤事任：勤劳地服侍职事。⑥长廉远利：养廉避欲。⑦似述世风：传承世家风范。⑧工声病：这里指专门研究写作诗赋的技巧。⑨售有司：考取官职。

【译文】

张载先生说：爵禄世代相传，是何等的荣耀啊！这是帝王用来任用有功之臣、尊崇厚德之士，关爱他们、厚待他们，表示帝王的恩德、礼遇不会停止的。作为世家的后代，应该做的就是安心地在自己承袭的职守上建功立业，勤勤恳恳地做好本职工作，长期保持廉洁的操守，远离利益的诱惑，继承并流传下去世家的风范。然而近代的公卿子弟却不是这样做的，他们自降身份把自己当成寒门的士子，研究如何把文章写得更好，希望能得到一官半职。他们不知道追求官职是不符合大义的，反而认为顺理成章地继承爵位是一种无能的表现；不知道承袭先人的余荫是荣誉的事，反而认为通过了科举取得的功名才是光宗耀祖，这是什么样的心理呢！

【赏析】

与国同休的爵位代表着帝王对臣子功劳的认可，对臣子来说是无上的荣耀。后代继承先人留下的爵位，不代表自己无能，而是对先人功劳和荣耀的认可。如果一心通过自己的努力获得官职，也就意味着看不上先人功劳和荣耀，这让先人又情何以堪呢？

37

不资①其力而利其有，则能忘人之势。

——张载《孟子说》

【注释】

①资：凭借。

【译文】

不想着借助他人的力量、不想凭借他人的财富，就能够忘却这个人的威势。

【赏析】

一个人权势再大、财富再多，如果没有借助他的想法，我又害怕他什么呢？这也就是人们所说的"无欲则刚"。

> **38**
>
> 人多言安于贫贱，其实只是计穷、力屈、才短，不能营画①耳。若稍动得，恐未肯安之。须是诚知义理之乐，于利欲也乃能。
>
> ——张载《经学理窟·气质》

【注释】

①营画：经营谋划（生活）。

【译文】

很多人说自己对贫穷和地位低下的处境非常满意，其实只不过是他谋略不足、能力不够、才学短浅，不知道如何经营谋划罢了。如果有改善处境的机会，恐怕他未必会安于自己的处境。只有真正知道义理比利益、欲望更能使人快乐的人，才能够做到安于贫贱。

【赏析】

很多人都说自己对目前的生活很满意，其实这只是他的遮羞布，真正的原意就是他没有能力改善自己的处境。

> **39**
>
> 天下事，大患只是畏人非笑①。不养车马，食粗衣恶②，居贫贱，皆恐人非笑。不知当生则生、当死则死，今日万钟③明日弃之，今日富贵明日饥饿亦不恤④，惟义所在。
>
> ——张载《经学理窟·自道》

【注释】

①非笑：讥笑。②食粗衣恶：吃粗糙的食物，穿不好的衣服。这里代指吃不饱穿不暖。③万钟：原指大量的粮食，后指俸禄优厚，生活富裕。"钟"

是古代的计量单位。④恤：忧虑。

【译文】

天下所有的事中，最令人害怕的就是被别人嘲笑。买不起车辆和马匹，吃不饱穿不暖，生活贫穷卑贱，都怕被人嘲笑。却不知道当生就生，当死就死。今天钟鸣鼎食，明日一贫如洗；今天家财万贯，明日沟边饿殍。这些都不值得顾虑，只要义在身边就可以了。

【赏析】

"义"才是一个人最大的财富。有了"义"在身边，不管经济条件是好是坏，地位是高是低，都是一个高尚的人、一个令人尊敬的人。

卷八／治国平天下之道

1

明道先生尝言于神宗①曰：得天理之正，极人伦之至者，尧舜之道也。用其私心，依仁义之偏者，霸者之事也。王道如砥，本乎人情，出乎礼义，若履大路而行，无复回曲。霸者崎岖反侧于曲迳之中，而卒不可与入尧舜之道。故诚心而王②，则王矣；假之而伯③，则伯矣。二者其道不同，在审其初而已。易所谓"差若毫厘，缪以千里"者，其初不可不审也。惟陛下稽④先圣之言，察人事之理，知尧舜之道备于己，反身而诚之，推之以及四海，则万世幸甚。

——《二程文集》卷一《论王霸札子》

【注释】

①神宗：指宋朝的第五个皇帝赵顼，神宗是他的庙号（皇帝去世后所用的称号）。②王：实行王道。③伯：通"霸"，推行霸业。④稽：考核，核查。

【译文】

程颢先生曾对宋神宗说："能够体现天道正理，并充分彰显人伦之义的是尧舜之道。私心作祟，假借仁义达成自己的目的，就是霸道了。王道平平坦坦，根源在人情，表现于礼仪，就像沿着大路往前走，根本没有回旋往复。霸道就不同了，就像走在崎岖蜿蜒的小路上，最终也无法走上尧舜之道。诚心实行仁义之道称王天下，就是王道；假借仁义之道称霸天下，就是霸道。二者的道路不同，是因为当初的选择不同。《周易》上说差之毫厘谬以千里，最初那一刹的心思不能不审察呀。希望陛下能够考核以前圣人的言论，明察各种人情世事，知道自身本来就具有尧舜之道，反过来审视自身使内心诚敬，再把它推行到五湖四海，这就是天下万世的大幸啊！"

【赏析】

程颢说的就是著名的"王霸之辨"。真心地施行仁义并因此取得了天下，大家会心服口服，这就是王道，能够长治久安。有选择地施行仁义，也就是说只有仁义符合自己利益的时候施行，不符合自己的利益就放弃，这样虽然也能威霸天下，但是大家都是惧怕武力的威胁而暂时低头，心里仍然是不服气的，这就是霸道，只能昙花一现。

2

伊川先生曰：当世之务，所尤①先者有三：一曰立志，二曰责任②，三曰求贤。今虽纳嘉谋，陈善算，非君志先立，其能听而用之乎？君欲用之，非责任宰辅，其孰承而行之乎？君相协心，非贤者任职，其能施于天下乎？此三者，本也；制于事者，用也。三者之中，复以立志为本。所谓立志者，至诚一心，以道自任，以圣人之训为可必信，先王之治为可必行，不狃滞③于近规，不迁惑④于众口，必期致天下如三代之世也。

——《二程文集》卷五《为家君应诏上英宗皇帝书》

【注释】

①尤：特别。②责任：责成委任，指由什么人来具体负责。③狃滞：拘泥。④迁惑：迷惑。

【译文】

程颐先生说：就目前的事物中，特别需要做的有三件：第一个是树立志向，第二个是责成委任，第三个是招贤纳士。现在虽然朝廷能采纳好的谋略，展示好的计策，可是如果君王没有树立自己的志向，能够相信并施行这些意见和建议吗？君王想要施行这些计划，除了责成委任宰相大臣，又有谁能够承担这个重任去执行呢？君王、宰相上下一心，如果没有贤良的人担任具体执行的职务，能够施行于天下吗？这三件事是根本，具体的事务是作用，三者之中树立志向又是重中之重。所谓的树立志向，就是真诚地、一心一意地把实现圣人之道当做自己的责任，认为圣人的话绝对可以信任，先王的治国措施必定可以实行，不拘泥于近世的陈规陋习，不为悠悠众口所迷惑动摇，坚信必定会把天下治理得如同三代之治一样！

【赏析】

如果没有坚定的志向，即使再好的计划和条件也无法坚决地执行下去，所以"立志"要排在第一位；既然决心要做下去，就要有一个人来统筹安排，这样才不会政出多门；排第二位的是"责任"；方向明确、计划详实，但是如果具体执行的人能力不足，仍然无法把事情做好，所以第三位的就是遴选人才。需要指出的是，程颐的这种排序不是根据重要性的高低，而是根据先后顺序排的，因为这三者是同样重要的。

3

比之九五曰："显比①，王用三驱②，失前禽③。"传曰：人君比天下之道，当显明其比道而已。如诚意以待物，恕己以及人，发政施仁，使天下蒙其惠泽，是人君亲比天下之道也。如是，天下孰不亲比于上？若乃暴其小仁，违道干誉④，欲以求天下之比，其道亦已狭矣，其能得天下之比乎？王者显明其比道，天下自然来比。来者抚之，固不煦煦然求比于物。若田之"三驱"，禽之去者从而不追，来者则取之也。此王道之大，所以其民皞皞⑤而莫知为之者也。非唯人君比天下之道如此，大率人之相比莫不然。以臣于君言之，竭其忠诚，致其才力，乃显其比君之道也。用之与否，在君而已，不可阿谀逢迎，求其比己也。在朋友亦然，修身诚意以待之，亲己与否，在人而已，不可巧言令色，曲从苟合，以求人之比己也。于乡党亲戚，于众人莫不皆然，"三驱，失前禽"之义也。

——《程氏易传·比传》

【注释】

①显比：展示自己让人亲近的方式。②三驱：狩猎时围住猎物的左、右、后三面，不能捕猎向前方跑的。这也是成语"网开一面"的来历。据说商汤最先采取了这种狩猎方式，后来就成了王者狩猎的准则，以显示上天之

德。③失前禽：向前跑的猎物必须让它跑掉。④违道干誉：违背道义，求取名誉。⑤睟睟：广大自得、心情舒畅的样子。

【译文】

比卦的九五爻说："展示自己让人亲近的方式。君王狩猎时只能围住三个方向，不能追杀向前方逃走的猎物。"《程氏易传》中说：君王想要让天下人跟随他的方法，就是让他的跟随之道清楚明白地显示在大家面前。像待人接物要真诚，用恕己之心对待别人，发布的政令要仁德，能够让天下所有人都享受到他的恩泽，这些才是君王让天下人跟随的方法。做到了这些，天下的人哪一个不会亲近、跟随他的君王呢？如果只是施展一些小恩小惠，违背道义地强求名声，想要用这种方法让天下人跟随，那么他的道路会越走越窄，怎么能够得到天下人的跟随呢？君王只要展示出了自己的跟随之道，天下人自然就会来跟随他。有人来了，就安抚好他们，不需要做出温暖和煦的样子来让他人跟随。就像围猎的时候"从三面驱赶"，向前跑的禽兽随便它逃走而不追赶，剩下自然就抓走了。这就是王道的伟大之处，所以这样的君王治理下的人民安居乐业，百姓却不知道是如何做到这一切的。不仅君王让天下人跟随的方法是这样，大体上来说人和人之间的跟随也都是这样的。拿臣子对君王来说，臣子要竭尽他的忠诚，用尽所有的本领，这才是他显示跟随君王的方法。至于君王重用不重用自己，那就是君王的事了，不要阿谀奉承君王求他亲近自己。交朋友也是这样，提高自己的修养，真心诚意地对待对方，至于对方是否亲近自己就随他自己了，不要巧言令色、曲意逢迎，让别人亲近自己。对待同乡、亲戚，对待普通的老百姓都要是这种态度，这就是"三驱，失前禽"的含义呀！

【赏析】

想要让别人亲近自己，不需要去阿谀奉承、曲意逢迎，做到自己能够做到的一切，如果他想亲近自己，自然就来亲近了；如果他仍然不想亲近自己，就随他去吧。记住，朋友不是求来的，而是他觉得你有值得亲近的地方，自己送过来的。

4

　　古之时，公卿大夫而下，位各称其德，终身居之，得其分也；位未称德，则君举而进之。士修其学，学至而君求之。皆非有预①于己也。农工商贾②勤其事而所享有限③。故皆有定志，而天下之心可一。后世自庶士至于公卿，日志于尊荣；农工商贾，日志于富侈④。亿兆⑤之心，交骛于利，天下纷然，如之何其可一也？欲其不乱难矣！

——《程氏易传·履传》

【注释】

　　①预：预先安排。②农工商贾：农，农民。工，各种技术工人。商，行走贩卖货物的商人。贾，在铺面里销售货物的商人。四字连用代表各行各业。③限：范围。④富侈：财产极多。⑤亿兆：此指庶民百姓、天下万民。兆，一万亿（现代是一百万，指数量极多）。

【译文】

　　古时候，包括公、卿、大夫在内的所有官员，他们的职务和他们的德行是相称的，终生都在那个位置上，这都是他们应该得到的；如果德行高而职务低，那么君王就会提升他的职务。士子修习自己的学问，等学问到了一定的水平自然君王就来请他出仕。这些都不是自己预先安排好的。各行各业辛勤地从事自己的本职工作，他们享有的权力都在一定的范围之内，所以所有的人都有着明确的志向，他们的心也就可以凝聚起来了。到了后来，不管是庶民士子还是公卿大夫，每天都想着如何能够获得更大的权力和荣耀；各行各业每天都想着如何能够富甲天下。天下万民的心都是在追逐利益，搞得天下纷纷扰扰，又怎么能够凝聚起来呢？这种情况下想要让天下不混乱太难了！

【赏析】

　　在其位谋其政，坐在这个位置上首先就是做好自己的事情，不要汲汲于和自己的才能不相称的地位和荣誉。如果自己的能力有了提高，自然就能够获得相应的地位和荣誉，也就是"实至而名归"。

5

泰之九二曰:"包荒①,用冯河②。"传曰:人情安肆③,则政舒缓,而法度废弛,庶事无节④。治之之道,必有包含荒秽之量,则其施为,宽裕详密,弊革事理,而人安之。若无含弘之度,有忿疾之心,则无深远之虑,有暴扰之患。深弊未去而近患已生矣。故在"包荒"也。自古泰治⑤之世,必渐至于衰替⑥,盖由狃习⑦安逸,因循而然。自非刚断之君、英烈之辅,不能挺特⑧奋发以革其弊也,故曰"用冯河"。或疑上云"包荒",则是包含宽容,此云"用冯河",则是奋发改革,似相反也。不知以含容之量施刚果之用,乃圣贤之为也。

——《程氏易传·泰传》

【注释】

①包荒:指胸怀宽广。②冯河:徒步渡河。原意是贬义的,是说人有勇无谋,不知道借用外物来过河。这里用来形容人刚毅果决的气概。③安肆:安乐放肆。④庶事无节:各种事务没有节度。⑤泰治:太平安定。⑥衰替:衰败。⑦狃习:习惯。⑧挺特:超群特出。

【译文】

泰卦的九二爻说:"要有包容污秽的胸怀,要有徒步过河的勇气。"《程氏易传》中说:安乐放纵是人之常情,可是这样做的后果就是施政宽松,法度荒废,种种行政措施也没有了条理。想要改变这种状况,就必须有包容荒秽的度量,具体执行政务的时候要宽裕不迫、周详严密,改革弊端理顺头绪,人民的心情也就安定了。如果没有包容万物的恢弘气度,有了愤怒求速的心情,那么考虑事情就不会长远,反而有了暴乱纷扰的隐患。深层的弊端还没有消除,眼前的祸患就已经产生了,所以要有"包容污秽的胸怀"。自古以来,太平盛世慢慢地走向衰败,都是因为人们习惯了安逸,对于产生的弊端因循守旧、得过且过造成的。如果不是刚烈果断的君王、英明睿智的臣子,是不能够奋发图强来革除这些弊端的,所以才要说"用徒步过河的勇气"。有人怀疑,前面说"包荒",说的是有包容污秽的气度,这里却说"用冯河",就是要振作精神改革弊端,好像矛盾了呀?其实这种人不知道,以包容万物的气度来施行刚毅果断的措施,这就是圣贤的作为呀!

【赏析】

有了包容污秽的气度,不急于求成,慢慢地一步步地革除弊端,不至于伤害到多数人的利益而遭到太大的阻力;采取措施要刚毅果断,才能不给那些反对者考虑对策顽抗的机会,才能真正地执行下去。我们常说的水至清则无鱼也是"包荒"的体现,对于为自己做事的人不要苛责,要能够包容他们的一些小缺点、小毛病,这样才能让他们更好地做事。

6

观:"盥①而不荐②,有孚③颙若④。"传曰:君子居上,为天下之表仪⑤,必极其庄敬。如始盥之初,勿使诚意少散。如既荐之后,则天下莫不尽其孚诚,颙然瞻仰之矣。

——《程氏易传·观传》

【注释】

①盥:洗手洗脸用的器皿。②荐:进献祭品。③孚:敬仰。④颙若:尊敬仰慕。⑤表仪:模范。

【译文】

观:"祭祀前要洗手,虽然不是自己进献祭品,也要做出虔诚敬仰的态度。"《程氏易传》说:君子处在上位,这就是天下人的表率,一定要把庄严恭敬做到极致。虽然不是自己进献祭品,但是态度仍然像祭祀前刚开始洗手一样的恭敬,不让自己的诚意减退哪怕一点点。一直保持到进献祭品结束之后,那么天下人没有不真正敬仰他、尊重他的。

【赏析】

我们也许遇到过这样的情况:为某件事情做了很多的准备工作,结果上司却安排别的同事做了,自己所准备的一切都成了无用功。这个时候我们该怎么办呢?是大发雷霆,找上司理论?还是四处抱怨自己受到的委屈?其实这些做法都不太妥当!不管上司这样安排的用意是什么,不管是上司有私心也好，同事可能比自己更适合做这件事也罢，我们应该做的就是平静地面对，仍然和以前一样兢兢业业地工作，这样才能得到上司的赏识、同事的尊重。

7

凡天下至于一国一家，至于万事，所以不和合者，皆由有间也，无间则合矣。以至天地之生，万物之成，皆合而后能遂，凡未合者，皆为有间也。若君臣、父子、亲戚、朋友之间，有离贰怨隙①者，盖谗邪②间于其间也。去其间隔而合之，则无不和且洽矣。噬嗑者，治天下之大用也。

——《程氏易传·噬嗑传》

【注释】

①离贰怨隙：有叛离心、二心。②谗邪：谗佞奸邪。

【译文】

大到天下，小到一国、一家，乃至所有的事情，之所以不能融洽和谐的原因，都是因为有了隔阂，如果没有隔阂就是和谐了。所以天地的产生，万物的生成，都是和谐之后才能够实现的，凡是没有和谐的，都是因为有了隔阂。像君臣、父子、亲戚、朋友之间，有了二心嫌隙的，都是因为有奸邪小人在中间挑拨离间。消除了他们的隔阂，再让他们和谐起来，没有不能和谐融洽相处的。"噬嗑"这一卦，对治理天下来说有着很重要的作用。

【赏析】

但凡朋友之间有了隔阂，基本是都是双方有了误会或者有人在中间挑拨，如果双方能够坦诚地交谈，是可以消除误会的，关系必然比有了误会之前更进一步。

8

大畜之六五曰："豮豕①之牙,吉。"传曰:物有总摄②,事有机会③,圣人操得其要,则视亿兆之心犹一心。道④之斯行,止之则戢⑤,故不劳而治,其用若"豮豕之牙"也。豕,刚躁之物,若强制⑥其牙,则用力劳而不能止;若豮去其势,则牙虽存而刚躁自止。君子法"豮豕"之义,知天下之恶不可以力制也,则察其机,持其要,塞绝其本原,故不假刑法严峻,而恶自止也。且如止盗,民有欲心,见利则动,苟不知教,而迫于饥寒,虽刑杀日施,其能胜亿兆利欲之心乎?圣人则知所以止之之道,不尚威刑而修政教,使之有农桑⑦之业,知廉耻之道,"虽赏之不窃"矣。

——《程氏易传·大畜传》

【注释】

①豮豕:阉割过的猪。豮 fén:雄性牲畜。豕,家养的猪(古汉语中"猪"指的是野猪)。②总摄:主宰。③机会:要害。④道:引导。⑤戢 jí:停止。⑥制:制服。

【译文】

大畜卦的六五爻辞说:"阉猪的牙齿,吉祥。"《程氏易传》中说:天下万物都有自己的总纲,天下万事都有自己的关键,圣人掌握了其中的要领,看待亿万百姓的心如同一人之心。引导他们,他们就会前行;制止他们,他们就会停下来,所以不需要费心劳力就可以治理得很好,这种做法就和"阉猪的牙齿"一样。猪是一种性格刚强暴躁的动物,如果想强行对付它的利齿,即使筋疲力尽也难以达到目的;如果阉割了它的生殖器官,虽然它的利齿还在可是已经不再刚强暴躁了。君子效法"阉割公猪"这件事的义理,明白了天下的罪恶无法用暴力来阻止,于是查明问题的起因、把握问题的关键、阻断问题的根源,这样不需要严刑峻法,罪恶的现象自然就没有了。就像阻止盗窃这种事,人民有觊觎财物的心思,看到有了利益就想行动,如果还不知道教化他们,饥寒交迫的情况下他们肯定会去偷盗,即使每天都有刑罚杀戮，能抵得过亿万百姓追逐利益的心吗？圣人知道如何来根除偷盗现象，不需要严酷的刑罚而是完善政策和教育，让他们从事生产劳动来获得衣食，让他们明白礼义廉耻。做到了这些，"即使用赏赐来诱惑他们去偷盗，他们也不干"。

【赏析】

　　强硬不是解决问题的办法，看起来强硬的手段使事态暂时得到了平息，其实问题仍然存在，并且继续在酝酿发展，一旦再次爆发就会更严重；解决问题也不能头疼医头脚疼医脚，这样刚解决这个地方的问题，另外一个地方的问题又出现了。想要完美、彻底地解决问题，就必须知道问题的根源在哪里、关键在何处，阻止问题继续发展，从关键处着手，必然事半功倍。

9

　　"解：利西南。无所往，其来复吉；有攸往，夙①吉。"传曰：西南坤方。坤之体广大平易。当天下之难方解，人始离艰苦，不可复以烦苛②严急治之，当济以宽大简易，乃其宜也。既解其难而安平无事矣，是"无所往"也，则当修复治道，正纪纲，明法度，进复先代明王之治，是"来复"也，谓反正理也。自古圣王救难定乱，其始未暇③遽为也；既安定，则为可久可继之治。自汉以下，乱既除，则不复有为，姑随时维持而已，故不能成善治，盖不知"来复"之义也。"有攸往，夙吉"，谓尚有当解之事，则早为之乃吉也。当解而未尽者，不早去则将复盛；事之复生者，不早为则将渐大，故夙则吉也。

——《程氏易传·解传》

【注释】

　　①夙：早。②烦苛：繁杂苛细。③未暇：没有空闲。

【译文】

　　"解：西南方向最好。如果没有地方去，最好回到原来的地方；如果有地方去，去得越早越好。"《程氏易传》说：西南是坤的方位，坤的形象是广大平易。当天下的灾难刚刚解除的时候，人民刚刚摆脱了艰难困苦的生活，不能再用繁杂严苛的法令来从严从急地去治理，应该用宽容厚道、简单容易的条令帮助他们，这才是最合宜的。既然灾难已经解除了，人民生活安定太平无事，就是"没有地方去了"，这时候应该完善恢复治理国家的政策，规范申明各种法律制度，进而恢复古代圣明君主时的大治局面，这就是"回到原来的地方"，说的是回到正确道路上来的意思。自古以来，圣明的君主救治灾难勘定动乱之后，最初的时候是没有空暇的时间来立即着手恢复圣明治理的。等到百姓的生活都安定了下来，才可以开始长治久安的治理了。从汉朝以后，动乱平息了之后也没有作为，只不过有需要的时候维护保持罢了，所以无法实现天下大治，就是不知道"回到原来的地方"的含义呀。"有去的地方，去得越早越好"，说的是有需要马上解决的事情就要尽早解决才是正确的。应该完全解决但是还没有彻底解决的，不早点解决就会让事态再次发展起来；事情重新发生了，如果不尽早解决就会让事态逐渐变大，所以早去吉利。

【赏析】

往往大的灾难或者动荡过后，民众往往希望和平宁静的生活。这时所采取的一切措施不可过快过猛，但是要找到解决问题的中正之道，早作打算。

10

夫"有物必有则"，父止于慈，子止于孝，君止于仁，臣止于敬。万物庶事，莫不各有其所。得其所则安，失其所则悖。圣人所以能使天下顺治①，非能为物作则也，惟止之各于其所而已。

——《程氏易传·艮传》

【注释】

①顺治：顺应自然来治理天下。

【译文】

一旦"有了某个事物，就必定有这个事物的法则"，作为父亲，要体现出慈爱的法则；作为子女，要体现出孝顺的法则；作为君主，要体现出仁爱的法则；作为臣子，要体现出恭敬的法则。天下的万事万物，都有自己的位置。得到了它的位置就会安定，得不到它的位置就会悖乱。圣人之所以能够顺应天理治理好天下，不是他为世间的万事万物制定了法则，只不过是把万事万物放到了各自的位置上罢了。

【赏析】

世间的万事万物都有着自己的特性，顺应这个特性，自然就能把事情做好；不顺应这个特性，就会事倍功半，甚至还可能引起新的问题。就像车是在陆地上行驶的，船是在大海里航行，如果非要让车在海里航行、船在陆地上行驶，又会产生什么样的后果呢？

> **11**
>
> 兑，说①而能贞，是以上顺天理，下应人心，说道之至正至善者也。若夫"违道以干百姓之誉"者，苟说之道，违道不顺天，干誉非应人，苟取一时之说耳，非君子之正道。君子之道，其说于民，如天地之施，感之于心而说服无致②。
>
> ——《程氏易传·兑传》

【注释】

①说：取悦，后面的"说"都是这个含义。②致 yì：厌倦，懈怠。

【译文】

兑卦说的是能够取悦于人而且还能守持正道，做到了这一点就是既顺应了天理也合乎了人心，可以说是最好的取悦他人的方法。至于那些"违背原则来取得人们的赞赏"的人，只是暂时赢取别人赞赏的方法，违背了原则就是不顺应天理，取得赞赏也不合乎人心，只不过暂时获得一些赞赏罢了，不是君子采取的正道。君子采用的方法，取悦于人们的时候就像是天地的赐予，使人们的心受到感动，对他心悦诚服而从不厌倦。

【赏析】

想要和别人处好关系，必定要做出一番举动，不过要注意自己的举动必须要符合道义的要求。古人说"以势交者，势尽则疏；以利合者，利尽则散",因为这些都不符合道义的要求。君子之交,必须是有着共同的志向,没有权势和利益夹杂在内,这样的友谊才能够长久。

12

天下之事,不进则退,无一定①之理。济之终不进而止矣,无常止也。衰乱至矣,盖其道已穷极也。圣人至此奈何?曰:唯圣人为能通其变于未穷,不使至于极,尧舜是也,故有终而无乱。

——《程氏易传·既济传》

【注释】

①一定:固定不变。

【译文】

天下事物的发展不是前进就是衰退,没有固定不变的道理。《既济》卦的最后一爻就是不再前进停止了下来,但是不会一直停在那里。接下来衰乱开始出现了,这是因为天道运行的气数已经穷尽。如果是圣人面临这种局面该怎么做呢?程颐先生说:"唯有圣人能够做到,在气数还没有用完的时候就会采取权变的措施,不至于让事态发展到极致,尧舜就是这样做的,所以即使到了最后也没有产生衰乱。"

【赏析】

事物的发展往往呈现抛物线形状,上升到了最高处,接下来必然就是下降,不可能一直保持在高峰,也就是古语说的"日中则昃,月满则亏"。想要避免这种情况的发生,必须在事物的发展还没有达到最高峰的时候,就开始考虑其他的因素,使事物得到新的动力。

13

为民立君,所以养之也。养民之道,在爱其力。民力足则生养遂,生养遂则教化行而风俗美,故为政以民力为重也。春秋凡用民力必书,其所兴作①不时②害义,固为罪也,虽时且义必书,见劳民为重事也。后之人君知此义,则知慎重于用民力矣。然有用民力之大而不书者,为教之意深矣。僖公③修泮宫④、复閟宫⑤,非不用民力也,然而不书。二者,复古兴废⑥之大事,为国之先务,如是而用民力,乃所当用也。人君知此义,知为政之先后轻重矣。

——《程氏经说·春秋传》

【注释】

①兴作:兴建。②不时:违背时令。③僖公:鲁僖公,鲁国第十八任群主,姬姓,名申,鲁庄公之子。④泮宫:学宫。⑤閟宫:宗庙祭祀之处。⑥复古兴废:恢复古迹。

【译文】

为人民设立君主的目的,是为了养育百姓。养育百姓的措施重点在于爱惜民力。民力充足了就可以休养生息,百姓得到了休养生息就开始被教育感化,世间的风气也会好转起来,所以施政措施中是很看重民力的。在《春秋》一书中凡是动用民力的必定会记载下来,如果君王兴建的工程对农业生产造成了妨碍或者工程不符合道义,当然就是罪过,虽然兴建的工程不妨碍农业生产,也符合道义的要求,但是仍然会记载,可见动用民力是何等重要啊。以后的君王如果知道了这个道理,就明白动用民力时一定要慎之又慎。然而也有大规模的动用民力而没有记载的,对后人有着很深刻的教育意义。鲁僖公修建泮宫、重修閟宫,并不是没有动用民力,可是《春秋》没有记载这两件事的原因,就是因为这是恢复古迹、复兴衰废的大事,是国家需要优先处理的要务,像这样动用民力是应该的。君主知道了这个道理,在处理政务的时候就明白孰轻孰重、孰先孰后了。

【赏析】

　　古时候生产力低下，劳动工具也很简陋，涉及到大工程都要征发大量的劳役，耗费大量的时间。如果工程兴建的时间赶在了农忙季节，那对于整个国家来说甚至是一场灾难。所以程颐的意思不是说不能兴建工程，而是要求君主要注意体恤百姓，动用民力时一定要慎之又慎。

⑭

　　治身齐家以至平天下者，治之道也；建立治纲，分正百职，顺天时以制事，至于创制立度，尽天下之事者，治之法也。圣人治天下之道，唯此二端而已。

　　　　　　　　　　　　　　　　——《程氏经说·书解》

【译文】

　　从修身、齐家到平天下，这些都是治理国家的原则；建立法度整治纲纪，区分肃正百官的职务，顺应天时处理天下的事务，乃至于创立制度来规范天下所有的事务，都是治理国家的方法。圣人治理天下的原则，只有这两个方面。

【赏析】

　　"治之道"是"体"，"治之法"是"用"。治理国家首先需要治理的原则，就是"修身齐家治国平天下"；有了明确的原则，还需要正确的方法，这些就比较具体了，程颐也举出了一些例子。

⑮

　　明道先生曰：先王之世以道治天下，后世只是以法把持天下。

　　　　　　　　　　　　　　　　——《二程遗书》卷一

【译文】

　　程颢先生说：以前圣明的君王治理天下的时候是用圣贤之道治理天下，到了后世，只是用法度控制天下。

【赏析】

三代之时天下是天下人的天下，君王是为人民服务的，需要教导百姓、养育百姓；三代之后是家天下，君王高高在上成为人民的主宰，其德行未必让人民服从他的统治，也就只好用法度来控制了。

16

为政须要有纪纲文章①，先有司②、乡官读法③、平价、谨权量④，皆不可阙也。人各亲其亲，然后能不独亲其亲。仲弓⑤曰："焉知贤才而举之？"子曰："举尔所知。尔所不知，人其舍诸？"便见仲弓与圣人用心之大小。推此义，则一心可以丧邦，一心可以兴邦，只在公私之间尔。

——《二程遗书》卷十一

【注释】

①文章：礼乐法度。②先有司：处理事务先于下属。③乡官读法：下级官吏，宣读法令。④谨权量：审慎地确定度量标准。⑤仲弓：冉雍，春秋末期鲁国陶人，与冉耕、冉求皆在孔门十哲之列，世称"一门三贤"。

【译文】

施政必须要有典章纲领和礼乐法度，上位者要为下位者做出榜样、基层官员要为百姓宣读法令、平抑物价、统一度量衡，都是不可或缺的。人只有做到了亲近自己的父母，才能做到不单单亲近自己的父母。冉雍问孔子："怎么知道某人有贤才并举荐他呢？"孔子说："举荐你所知道的人。你不知道的贤人，难道别人就不会举荐吗？"从这里就可以看出冉雍和孔子心胸气度的区别了。如果把这个道理类推延伸一下，就可以明白一种心思可以让国家繁荣昌盛，一种心思可以让国家走向灭亡，就看是公心还是私心了。

【赏析】

世界这么大，谁也不知道某个人是不是贤人，也不知道别的地方还有没有比他更优秀的人。不过这些并不重要，你只管把你知道的贤人推荐给君主就行了，你所不知道的别的贤人自有那个地方的人推荐，君主自然会挑选出最优秀的人才。

> **17**
>
> 治道亦有从本而言，亦有从事而言。从本而言，惟从"格①君心之非"，"正心以正朝廷，正朝廷以正百官"。若从事而言，不救则已，若须救之，必须变。大变则大益，小变则小益。
>
> ——《二程遗书》卷十五

【注释】

①格：匡正。

【译文】

治理国家的原则有从根本上来说的，也有从事理上来说的。从根本上来说的，"只有采取措施匡正君王心中的错误"，"匡正君王之心就能端正朝廷，端正朝廷就能匡正百官"。如果从事理上来说，不根治弊端就不说了，如果必须要根治，那么就必须变革。大变革就有大收益，小变革就有小收益。

【赏析】

不管是大变革还是小变革，都是针对某个具体的事情来说的。小变革就是在原来的基础上"小打小闹"地修修补补，不用费太大的力气，但是也不会有太好的效果。大变革就不同了，几乎就是另起炉灶，这就需要统治者有着莫大的胸怀和勇气，也就是前面说的"包荒，用冯河"。

> **18**
>
> 唐有天下，虽号治平①，然亦有夷狄②之风。三纲不正，无君臣父子夫妇，其原始于太宗也。故其后世子弟皆不可使③，君不君，臣不臣。故藩镇不宾④，权臣跋扈，陵夷⑤有五代之乱。汉之治过于唐。汉大纲正，唐万目⑥举，本朝大纲正，万目亦未尽举。
>
> ——《二程遗书》卷十八

【注释】

①治平：国家安定。②夷狄：不懂教化的野蛮人。古称东方部族为夷，北方部族为狄，南方部族为蛮，西方部族为戎。③使：差遣。④宾：服从。⑤陵夷：由兴盛到衰微。⑥万目：各种制度和政策。

【译文】

唐朝统治天下的时候，虽然号称安定平治，但是仍然存在野蛮人的风俗。唐朝三纲不端正，君臣、父子、夫妻的纲常混乱，这种现象的根源出在唐太宗的身上。所以唐朝后世的子孙大多不堪大用，君王不像君王、臣子不像臣子。因此地方的军阀不服从中央的管理，专权的大臣飞扬跋扈，国力逐渐衰退以致有了五代时的大乱。汉朝治理天下的能力要比唐朝更强。汉朝的特点是典章纲要中正严明，唐朝的特点是各种制度比较健全，本朝虽然典章纲要中正严明，不过各种制度还不太健全。

【赏析】

这一条是程颢对汉、唐、宋三个朝代施政方针政策的比较。显然程颢认为汉朝、唐朝各有自己的长处，但是也有不足之处，宋朝虽然吸收了这两个朝代的优点，但是仍然做的还不够好。

19

教人者，养其善心而恶自消；治民者，导之敬让而争自息。

——《二程外书》卷十一

【译文】

教化人民，培养他们的善心，恶念自然也就消失了；治理百姓，教导他们学会了敬重礼让，纷争自然也就平息了。

【赏析】

管理人民只靠法律是不行的。王安石说"法是八分书"，意思就是法律只能讲出八分的道理而已，因为法律只能禁人为恶，不能劝人为善。只有用教化来引导百姓向善，才是防止纷争和犯罪发生的根源措施。

> **20**
>
> 明道先生曰：必有关雎、麟趾①之意，然后可以行周官②之法度。
>
> ——《二程外书》卷十二

【注释】

①《关雎》《麟趾》：《诗经》篇名。②《周官》：又称六卿，指《周礼》中天官冢宰、地官司徒、春官宗伯、夏官司马、秋官司寇、冬官司空六官。

【译文】

程颢先生说：必须体会到《关雎》《麟趾》真正的含义，然后才可以实行《周官》中所记载的礼乐法度。

【赏析】

宋儒大家们的政治理想，注重德化教育、讲究礼治，而这些义礼也好，法理也好，其实都是相通的。

> **21**
>
> "君仁莫不仁，君义莫不义。"天下之治乱，系乎人君仁不仁耳。离是而非则"生于其心"，必"害于其政"，岂待乎作之于外①哉？昔者孟子三见齐王②而不言事，门人疑之，孟子曰："我先攻其邪心。"心既正，然后天下之事可从而理也。夫政事之失，用人之非，知者③能更之，直者能谏之。然非心存焉，则一事之失，救而正之，后之失者，将不胜救矣。"格其非心"，使无不正，非大人其孰能之？
>
> ——《二程外书》卷六

【注释】

①作之于外：外在表现。②齐王：指齐宣王。③知者：同"智者"。

【译文】

"君主施行仁政，天下就没有不仁德的人；君主追求道义，天下就没有不讲道义的人。"天下是安定还是动乱，全在于君主有没有仁德。君主偏离了正道,"心中就会有错误产生",必定会"妨碍他的执政",哪里还需要等到在行为上表现出来呢?从前孟子曾经多次去拜见齐宣王,但是一直都没有谈论政事,他的学生对此感到疑惑,孟子告诉他:"我要先去除他心中的邪念。"心正了,然后天下的事务就可以依循正理处理了。政事上有了失误、用人上有了错误,智慧的人能够纠正,正直的人能够劝谏。但是如果君主的心中有了错误的念头,一件事做错了还可以补救过来,接二连三地做错事,那就补救不过来了。"匡正君主心中的错误",让他心中没有不中正的,如果不是德性圆满的人,谁还能做得到呢?

【赏析】

君主仁德,臣民就会仁德;君主正直,臣民就会正直。这里面体现的是上行下效的力量。

22

横渠先生曰:道①"千乘之国"②,不及礼乐刑政③,而云"节用而爱人,使民以时"。言能如是则法行。不能如是则法不徒行④。礼乐刑政,亦制数⑤而已耳。

——张载《正蒙·有司》

【注释】

①道:引导。②千乘之国:有千辆兵车的国家,这里代指中等诸侯国。乘 shèng:意为辆,春秋时期的一个作战单位。每乘拥有四匹马拉的兵车一辆,车上甲士三人,车下步卒七十二人,后勤人员二十五人,共计一百人。③礼乐刑政:指礼法、乐教、刑罚以及各项政令等。④法不徒行:语出《孟子·离娄上》,意思是法令无法执行下去。⑤制数:定法。

【译文】

张载先生说:孔子在说到如何治理"一个中等国家"的时候,没有涉及礼法、乐教、刑罚以及各项政令,而是说"节约用度爱护百姓,动用民力要遵循农时"。他说做到了这些,法令就能够执行下去,做不到就无法执行下去,礼法、乐教、刑罚以及各项政令,也只不过是一些法令条文罢了。

【赏析】

君主节约了用度，从老百姓那里收的税就少了，相应的老百姓的用度就丰裕了，对君主也就更忠心了；君主征发劳役不耽误农时，也就不影响土地的收成，老百姓能够吃饱穿暖，自然也就不会有动乱之心。所以君主所做的这些看起来是为了老百姓，实际上最终的受益者还是君主自己。反之，如果君主做不到这些，老百姓食不果腹衣不蔽体，迫于生存的压力什么都能干出来，还在乎那些法律条令吗？

23

法立而能守，则德可久，业可大。郑声①、佞人②，能使为邦者丧其所守，故放远③之。

——张载《正蒙·三十》

【注释】

①郑声：即郑卫之音，春秋战国时期郑、卫地区的民间音乐。由于这些音乐新鲜活泼、热情奔放，因为和儒家提倡的"雅乐"不同而受到儒家的排斥，认为这些都是靡靡之音，后来凡不属"雅乐"的音乐均被称为"郑声"。②佞人：花言巧语、阿谀奉承之人。③放远：驱逐远离。

【译文】

确立了法度还能够坚守下去，那么德性就可以持久，功业就可以光大。不正派的靡靡之音、花言巧语的小人，能让治理国家的人丧失自己的操守，所以要把他们远远地放逐出去。

【赏析】

从政事上来说，君主不仅要制定完善合理的条例制度，还要长期坚持执行，这样才能保持政策的延续性；从个人来说，要改正自己不良的嗜好，远离阿谀奉承的小人，否则自己的操守就会丧失。

24

横渠先生答范巽之书曰：朝廷以道学①、政术②为二事，此正自古之可忧者。巽之谓孔孟可作，将推其所得而施诸天下邪？将以其所不为而强施之于天下欤？大都君相以父母天下为王道，不能推父母之心于百姓，谓之王道可乎？所谓父母之心，非徒见于言，必须视四海之民如己之子。设使四海之内皆为己之子，则讲治之术，必不为秦汉之少恩，必不为五伯③之假名。巽之为朝廷言："人不足与适④，政不足与间"，能使吾君爱天下之人如赤子⑤，则治德必日新，人之进者必良士，帝王之道不必改途而成，学与政不殊心而得矣。

——张载《横渠文集·答范巽之书》

【注释】

①道学：就是理学，对后世政治文化产生了深远的影响。②政术：政治方略。③五伯：即春秋五霸。伯，同"霸"④适：同"谪"，谴责。⑤赤子：刚出生的婴儿。

【译文】

张载先生在回复范育的信中说：朝廷把理学和政治方针当成了两回事，这是从古以来都令人忧心的现象。巽之认为如果孔子、孟子重生，是会将他们领悟的道理推行并实施于天下呢，还是将他们不肯做的事情强行在天下实施呢？大多数的君主和宰相都把"像爱护自己的子女一样爱护百姓作为执政方针"当成王道，可是如果不能将天下的百姓真正当成自己的孩子，能够叫作王道吗？所谓父母之心不是只停留在口头上说说，必须真正把天下的百姓当成自己的孩子才行。假设天下的百姓都是自己的孩子，那么绝对不会像秦朝、汉朝那样刻薄寡恩，也不会像春秋五霸那样以仁义为名行称霸之实。巽之为朝廷说话"不应该指摘朝廷的用人方式，不需要非议朝廷的施政方针"，能够让我们的君主像爱护初生婴儿一样爱护天下的百姓，那么治理天下的修养道德必定每天都有进步，能够获得高位的人必定个个都是贤才，不用改变方法就能获得三皇五帝的大业，理学和政治方针也不用区别对待了。

【赏析】

　　张载认为理学、政术是一而二、二而一的，换成现代的话来说，理学就是指导思想，政术就是实施这个指导思想的具体措施，所以不应该把二者割裂开来，更不能把理学视为洪水猛兽。张载的这种思想有着很大的进步性，但是他认为推广实施了理学就可以天下大治的想法还是有些片面了，这也是张载思想的局限所在。

卷九／制度

1

濂溪先生曰：古圣王制礼法，修教化，三纲正，九畴①叙②，百姓大和，万物咸若③。乃作乐以宣八风④之气，以平天下之情。故乐声淡而不伤，和而不淫⑤，入其耳，感其心，莫不淡且和焉。淡则欲心平，和则躁心释。优柔平中，德之盛也；天下化中，治之至也。是谓道配天地，古之极也。后世礼法不修，政刑苛紊，纵欲败度，下民困苦。谓古乐不足听也，代变新声，妖淫愁怨，导欲增悲，不能自止，故有贼君弃父，轻生败伦，不可禁者矣。呜呼！乐者，古以平心，今以助欲；古以宣化，今以长怨。不复古礼，不变今乐，而欲致治者，远哉！

——周敦颐《通书·乐上》

【注释】

①九畴：指夏禹治理天下的九类大法，出自《尚书·洪范》。②叙：同"序"，秩序。③咸若：古指称颂帝王之教化，应其时，得其宜。④八风：八方之风。⑤不淫：不过分。

【译文】

周敦颐先生说：古代的圣王制定了礼乐法度，完善了教化制度，三纲五常具备，各种治政大法有序，百姓安居乐业，万物欢欣鼓舞。于是圣王又创作音乐宣扬各地的风俗，以平息百姓焦躁的心情。这些音乐淡雅而不哀伤，和谐而不媚俗，听到耳朵里，心里就会有所感动，所有人都心情平淡心性柔顺。心情平淡了，心中的私欲就平息了；心性柔顺了，心中的焦躁也就消释了。内心优游柔顺、平和中正，说明德行修行到了崇盛的境界；万民教化的都合乎中正，这是国家的治理达到了极致。这就是书中说的圣道补上了天地的不足,是古时候最美好的时光。到了后世,礼乐法度不去修补完善,政策刑罚严苛混乱,私欲横行法度败坏,升斗小民困苦不堪。认为古代的音乐不值得欣赏,每一代人都创作新的音乐,内容轻狂放浪,充满了愁绪怨念,让人听了只能引发欲望、增加悲伤,而且无法自己停止下来,所以就有了篡杀君王、抛弃生父、轻视生命、败坏伦常等丑恶现象,而且一直屡禁不止。可悲呀!古时候音乐是用来平静心情的,现在却成了助长欲望的工具;音乐,在古时候是用来宣扬教化的,现在却成了增加仇怨的方式。不恢复古时的礼仪、不改变现在的音乐,然而却想着能够天下大治,太遥远了!

【赏析】

周敦颐在这里说明了音乐的重要性。音乐不仅仅是让人心情愉悦的,圣人创作音乐的初衷是为了教化万民,疏解他们心中愤懑。到了春秋战国时期,首先从郑国、卫国地区出现了一些民歌,此后逐渐发展壮大起来,北宋时期更是成为了一种风尚。虽然这些音乐和诗词曲调优美、辞藻华丽,但是对社会风气来说,没有任何的正面作用,所以周敦颐对此进行了批判。

2

明道先生言于朝曰:治天下,以正风俗、得贤才为本。宜先礼命①近侍贤儒及百执事,悉心推访有德业充备、足为师表者,其次有笃志好学、材良行修者,延聘敦遣②,萃于京师,俾朝夕相与讲明正学。其道必本于人伦,明乎物理。其教自小学洒扫应对以往,修其孝悌忠信,周旋礼乐。其所以诱掖③激励、渐摩④成就之道,皆有节序。其要在于择善修身,至于化成天下,自乡人而可至于圣人之道。其学行皆中于是者为成德,取材识明达、可进于善者,使日受其业。择其学明德尊者,为太学之师,次以分教天下之学。择士入学,县升之州,州宾兴⑤于太学,聚而教之,岁论其贤者能者于朝。凡选士之法,皆以性行端洁、居家孝悌、有廉耻礼逊、通明学业、晓达治道者。

——《二程文集》卷一《请修学校尊师儒取士札子》

【注释】

①礼命：聘请任命。②延聘敦遣：聘请恭送。③诱掖：诱导扶植。④渐摩：浸润，教育感化。⑤宾兴：周代举贤之法。

【译文】

程颢先生在朝廷中说：想要治理好天下，纠正不良的风俗、让贤才居于高位才是根本。最好先命令服侍在君王左右的人、贤明的大儒以及各有司官员，让他们用心察访那些德性学业足以为人师表的人，其次是那些有志于圣人之道、热爱学习、资质上佳、品行卓越的人，厚礼聘请并全部恭送到京师，以便他们能够整天在一起讲习研讨圣人之学。他们研习的内容必须是以人伦纲常为根本，明晓天下事物的道理。他们教给别人的是从小就学习洒扫庭院、应酬宾客，把孝、悌、忠、信作为立身的根本，锻炼待人接物的能力，提高礼仪音乐的修养。他们用来教导、奖励、感化的方法都是有节度次序的。要点就是如何选择好的方法来修养自身，最后能够成功地教化天下，哪怕是一个乡下的普通人也能进入圣人之道。这些人中那些学业和品行都能够符合这些要求的就是成就了品德。选取才能与见识通达、能够进修善道的人，让他们每天都接受这种教育。选择那些学业超群德高望重的人作为太学的老师，稍差一些的分到各地的教育机构去教地方的学生。这些人到了地方后，要寻找优秀的学子进入县学学习，县学中表现突出的升到州学学习，州学里表现突出的送到太学学习，太学把全国的精英集中起来进行教育，每年都评选出其中最优秀的、最有能力的人，并输送到朝廷做官。这些人的选择是有标准的，就是要挑选性情端正行为高洁、在家里孝顺父母友爱兄弟、知廉耻懂礼让、学业通达以及很好地掌握了各种施政措施的人。

【赏析】

程颢建议：首先把全国德高望重的人聚集在一起，然后挑出比较优秀的人作为各级教育机构的老师。有了这些老师，再从全国层层选拔人才，最后在京师集中教育，每年都把德才兼备的人才输送到朝廷作为各级管理人员。值得注意的是，程颢认为的人才不仅有着高尚的品德、极高的儒学修养，还要有能够实际处理政务的能力，这就比科举考试只考对儒家经典的理解有明显的进步。

3

明道先生论十事：一曰师傅①，二曰六官②，三曰经界③，四曰乡党④，五曰贡士⑤，六曰兵役，七曰民食⑥，八曰四民⑦，九曰山泽⑧（本注：修虞衡⑨之职），十曰分数⑩。其言曰：无古今，无治乱，如生民之理有穷，则圣王之法可改。后世能尽其道则大治，或用其偏则小康，此历代彰灼著明之效也。苟或徒知泥古而不能施之于今，姑欲徇名而遂废其实，此则陋儒之见，何足以论治道哉！然傥谓今人之情皆已异于古，先王之迹不可复于今，趣便目前，不务高远，则亦恐非大有为之论，而未足以济当今之极弊也。

——《二程文集》卷一《论十事札子》

【注释】

①师傅：太师和太傅的合称，都是帝王或其继承人的老师。这里代指对帝王和其继承人的教育。②六官：《周礼》中的六官，代指各级机构的设置。③经界：田地的分界，代指平均地权。④乡党：古代五百家为党，一万两千五百家为乡，合称乡党，这里代指基层管理。⑤贡士：科举会试及第，但未经殿试的人，代指人才的选拔。⑥民食：人们的食物，代指百姓的温饱。⑦四民：指士、农、工、商四种基本行业的人。代指各行各业。⑧山泽：山林与川泽，代指渔猎不要过度。⑨虞衡：古代掌管山林川泽的官员。⑩分数：法度，规范。

【译文】

程颢先生认为朝廷一定要做好这十件事：第一是帝王及其继承人的教育；第二是各级机构的设置；第三是平均地权；第四是基层管理；第五是人才的选拔；第六是征发士兵和劳役；第七是百姓的温饱；第八是各行各业的管理；第九是渔猎不要过度（原注：完善掌管山泽的官职）；第十是各种礼仪法度。他说道，无论是上古还是现在，无论是盛世还是动乱，如果管理老百姓的方法行不通了,那么就是圣明的君主留下来的法度也可以改革。后世能够完全按照圣明的君主的原则做的,那就天下大治,做到了一部分也可以进入小康的生活,这些都已经被历史验证过了,确实有着鲜明的效果。像那些只知道生搬硬套而不能把古法活学活用,只看到了表面的名称而无视其中精髓的,这是那些见识简陋的人的见解,哪里值得和他们谈论如何治理国家呢!然而,如果说现在的情况已经和古时候不同了,以前明君的事迹已经不可能在如今复现,于是就只追求眼前的便利,不考虑长远的治理,这恐怕也不是能够大有作为的言论,而且也不足以匡正目前的重大弊端。

【赏析】

圣人之道要活学活用,不能生搬硬套。就像舜为了改正某地制陶工匠工作态度不认真、废品率太高的问题,亲自到那里制陶三年,使当地做出的陶器质量有了明显的好转。这里当然不是说舜的行为值得推崇,而是强调以身作则、潜移默化的功效。

4

伊川先生上疏,曰:三代之时,人君必有师、傅、保之官,"师,道之教训;傅,傅之德义;保,保其身体"。后世作事无本,知求治而不知正君,知规过①而不知养德。傅德义之道,固已疏矣;保身体之法,复无闻焉。臣以为傅德义者,在乎防见闻之非,节嗜好之过;保身体者,在乎适起居之宜,存畏慎之心。今既不设保傅之官,则此责皆在经筵②。欲乞皇帝在宫中,言动服食,皆使经筵官知之。有剪桐③之戏,则随事④箴规;违持养之方,则应时谏止。(本注:遗书云:某尝进说,欲令人主于一日之中,亲贤士大夫之时多,亲宦官宫人之时少,所以涵养气质,熏陶德性。)

——《二程文集》卷六《论经筵第二札子》

【注释】

①规过:改正错误。②经筵:自汉唐以来,帝王为讲论经史而特设的

御前讲席。③剪桐：据传周代叔虞和成王兄弟，二人玩耍，成王把一桐叶剪为圭形，对叔虞说："以后我将以此分封你。"后因以"剪桐"指帝王分封。
④随事：随时随地。

【译文】

程颐先生在给皇帝的上疏中说：夏、商、周的时候，君王一定会设置师、傅、保这三个职务。"师的职责是教导君王如何治理国家，傅的职责是辅佐君王成为一个有德义的人，保的职责是保证君王有一个健康的身体。"后世的人做事不知道从根本上出发，只知道想要让天下大治而不知道让自己的君王走在正确的道路上，只知道规劝君王的过失而不知道让君王涵养德性。辅佐国君体现德义之道早已荒废，教导国君保养身体之方更不再听闻。臣认为，辅佐德义就要防止君王看见、听见那些有违礼法的事，控制过度的嗜好；保养身体就是饮食起居要适宜，要抱着敬畏的心态。现在不再设置保和傅这两个职位，那么责任就全在经筵上了，所以我想请求皇帝允许，您的一言一行、衣服饮食都要让经筵官知道，有了"剪桐封弟"之类的戏言，就能够随时随地地进行规劝；违反了保养身体的原则，就及时地进谏阻止。（原注：《二程遗书》上说：我曾经向皇帝进言，想要让皇帝一天中和贤良士大夫在一起的时间长，和宦官及后宫在一起的时间短，这样就可以让皇帝涵养气质、熏陶德性了。）

【赏析】

秦汉之后，师、傅、保都已经成为荣誉性的官衔，不再有实际的职责。程颐重提这三者的职责，就是为了让皇帝同意要有人监督自己，提醒皇帝要注意自己的一言一行，控制自己的欲望，这样才能成为人们心中的圣主明君。

5

伊川先生看详三学条制①云：旧制公私试补②，盖无虚月。学校礼义相先之地，而月使之争，殊非教养之道。请改试为课，有所未至，则学官召而教之，更不考定高下。制尊贤堂以延天下道德之士，及置待宾吏师斋，立检察士人行检③等法。又云：自元丰后，设利诱之法，增国学解额④至五百人，来者奔凑，舍父母之养，忘骨肉之爱，往来道路，旅寓他土，人心日偷⑤，士风日薄。今欲量留一百人，馀四百人分在州郡解额窄处。自然士人各安乡土，养其孝爱之心，息其奔趋流浪之志，风俗亦当稍厚。又云：三舍升补之法，皆案文责迹⑥，有司之事，非庠序⑦育材论秀⑧之道。盖朝廷授法必达乎下，长官守法而不得有为，是以事成于下，而下得以制其上，此后世所以不治也。或曰长贰⑨得人则善矣，或非其人，不若防闲⑩详密，可循守也。殊不知先王制法，待人而行，未闻立不得人之法也。苟长贰非人，不知教育之道，徒守虚文密法，果足以成人材乎？

——《二程文集》卷七

【注释】

①《看详三学条制》：程颐所作。意为：审阅研究各种条例制度。②公私试补：太学生必须通过考试才能从外舍升补内舍，从内舍升补上舍，这种考试分为两种，一种是公试，就是官方主持的正式考试；一种是私试，就是临时组织的考试。③行检：品行操守。④国学解额：太学有一定的名额可以直接参加省试。国学就是太学。⑤偷：不厚道。⑥案文责迹：依据文卷表现考察人的实际情况。⑦庠序：古代的地方学校名称，殷代叫庠，周代叫序，后泛指学校或教育事业。⑧论秀：选拔才德优秀之士。⑨长贰：官的正副职。⑩防闲：防备和禁阻。

【译文】

程颐先生在《看详三学条制》中说：按照以前的规矩太学生的升级要

通过公试或者私试,这种考试每个月都会有。学校本来是教育学生讲究礼仪的地方,结果却让他们每个月都要竞争一番,实在不是教导培养人才的方法。我请求把考试改成考核,如果学生有不足的地方,那么就让学官把他喊过去教育一番,更不能用考试来确定名次。设置尊贤堂来延揽天下的饱学之士,已经设置待宾斋、吏师斋,建立起检查学生品行操守的制度等。又说,从元丰年间以后太学采取了以利引诱的方法,使得能够参加省试的学生达到了五百人,为了能够得到这个名额,许多人不远千里聚集到太学,丢下了对父母的奉养,忘掉了骨肉之间的亲情,在路上往来奔波,客居在异乡他地,如此一来,人心日渐无情,士子们的风气也一天天地变得不再醇厚。现在我打算酌情留下一百个人的名额,剩下的四百个人分到那些能够参加省试的名额较少的州。这样自然可以让士子们安居在自己的家乡,培养他们的孝顺、友爱的心,平息了奔走求索、流浪不定的心态,士子们的风气也应该会稍微醇厚一些。又说,太学中外舍、内舍、上舍之间升级和补充,都是根据考试时士子的文章水平确定的,这是官府中各个机构办事的方法,不是学校养育人才、选拔精英的方式。朝廷颁布了一项法令必定要传达到最基层,高层的官员空有法令的条文,而无法亲力亲为,事情都是由下属做的,使得下级可以制约上级,这就是后世之所以无法成为盛世的原因。有人说一把手和副职能够找到合适的人就好了,如果实在找不到合适的人,不如制定严密的制度预先进行防范,这样就能让他们按照成例做好工作了。"这种人不知道,以前的圣王制定好法度,是等合适的人去执行的,没有听说过为不合适的人制定法度的。如果一把手和副职的人选不合适,不知道怎样教化和养育百姓,只知道守着那些形式上的法令条文,这样真的能够培养出人才吗?

【赏析】

　　程颐制定的这些制度有一定的可取性,例如消减太学参加省试的名额分配到录取名额较少的州,以及不根据卷面成绩来决定学生的升级和入学等。但是程颐仍然认为应该要人治,不能要法治,这也是儒家的通病。

6

明道先生行状云：先生为泽州晋城令，民以事至邑①者，必告之以孝悌忠信，入所以事父兄，出所以事长上。度乡村远近为伍保②，使之力役③相助，患难相恤，而奸伪无所容。凡孤煢④残废者，责之亲戚乡党，使无失所。行旅出于其途者，疾病皆有所养。诸乡皆有校，暇时亲至，召父老与之语；儿童所读书，亲为正句读⑤；教者不善，则为易置；择子弟之秀者，聚而教之。乡民为社会⑥，为立科条，旌别⑦善恶，使有劝有耻。

——《二程文集》卷十一

【注释】

①邑：城市，这里指县城。②伍保：唐宋基层的自治制度，五家为一伍，五家互保，互相监督，承担权利义务。③力役：征用民力。④孤煢：无依无靠。⑤句读：文章休止和停顿处。文中语意完足的称为"句"，语意未完而可稍停顿的称为"读"（dòu）。⑥社会：社和会都是民间自发组成的团体，不过"社"的官方意味浓一些，"会"的官方意味淡一些。⑦旌别：识别，区别。

【译文】

《明道先生行状》中说：先生在晋城做县令的时候，凡是百姓有事去县城的，必定告诫他们要懂得孝悌忠信，在家里如何对待父母和兄弟，出门在外如何对待长辈和上级。根据各个村庄的远近分成不同的伍和保，使他们劳动时能够互相帮助，有困难时能够相互照顾，如此一来奸邪小人和伪君子就没有了容身之地。凡是无依无靠或者身体有残疾的人，责令他的亲戚或者乡亲负责照顾他，不至于让他流离失所。有旅客经过了这里，如果有病了都能够得到治疗和照顾。每个乡都要有私学，先生有时间的时候都会亲自到私学里，把当地的长者召集来，和他们谈论当地的事务；儿童读书的时候，先生亲自教他们如何断句；如果老师教得不好，就另外更换一个老师；挑选当地表现优异的年轻人，对他们进行集中教育。如果乡民成立了民间组织,先生还为他们订立各种规章制度,告诉他们什么应该做、什么不应该做,使他们知道什么是荣誉、什么是耻辱。

【赏析】

程颢在晋城做县令的时候主要做了这样几件事:教导百姓向善、建立基层组织、设立慈善机构、狠抓基础教育、重视民间组织等。我们可以看出,程颢先生是知行合一,完全按照儒家的要求做事的人。

7

萃:"王假有庙[1]。"传曰:群生至众也,而可一其归仰;人心莫知其乡[2]也,而能致其诚敬;鬼神之不可度[3]也,而能致其来格[4]。天下萃合人心、总摄众志之道非一,其至大莫过于宗庙,故王者萃天下之道至于有庙,则萃道之至也。祭祀之报[5],本于人心,圣人制礼以成其德耳。故豺獭[6]能祭,其性然也。

——《程氏易传·萃传》

【注释】

[1]王假有庙:王来到宗庙里。假,到。[2]乡:趋向"乡"通"向"。[3]度:揣度。[4]来格:来临。[5]报:祭祀。[6]豺獭:豺祭和獭祭。在初春和深秋的时候,豺狼和水獭会大量地捕杀猎物并放在一起,就像人类祭祀一样。古人不明白这是什么原因,认为这是豺狼和水獭在祭祀上天,于是就把"豺祭"和"獭祭"作为人类捕猎季节的开始。

【译文】

《萃》卦的卦辞说:"天子到了宗庙里。"《程氏易传》中说:天下那么多的苍生黎庶,祭祀却统一了他们的信仰;每个人的心中都有自己的趋向,但是诚敬地进行祭祀却是所有人的愿望;鬼神之事无法度量,不过祭祀却能让他们出现。想要把天下所有人的心都团结在一起、统摄所有人心志的方法有很多,但是没有比宗庙更重要的了。所以在天子所有能够采取的团结天下人心的手段中,到宗庙里祭祀是最好的。祭祀是后人报答先人的措施,是发自于内心的,圣人制订祭祀的礼法是为了弘扬人的德行。所以豺狼、水獭进行祭祀，是发自本性的行为。

【赏析】

在古代，"国之大事在祀与戎"，祭祀的地位是和战争同等的，由此可见祭祀的重要性。祭祀源自于对祖先的崇拜，也是孝道的一种表现，古人认为，如果一个人不孝顺，甚至连祖先都不认了，那么这个人便不能交往。此外，同一个先人的后代不管有什么样的矛盾，也不管这个矛盾有多大，祭祀时都是必须要参加的，所以祭祀也是一个解决内部矛盾的最佳时机。

8

古者戍役①，再期②而还。今年春暮行，明年夏代者至，复留备秋，至过十一月而归。又明年仲春遣次戍③者。每秋与冬初，两番④戍者皆在疆圉⑤，乃今之防秋⑥也。

——《程氏经说·诗解》

【注释】

①戍役：服兵役，戍守边疆。②再期：两年。期，一周年。③次戍：驻扎戍边。④两番：两拨。⑤疆圉：边界。⑥防秋：每年的秋天，北宋都要安排大量的兵力防备西北游牧民族的入侵，称为"防秋"。

【译文】

古时候，人们服兵役要整整两年的时间才能回来。当年的三月出发去边疆，等到第二年夏天替换的军队来了，还要留下来防备秋天敌人的入侵，到了十一月才能回去。第三年的二月，再次派遣新的戍守边疆的军队。每年的秋天和初冬都会有两批部队在边疆驻防，这就是今天的"防秋"。

【赏析】

这一条说的是兵役。北宋王朝的骑兵很少，主要是步兵，机动力很差，想要防备漫长的边境，就必须大量地征发兵役和徭役，给人们带来了极大的痛苦。北宋的这种措施虽然和古时的轮戍类似，但是只不过是北宋以文御武、以守代攻的无奈选择，所以程颐的这种说法疑似为当时的保守政策开脱。

9

圣人无一事不顺天时，故至日闭关①。

——《二程外书》卷三

【注释】

①闭关：关，门闩。闭关就是关门的意思。

【译文】

圣人没有一件事不是顺应天时来做的，所以到了冬至这一天就会关上门。

【赏析】

中国古代的哲学认为，冬至一阳生，但是这一丝阳气很微弱，一不小心就会消失，所以冬至这一天要关门闭户，以呵护阳的生长。

10

韩信多多益办①，只是分数②明。

——《二程遗书》卷七

【注释】

①多多益办：越多越好。②分数：按军队的组织编制来规定人数，分任职务。

【译文】

韩信带兵多多益善的原因，就是他规定好了各部的人数，要求各级官佐各司其职。

【赏析】

好的组织制度是必须的，好的领导只是负责比较重大的、方向性的事务，具体如何做都交到了下级僚属手里。这一条和前面本卷第五条的反对以制度来管理的观点似乎矛盾了，但其实并不矛盾，程颐仍然认为有了韩信这样一个适合的人，才有了各种好的制度。

> **11**
>
> 伊川先生曰：管辖人亦须有法，徒严不济事。今帅千人，能使千人依时及节①得饭吃，只如此者亦能有几人？尝谓军中夜惊，亚夫②坚卧不起。不起善矣，然犹夜惊何也？亦是未尽善。
>
> ——《二程遗书》卷十

【注释】

①依时及节：依循时令节气。②亚夫：周亚夫，西汉著名的军事家、丞相，军事才华卓越，曾在三个月之内平定吴楚七国之乱，力挽汉室江山以狂澜之中。

【译文】

程颐先生说，管理人也必须要讲究方法，光严厉是没有用的。现在率领一千人的将领，能够做到让这一千个人按时吃上饭的有几个人？据说周亚夫带兵的时候，有一夜兵营里发生了骚乱，周亚夫躺在床上一直不起来，于是骚乱很快就停止了。不起床却停止骚乱当然做得很好，但是为什么会发生骚乱呢？还是做得不够好呀！

【赏析】

宋朝崇尚以文御武，"东华门外唱名者方为好男儿"是当时的主流观点，在文官看来，军人都是"贼配军""厮杀汉"，地位非常低下。程颐也没有脱离这个窠臼，认为武将基本上都是能力低下、德不配位的，所以这一条要批判地看。

> **12**
>
> 管摄①天下人心，收宗族②，厚风俗，使人不忘本，须是明谱系，收世族，立宗子法③。又曰：一年有一年工夫。
>
> ——《二程遗书》卷六

【注释】

①管摄：管辖统摄。②收宗族：团结宗族之人。③宗子法：即宗法。

【译文】

想要天下归心、宗族一体、风俗淳厚，让人不忘记自己的祖先是谁，就必须修编族谱，把具有相同血统的人都聚集在一起，确立宗法。又曰：早施行一年就早一年看到成效。

【赏析】

在封建社会，皇权只能到达县一级，乡村是无法直接统治的，也就是史书上说的"皇权不下乡"，乡村等基层的统治一般都是由当地的世家大族代为管理。在程颐看来，如果把所有具有相同血统的人都用宗族组织起来，国家的治理必然会迈上一个新的台阶。

13

宗子法坏，则人不自知来处，以至流转四方，往往亲未绝，不相识。今且试以一二巨公之家①行之，其术要得拘守得，须是且如唐时立庙院②，仍不得分割了祖业，使一人主之。

——《二程遗书》卷十五

【注释】

①巨公之家：旺族大家。②庙院：指望族世家有官祭的宗祠。

【译文】

如果没有了宗法，那么人们就不知道自己的家世渊源，以至于在四方迁徙流转，往往亲族还在，却互不相识。如今暂且挑选一两家世家大族试行宗法，要点就是要能约束住族人，必须像唐朝时期一样建立自己的宗庙，而且不能分家，由一个人主管家族中所有的事务。

【赏析】

承接上一条，程颐提出试行宗法的建议，而且提出了严格管理、建立宗庙、设立家主的具体措施。

14

> 凡人家法，须月为一会以合族①，古人有花树韦家宗会法②，可取也。每有族人远来，亦一为之。吉凶嫁娶之类，更须相与为礼，使骨肉之意常相通。骨肉日疏者，只为不相见，情不相接尔。
>
> ——《二程遗书》卷一

【注释】

①合族：凝聚本族人心。②花树韦家宗会法：唐代韦氏家族的联宗活动，在春季繁花盛开之时举行。

【译文】

对于家族的管理，每个月都应该全族聚会一次，以加强族人的凝聚力。唐朝的时候，韦家每当到了春暖花开的时候都要举行一次联宗活动，这是值得效仿的。每当远方的族人到来，也应该举行一次聚会。族中有了红白喜事，更应该都去吊唁或者庆贺，让骨肉亲情长存心中。亲人之间的关系日渐疏远的原因，就在于不经常见面，彼此的情感无法交流，也就慢慢地变淡了。

【赏析】

程颐认为一个家族的人应该经常聚会，这样才能保证家族有凝聚力，这种观点对我们现代人也值得借鉴。这种聚会可以在特定的日期（如祭祖的日子）举行，也可以在有了远方的族人回来时举行，总之，能够保证每个月聚会一次就可以。同时，族中有了丧事或喜事的时候，全族的人都要去帮忙，这样才能体现出骨肉亲情，也是交流感情的好机会。

> **15**
>
> 冠婚丧祭，礼之大者，今人都不理会。豺獭皆知报本，今士大夫家多忽此，厚于奉养而薄于先祖，甚不可也。某尝修六礼①，大略家必有庙，庙必有主②，月朔③必荐新④，时祭⑤用仲月，冬至祭始祖，立春祭先祖，季秋祭祢⑥，忌日迁主，祭于正寝。凡事死之礼，当厚于奉生者。人家能存得此等事数件，虽幼者可使渐知礼义。
>
> ——《二程遗书》卷十八

【注释】

①六礼：按照《二程文集》卷十的分法，分别为《婚礼》《葬说并图》《葬法决疑》《记葬用柏棺事》《作主式》《祭礼》。②主：神主，写有祖先名讳的牌位。③月朔：每个月的初一。初一称为"朔"，十五称为"望"，每个月的最后一天称为"晦"。④荐新：献上新的祭品。⑤时祭：四季的祭祀。古人也称四季为四时。⑥祢：有两个读音，分别是 mí 和 nǐ。读 mí 时指的是奉祀死父的宗庙，读 nǐ 时指的是宗庙中亡父的牌位。

【译文】

儿子的成人礼、儿子娶妻、丧葬、祭祀先人，这都是礼法中最重要的，可是现在的人都已经不在意了。豺狼、水獭都知道用猎物祭祀自己的祖先，可惜现在的士大夫都忽略了这一点，对于双亲的奉养十分丰厚，对先人的祭品却相当菲薄，这是很不应该的。我曾经修订过"六礼"，大致是说每个家族都要有自己的宗庙，庙中必须要有神主，每个月的初一都必须献上新的祭品，四季的祭祀要在本季度的第二个月，冬至这一天祭祀始祖，立春这一天祭祀先祖，九月祭祀亡父，在灵主的忌日这天要把神主请到家中，在正堂里祭祀。但凡对待故去的先人的礼节，要比侍奉活着的亲人更庄重。世间的家族如果能够做到几件这样的事，哪怕是无知童子也可以让他慢慢地知道什么是礼义。

【赏析】

祭祀这个社会习俗，具有深刻的文化意义，体现了孝道文化和教道文化，会让我们知道感恩，传承社会美德。

> **16**
>
> 今无宗子，故朝廷无世臣①。若立宗子法，则人知尊祖重本。人既重本，则朝廷之势自尊。古者子弟从父兄，今父兄从子弟，由不知本也。且如汉高祖欲下沛时，只是以帛书与沛父老，其父兄便能率子弟从之。又如相如使蜀，亦移书责父老，然后子弟皆听其命而从之。只有一个尊卑上下之分，然后顺从而不乱也。若无法以联属②之，安可？且立宗子法，亦是天理。譬如木，必有从根直上一干，亦必有旁枝；又如水，虽远必有正源，亦必有分派处，自然之势也。然又有旁枝达而为干者，故曰："古者天子建国，诸侯夺宗"云。
>
> ——《二程遗书》卷十八

【注释】

①世臣：历代有功勋的旧臣。②联属：关联交接。

【译文】

现在没有了宗法，也就没有了嫡长子，所以朝廷也就没有了能够世代建立功勋的臣子。如果有了宗法，那么人们就会知道要尊崇自己的祖先、重视自己家族的由来。对自己的家世由来重视，那么朝廷的威势自然也就尊贵了。古时候儿子、弟弟要听从父亲、哥哥的话，现在却是父亲、哥哥要听从儿子、弟弟的，这都是因为不知道自己的家世由来呀。就像刘邦想要拿下沛县的时候，只是给沛县的父老送了一封信，他的父亲和哥哥就能带着刘家的子弟追随他。又比如司马相如出使蜀地的时候，也是用书信来责备当地的父老，然后当地的子弟就按照父老们的命令听从司马相如的指挥了。只要分清楚了尊卑上下，就能够如臂使指忙而不乱。如果彼此没有联系、没有统属关系，怎么能够做到这一点呢？而且重立宗法也是符合天理的。比如大树，必定是从根部有一个竖直向上的主干，也必定有一些旁枝；又比如河流，虽然流淌得很远但必定有一个源头，也有分支，这都是自然形成的大势。然而也有旁支长势好而成为主干的，所以有了"古时候天子建立了国家,却被诸侯夺走了宗子的地位"这个说法。

【赏析】

有了宗族,同一血脉的人就形成了一个严密的组织。一旦有了事情,只要族长一声令下,全族的人都会奋勇争先。在封建社会宗族有着一定的先进意义,但同样也是乡间纠纷乃至于械斗的主力,这点要批判地看待。

> **17**
>
> 邢和叔叙明道先生事云:尧、舜、三代帝王之治,所以博大悠远,上下与天地同流者,先生固已默而识之。至于兴造礼乐,制度文为①,下至行师用兵战阵之法,无所不讲,皆造其极。外之夷狄情状,山川道路之险易,边鄙②防戍城寨③斥候④控带⑤之要,靡不究知。其吏事操决文法簿书,又皆精密详练。若先生可谓通儒全才矣。
>
> ——《二程遗书》附录《门人朋友叙述并序》

【注释】

①制度文为:制定具体的礼乐法度。②边鄙:边远之地。③城寨:防守用的围墙或栅栏。④斥候:亦作"斥堠",侦察,观望。⑤控带:指城池垣环水抱,形势险要。

【译文】

邢恕在叙述程颢先生的事迹时说:尧、舜、夏禹、商汤、周文王和周武王几位都是圣明的君王,所以能够区域广阔、国祚绵长,上下都与天地同德,先生当然都默默地记在心里了。至于上至建造、礼乐、各种制度,下至行军用兵、战阵的布置等,讲述全面,而且都达到了登峰造极的地步。国外的异族的风土人情、山川道路哪里有险隘哪里容易走、边远地区如何防守、如何建立城寨、如何侦探敌情、如何控制险要的地形,其中的要点没有不知道的。先生处理政务时坚决果断,各种条令、文书既精细严密又周详练达。像先生这样才能说是通达儒学的全才啊。

【赏析】

作为程颐的学生，邢恕对程颐的评价是相当高的。虽然这里邢恕有夸张成分，但是不可否认的是，程颐在中国文学史上占有一席重要的位置。

⑱

介甫言律是八分书，是他见得。

——《二程外书》卷十

【译文】

王安石说律法只能发挥八分的作用，这说明他有见识啊！

【赏析】

本卷第 20 条和本条可以互为阐释，说明法律必须要有教化的辅佐才能真正发挥自己的作用。

⑲

横渠先生曰：兵谋①师律②，圣人不得已而用之。其术见三王方策③、历代简书④。惟志士仁人为能识其远者大者，素求预备而不敢忽忘⑤。

——张载《横渠文集》

【注释】

①兵谋：军事计谋。②师律：军队纪律。③方策：亦作"方筴"，典籍，指史册。④简书：指一般文牍，用于策命、征召、告诫等文书。⑤忽忘：忘记。

【译文】

张载先生说：克敌制胜的谋略、统兵打仗的诀窍，圣人都是没有其他办法的时候才使用的。这些方法都能在三王的典籍和历代的史书中看到。只有那些既有节操又有仁德的人才能够认识到这些知识的深远和重要性，平时就预先记在心里，不敢忘记。

【赏析】

张载认为如何统兵、如何打仗在史书上都有记载，不过一般人都是看过就算了，没有深思。只有那些为国为民的人才会注意这些知识，作为知识储备记在心里。张载的话是有道理的，例如《左传》和《史记》，里面都有宏大的战争场面的描写，而且涉及了大量的军事原则和军事谋略，如果是有心人，只要用心学习，就会学有所用。

> **20**
>
> 肉辟①于今世死刑中取之，亦足宽②民之死，过此当念其散之之久。
>
> ——张载《横渠文集》

【注释】

①肉辟：古代肉刑的总称，包括墨（脸上刺字并涂黑）、劓（割掉鼻子）、剕（砍掉脚趾）、宫（割去男性的生殖器官）、大辟（各种死刑）等。②宽：宽恕。

【译文】

现在一旦犯罪严重了就要判处死刑，其实可以考虑将一些犯罪情节较轻的罪犯改判肉刑，这样能够宽免一些罪犯的死罪，是考虑到百姓们处在宽松的环境中太久了，所以才会犯罪。

【赏析】

张载的这条言论仍然要批判地看待，三王时期确实有许多好的政策，但是一些酷刑明显不在其中，这些刑罚不仅是对人身的摧残，也是历史的糟粕。

21

吕与叔撰横渠先生行状云：先生慨然有意三代之治，论治人先务，未始不以经界为急。尝曰："仁政必自经界始。贫富不均，教养无法，虽欲言治，皆苟而已。世之病难行者，未始不以亟夺富人之田为辞。然兹法之行，悦之者众。苟处之有术，期以数年，不刑一人而可复。所病者特上之未行耳。"乃言曰："纵不能行之天下，犹可验之一乡。"方与学者议古之法，共买田一方，画为数井①，上不失公家之赋役，退以其私正经界，分宅里，立敛法②，广储蓄，兴学校，成礼俗，救灾恤患，敦本抑末③，足以推先王之遗法，明当今之可行。此皆有志未就。

——《张子全书》卷十五

【注释】

①井：井田，指平均分成几份。②敛法：税收之法。③敦本抑末：重视农业，抑制商业。古人认为农业才是社会存在的根本，工商业只是可有可无的末节。

【译文】

吕大临撰写的《横渠先生行状》说：先生意气风发，想要重现三代之治，先生说，在治理人民的所有事务中，无不把平均地权作为最先要务，他曾经说："仁德的政策必定都是从平均地权开始的。百姓贫富不均匀，教化养育没有一定之规，都是勉强凑合下去罢了。那些说很难执行下去的人，没有不是把劫富济贫当成借口的。然而如果实行了，大多数人都会高兴。如果推行的措施有效，几年之后，不用处罚一个人就可以恢复上古时期的井田制了。我担心的只是皇上不肯这样做。"他还说："纵然这种方法不能在天下全面推行，但是仍然可以在一个乡试验一下。"他还和一些学生议论古代土地政策的优点，打算凑钱买一块地，像井田那样平均分成几块让百姓耕作，对上来说，国家的赋税和徭役仍然可以收取，对下来说可以自己确定土地的边界、划分乡里住宅、制定税收政策、扩大储备积蓄、兴办教育、树立风俗，救济灾祸、抚恤患难，重农抑商。这样不仅可以推行先王留下的制度，也可以证明这种制度在如今仍然是行得通的。这些都是先生有心去做却没有完成的事。

【赏析】

宋朝是不抑制土地兼并的，"富者田连阡陌，贫者无立锥之地"是当时的普遍现象，已经成为社会上的一个隐患。张载敏锐地发现了这个问题，隐晦地指出如果不制止这种现象，将来肯定会出问题的。张载的平均地权提议是好的，当然也不一定非要恢复上古的井田制，但是他主张限制工商业是明显违背历史规律和发展的。

22

横渠先生为云岩①令，政事大抵以敦本善俗②为先。每以月吉③具酒食，召乡人高年会县庭④，亲为劝酬⑤，使人知养老事长之义。因问民疾苦，及告所以训戒子弟之意。

——《张子全书》卷十五

【注释】

①云岩：北宋的一个县，在今陕西省宜川县境内。②善俗：改善风俗。③月吉：农历每月初一。④县庭：古时候县官办公的场所，也称"县廷"。⑤劝酬：互相劝酒。

【译文】

张载先生在云岩做县令的时候，在政务的处理上把敦促农业生产、改善当地的风俗作为优先事务。每个月初一那一天他都会准备好醇酒美食，把乡里年龄比较大的人召集到县衙里，亲自劝酒应酬，让人知道赡养老人、尊重长辈的意义所在。他也会趁着这个机会询问民间的疾苦，并告诉大家训导教育子弟的意义。

【赏析】

如果人民食不裹腹，就会产生各种犯罪行为，所以古时候的官员都非常重视农业生产，以期能够得到更多的收获；如果百姓得不到教化，各种不良的风气也会滋生，所以会有"衣食足而知荣辱"的说法。在当时来说，张载的这种施政方针无疑是正确的。

23

横渠先生曰：古者"有东宫①，有西宫，有南宫，有北宫，异宫而同财"，此礼亦可行。古人虑远，目下虽似相疏，其实如此乃能久相亲。盖数十百口之家，自是饮食衣服难为得一。又异宫乃容子得伸其私②，所以"避子之私③也，子不私其父，则不成为子"。古之人曲尽人情④。必也同宫，有叔父、伯父，则为子者何以独厚于其父？为父者又乌得而当⑤之？父子异宫，为命士⑥以上，愈贵则愈严。故异宫犹今世有逐位⑦，非如异居也。

——张载《乐说》

【注释】

①宫：古代对房屋、居室的通称，秦汉以后特指帝王之宫。这里包括后面的几个"宫"都用的是本义。②得伸其私：指儿子偏孝自己的父亲。③避子之私：指掩护儿子偏孝其父的行为。④曲尽人情：委婉周到地把人情世态表达出来。⑤当：承担。⑥命士：有了爵位的士人。⑦逐位：按照地位不同来决定住屋的位置。

【译文】

张载先生说：古时候"一个家族中有东屋、西屋、南屋、北屋，家族内所有的成员虽然住在不同的地方，但是财产却是共有的"，这个礼法现在也可以实行。古人考虑得十分深远，看起来不住在一起让大家生疏了，其实这样做恰恰是让兄弟们之间的关系保持得更为持久。一个大家庭有几十个至上百个人，饮食、衣服自然很难做到毫无偏差。分散居住可以让各自的儿子偷偷地孝敬自己的父母，也可以"掩护这种行为不让其他的人知道，如果儿子不偏爱自己的父母，那他也就不配成为父母的儿子了"。古代的人表现人情世事都很曲折委婉。如果一定要住在一起，有叔叔、伯伯在，儿子怎么能够单单孝敬自己的父母呢？当父亲的又怎么能够接受儿子单独的孝敬呢？父子不住在一起，是因为儿子有了爵位，而且地位越高要求得越严格。所以分开居住就像现在的按照地位分配房子，并不是分家不住在一起。

【赏析】

　　古时候一个家庭中的所有成员是住在同一个宅子里的，如果父母健在，哪怕做儿子的都已经有了孙子也是不允许分家的。不过儿子们都有自己的家庭，这样一来，各个小家庭的隐私也有了保全，而且兄弟们也少了许多摩擦，才能更好地相处下去。至于财产共有，也是在随时提醒"我们是一家人"的手段。

24

治天下不由井地，终无由得平。周道止是均平。

——张载《经学理窟·周礼》

【译文】

　　想要治理好天下，如果不从井田制入手终究是没有办法治理好的。周代把天下治理得那么好，也只不过是公允平均地分配土地罢了。

【赏析】

　　想要天下安定，就必须保证百姓能够吃饱穿暖，而在工商业不发达的情况下，吃饱穿暖的前提就是有自己的田地耕种。但是井田制也不是能够治百病的"神药"，不然也就不会在历史中消失了，而且周朝初期的稳定也不仅仅是井田制的功劳。

25

井田卒归于封建①，乃定。

——张载《经学理窟·周礼》

【注释】

　　①封建：指周代封邦建国时的分封制。

【译文】

先施行井田制,最后仍然重归诸侯分封的制度,这样天下才能够安定下来。

【赏析】

张载的主张就是复古。他认为古代的一切都是好的,当时出现的所有不良现象都是因为没有实行古法所导致的,如果想要天下安定,就必须把上古时期的一切政策照搬过来。他的这种看法是片面的,没有考虑到社会和生产力的发展。

卷十 / 处事之方

1

伊川先生上疏曰：夫钟，怒而击之则武，悲而击之则哀，诚意之感而入也。告于人亦如是，古人所以斋戒而告君也。臣前后两得进讲，未尝敢不宿斋预戒，潜思存诚，觊感动于上心。若使营营①于职事，纷纷其思虑，待至上前，然后善其辞说，徒以颊舌②感人，不亦浅乎？

——《二程文集》卷六《上太皇太后书》

【注释】

①营营：奔走劳碌。②颊舌：言语，指口才。

【译文】

程颐先生给皇帝上奏文书中写道：钟这种乐器，如果心中有怒气的时候去敲击，就会发出雄武浑壮的声音，如果心中悲痛的时候去敲击，发出的声音就会令人悲伤，这就是人的情绪融进了乐器里。和人说话也是这样的道理，所以古人在和国君说话之前要沐浴更衣、不食荤腥。我前后两次得到给皇帝讲课的机会，没有敢不预先斋戒的，仔细认真地思考要和皇上说的话该怎么说，希望能够打动皇上。如果让我一直为工作忙碌不休，心中思虑纷纷，等到了皇上面前的时候再修饰自己的语言，那就是用口才来说服人了，不是太浅陋了吗？

【赏析】

与他人交谈的时候，言语的修辞很重要，更重要的是要有诚意。那什么是诚意呢？就是发自肺腑的话，虚情假意的话很难打动别人。

2

伊川答人示奏稿①书云：观公之意，专以畏乱为主。颐欲公以爱民为先，力言百姓饥且死，丐②朝廷哀怜，因惧将为寇乱，可也。不惟告君之体③当如是，事势亦宜尔。公方求财以活人，祈之以仁爱，则当轻财而重民；惧之以利害，则将恃财以自保。古之时，得丘民④则得天下，后世以兵制民，以财聚众，聚财者能守，保民者为迂。惟当以诚意感动，觊其有不忍之心而已。

——《二程文集》卷九《答人示奏稿书》

【注释】

①奏稿：奏章的草稿。②丐：乞求。③体：规范。④丘民：泛指百姓。

【译文】

程颐的《答人示奏稿书》中说：我发现您的主题主要是害怕发生变乱。我想让您把爱民放到前面，极力说明老百姓都快要饿死了，乞求朝廷能够同情可怜他们，接着再说害怕他们将来会因为饥饿而出现抢劫的现象就可以了。不但是给君王的上书要按照这种格式，而且事情的处置也最好是这样的。您正要向君王申请拨款来让百姓保住性命，如果乞求他用仁爱来对待百姓，那么他就不会重视花了多少钱，而是重视救济了多少百姓；如果您用百姓动乱的后果去吓唬他，他就会把钱留下来，以保证自己的安全。古时候谁得到了老百姓的支持谁就能得到天下，到了后世，就变成了用军队来控制百姓，用钱财来聚拢部属，认为能够聚敛钱财是有本事，保护百姓就是迂腐。只能用您的诚意去打动他，希望他能有对百姓的不忍之心。

【赏析】

这是程颐对某个官员奏疏的指点。从这段话中可以看出，这个官员的治下发生了灾荒，他想要让皇帝拨款赈灾，可是他的奏疏是以渲染将要发生变乱为主的。程颐认为这样写不好，应该先写百姓是如何地艰难，然后再写如果不赈济就会发生变乱，这样就可以给君王一个花点钱就可以免去一场变乱的印象，赈灾款也就容易批下来了。由此可以看出，程颐对于人心、人性是非常通透明达的。

> **3**
>
> 　　明道为邑①，及民之事，多众人所谓法所拘者，然为之未尝大戾②于法，众亦不甚骇。谓之得伸其志则不可，求小补③，则过今之为政者远矣。人虽异之，不至指为狂也。至谓之狂，则大骇矣。尽诚为之，不容而后去，又何嫌乎？
>
> ——《二程文集》卷九《答吕进伯简三》

【注释】

　　①为邑：治理城邑。②戾：违背。③小补：小的帮助。

【译文】

　　程颢先生在治理城市的时候，如果某种事务涉及了百姓，他所采取的措施很多都是大家认为是法律所限制的，但是他这样做了也没有严重违背法律，而且大家也不是多么惊讶。如果说他实现了自己的志向当然是不对的，但要是说小有好处，却比如今大多数的官员要好多了。人们对他的做法虽然感到惊讶，但是不会说他狂妄。如果到了他们认为狂妄的程度，那他们就会大吃一惊了。按照自己的诚心去做，如果大家无法接受就放下，又有什么不满意的呢？

【赏析】

　　程颢的这种做法就是从人民群众的利益出发，不被法律的条条框框所约束，自然比那些拘泥于法律条文的庸吏要好多了。

> **4**
>
> 　　明道先生曰：一命之士①，苟存心于爱物，于人必有所济。
>
> ——《二程文集》卷十一《明道先生行状》

【注释】

　　①一命之士：周代最低一级的官员，后泛指官职低微之人。

【译文】

程颢先生说,哪怕是职务最低的官员,只要心中能够仁爱事物,对人民必定有所帮助。

【赏析】

只要心中有为人民服务的愿望,不管职务高低,总能做出一定贡献的;正因为程颢能够坚持这种严于律己、爱民的态度,才让他做事有力量、有勇气、有温度。

> **5**
>
> 伊川先生曰:君子观天水违行①之象,知人情有争讼之道。故凡所作事,必谋其始,绝讼端②于事之始,则讼无由生矣。谋始③之义广矣,若慎交结、明契券④之类是也。
>
> ——《程氏易传·讼传》

【注释】

①天水违行:讼卦下卦为坎,坎代表水;上卦为乾,乾代表天。水要往低处流,天要向上面走,二者的运行方向是相反的。②讼端:诉讼的缘由。③谋始:事情开始时要慎重考虑。④契券:凭证。

【译文】

程颐先生说,君子看到讼卦的上卦和下卦所代表的事物运动方向是相反的,就知道人情世事上必须有争论诉讼的情况发生。所以不管做什么事,都必须在开始的时候考虑周详,一开始就要断绝可能出现诉讼的苗头,自然也就不会出现诉讼了。很多事情开始就要考虑周详,比如交朋友要慎重、签订契约合同要明确等。

【赏析】

这一条在人们的生活中有着很强的实际作用。也不仅仅是交友、契约,不管做任何事情,一开始就要计划好,对于可能发生的意外做好预案,这样才能将事情做得更好。《孙子兵法》中说"多算胜,少算不胜"也是这个道理。

6

师之九二,为师之主,恃专①则失为下之道②,不专则无成功之理,故得中为吉。凡师之道,威和并至则吉也。

——《程氏易传·师传》

【注释】

①恃专:专权。②为下之道:统率部下的原则。

【译文】

师卦的九二爻说,军队的主帅,如果一味地把权力握在手里,这就不符合统率部下的原则了,但如果手里没有权力自然也就做不成事,所以能够做到适中才是最好的。统率军队的方法,要做到有威严也有温和才是正确的。

【赏析】

作为一个领导,如果死死地把一切权力都握在自己手里,下属没有做任何决定的权力,那么必然会事事要请示汇报,有了突发事件也就无法及时处理,工作很难做好。因此做领导的要学会抓大放小,给予部下一定的决策权力,这样既不必事必躬亲,下属也会有更强的主动性。

7

世儒有论鲁祀周公以天子礼乐,以为周公能为人臣不能为之功,则可用人臣不得用之礼乐。是不知人臣之道也。夫居周公之位,则为周公之事。由其位而能为者,皆所当为也。周公乃尽其职耳。

——《程氏易传·师传》

【译文】

周公有大功于周王朝,所以他逝世后周天子命令鲁国用天子才可以使用的礼仪乐器来祭祀他,有的儒者谈到这件事时,认为周公做出了臣子无法做到的大功,所以他可以使用臣子无法使用的礼仪乐器。这种看法是不知道臣子的本分。既然坐在周公的位置上，就必须要做周公所做的事。所有这个位置应该做的工作，全部都是他应尽的职责。周公只是完成了自己的工作。

【赏析】

"在其位谋其政"，既然担任了这个职务，那么就要把这个职务所需要做的本职工作做好，可以说这是一个基本的要求。如果连这一点都做不了，又何谈尽责二字呢？周成王允许鲁国用天子的礼乐来祭祀周公，是对周公的肯定，也是为后世树立了一个榜样，希望有更多的人能够像周公一样尽职尽责。周公的儿子伯禽明白成王的用意，所以才接受了这个赏赐。

8

大有之九三曰："公用亨①于天子，小人弗克②。"传曰：三当大有之时，居诸侯之位，有其富盛，必用亨通于天子，谓以其有为天子之有也，乃人臣之常义也。若小人处之，则专其富有以为私，不知公己奉上③之道，故曰"小人弗克"也。

——《程氏易传·大有传》

【注释】

①亨：同"享"，进献。②克：胜任。③公己奉上：大公无私，事奉君主。

【译文】

大有卦的九三爻说："诸侯要给天子进献物品享用，见识浅薄的人是做不到的。"《程氏易传》说：第三爻处在《大有》卦的中间，就像人处于诸侯的地位一样，如果自己富裕了，必然要进献给天子一部分供他享用，也就是通常所说的自己有的也就是天子所有的，这也是为人臣子应该做到的。如果是见识浅薄的人处在这个位置，那么就会将所有的财富都拥为己有，不知道什么是大公无私、事奉君主，所以才说"见识浅薄的人是做不到的"。

【赏析】

大有卦的九三爻还有着另外一层含义，那就是要懂得利益的分享。人是社会性的动物，不可能独自生存，从小的方面来说要有家人、朋友，从

9

人心所从，多所亲爱者也。常人之情，爱之则见其是，恶之则见其非。故妻孥①之言，虽失而多从；所憎之言，虽善为恶也。苟以亲爱而随之，则是私情所与，岂合正理？故随之初九，出门而交，则"有功"也。

——《程氏易传·随传》

【注释】

①妻孥：妻子、儿女。

【译文】

从心所喜欢依从的，往往是身边亲近的人。一般来说，喜欢一个人，就觉得这个人做什么都是对的；讨厌一个人，就觉得这个人做什么都是错的。所以，妻子儿女说的话，即使是错的，大多数也会听从；如果是讨厌的人所说的话，即使他说的是好话，也会觉得他不怀好意。如果因为关系亲近就顺从，这就是徇私，哪里符合正理呢？所以随卦的初九爻说，走出家门去外面交游，才能够"建功立业"。

【赏析】

人一旦有了主观印象，所做出的判断就很难客观公正。所以往往那些与自己没有利害关系的人，他们的建议或者批评更具有价值。

10

随九五之象曰："孚于嘉①，吉，位正中②也。"传曰：随以得中为善，随之所防者过也。盖心所说③随，则不知其过矣。

——《程氏易传·随传》

【注释】

①孚于嘉：因美德而互相信任。②位正中：九五爻是阳爻，又居于阳位，

所以说"正",第五爻又是上卦中间的一爻,所以说"中";同理,六二爻也是阴爻处于阴位而且在下卦的中间,也是又"正"又"中",而且这两爻一阴一阳互相对应,所以前面才说"孚于嘉"。③说:"悦"的通假字,喜欢的意思。

【译文】

随卦九五爻的"象"是这么说的:"用嘉美之德而相互取信,吉祥,因为它们处于中正的位置。"《程氏易传》说:随卦揭示的道理是,处于中正的位置才是最佳的,追随人的时候要预防出现过失。如果是喜欢一个人而去追随他的话,就不容易发现他的过失。

【赏析】

如果喜欢一个人,就会"爱之则见其是",也就是俗语说的"情人眼里出西施",哪里能够发现他的缺点和不足呢?"所防者过也",这里的"过"不仅是防止自己犯错,也要防止自己所追随的人犯错。如果所追随的人犯有原则性的错误,那就不值得追随了。

11

坎之六四曰:"樽酒簋贰①,用缶②,纳约自牖③,终无咎。"传曰:此言人臣以忠信善道结于君心,必自其所明处乃能入也。人心有所蔽,有所通。通者明处也,当就其明处而告之,求信则易也,故云"纳约自牖"。能如是,则虽艰险之时,终得无咎也。且如君心蔽于荒乐④,唯其蔽也故尔,虽力诋其荒乐之非,如其不省何?必于所不蔽之事,推而及之,则能悟其心矣。自古能谏其君者,未有不因其所明者也。故讦直⑤强劲者,率多取忤;而温厚明辨者,其说多行。非唯告于君者如此,为教者亦然。夫教必就人之所长,所长者心之所明也。从其心之所明而入,然后推及其馀,孟子所谓"成德"、"达才"⑥是也。

——《程氏易传·坎传》

【注释】

①樽酒簋贰：樽，盛酒的器具。簋，盛食物的器具。一樽酒，两簋食。②缶：一种瓦器，圆腹小口。③纳约自牖：从窗户那里送进一些简约的物品。④荒乐：耽于逸乐。⑤讦直：亢直敢言。⑥达才：使之通达成才。

【译文】

坎卦的六四爻说："一杯酒、两盘菜，用瓦罐盛着，简约的物品就这样从窗户那里送进去了，也不会有什么大的错误。"《程氏易传》说：这句话说的是臣子之道，如果臣子想要让君王接纳尽忠守信的善道，就必须从他能够明白的地方入手，这样君王才会接受。人的内心有遮蔽的地方，也有通达的地方。通达的地方就是能够明白的地方，从他明白的地方来告诉他，让他相信就容易了，所以才说"简约的物品从窗户那里送进去了"。如果能够这样做，即使是处于艰难险阻的时期，也不会有大的祸患。就像君王的心已经被吃喝玩乐迷住了，所以你极力劝谏吃喝玩乐是不对的，他就是无法醒悟，你又能怎么样呢？只有从他有清醒认识的地方入手，进一步推进到他不容易理解的地方，才能让他自己醒悟过来。自古以来，能够进谏并能使君王改正错误的，没有不是从君王有清醒认识的地方着手的。所以犯言直谏痛批龙鳞的，大多都会惹恼君王；而温声细语以理服人的，意见大多都被采纳了。不但向君王进谏是这样，教育学生也是这个道理。教育必须要考虑到学生的专长，他最擅长的就是他有着最清醒认识的地方，从这里入手，进一步推进到其他不明白的地方，这就是孟子所说的"顺其品德使之成就""依其才能使之通达"。

【赏析】

想要让别人改正错误，就要从他愿意听、喜欢听的地方入手。如果一开始就直指对方的缺点，会让对方觉得没有面子，从心里产生抵触情绪，说话的效果也就大打折扣了。

12

恒之初六曰:"浚恒^①,贞凶。"象曰:"浚恒之凶,始求深也。"传曰:初六居下,而四为正应^②。四以刚居高,又为二三所隔,应初之志^③,异乎常矣。而初乃求望之深,是知常而不知变也。世之责望^④故素^⑤而至悔咎者,皆"浚恒"者也。

——《程氏易传·恒传》

【注释】

①浚恒:超出了常规的要求。②四为正应:恒卦的第四爻是阳爻,也是上卦的第一爻;恒卦的第一爻是阴爻,也是下卦的第一爻,二者阴阳互应。③应初之志:九四阳爻与初六阴爻相应的本意。④责望:期望。⑤故素:故友。

【译文】

恒卦的初六爻说:"超出了常规的要求,占断为凶兆。"这一卦的"象"辞说:"超出了常规要求的凶兆,就是从要求太过深切开始的。"《程氏易传》中说:在恒卦中,初六处于最下方,和上面的九四阴阳正应。九四是阳爻居于高位,和初六之间被隔了九二、九三两个阳爻,这样九四、初六阴阳正应的本意就和正常情况不同了。然而初六仍然对九四有着深切的盼望,这就是只知道常理而不知道变通呀。世上的人经常对故交旧友有着过高的期望,最后导致双方反目成仇的,都是因为"超出了常规的要求"!

【赏析】

一般来说,人都会对家人朋友、对自己喜欢的人有着很高的要求,反而对关系不那么亲近的人要求不那么高,如果问他为什么这样做,他会理直气壮地说:"他和我有什么关系?我管他那么多干什么?就因为你们是我的亲人朋友,所以我才对你们有这么高的要求!"这种心态不能说完全不对,只是他没有考虑到,他的要求对于对方来说是不是太高?是不是超出了对方的能力?为什么我们总是对身边亲近的人苛刻,而对与我们无关的人却很宽容呢?这些现象在日常生活中都比较常见,是需要我们经常反思和注意的。

13

遁之九三曰:"系遁①,有疾厉②,畜③臣妾④吉。"传曰:系恋⑤之私恩,怀⑥小人、女子之道也,故以畜养臣妾则吉。然君子之待小人,亦不如是也。

——《程氏易传·遁传》

【注释】

①系遁:受到牵制。②疾厉:疾困灾厄。③畜:xù,收养、收容。④臣妾:奴仆。古时称呼男仆人叫臣,女仆人叫妾。⑤系恋:恋念不舍。⑥怀:安慰、安抚。

【译文】

遁卦的九三爻说:"进退有了牵挂,就会有疾苦灾厄。用来收养奴仆是吉利的。"《程氏易传》中说:用私人恩惠让人对自己产生感情而恋恋不舍,这是安抚下人和妻妾的方法,所以用这种方法来收养奴仆是吉利的。然而君子在对待他的下人时候,却不会这样做的。

【赏析】

用私人恩义来笼络人心,只能笼络一些没有见识的小人物。如果有人给了这些小人物更大的恩义,这些人便极有可能转身投入别人的怀抱。所以遁卦才说这样做会有疾苦困厄,只能作为收养奴仆的手段。即便如此,这仍然不是光明正大的手段,所以君子即使是对自己的奴仆也是不屑于使用这些手段的。

14

睽之象曰:"君子以同而异。"传曰:圣贤之处世,在人理之常,莫不大同①,于世俗所同者,则有时而独异。不能大同者,乱常拂理②之人也;不能独异者,随俗习非③之人也。要在同而能异耳。

——《程氏易传·睽传》

【注释】

①大同:基本一致。②乱常拂理:违背正理,破坏纲常。③随俗习非:流于世俗,习以为非。

【译文】

睽卦的"象"说:"君子应该求大同存小异。"《程氏易传》说:圣贤在处理人情世事的时候,基本原则和普通的人是没有什么不同的,但是在一些世俗的问题上,却显得特立独行。不能在基本原则上和大多数人保持一致,这是违背了纲常的人;不能在世俗问题上特立独行,这是流于世俗,习以为非的人。要点就是能够求大同而存小异。

【赏析】

遵纪守法、努力工作、孝敬父母、亲爱家人,这些都是原则性的问题,是每一个人都需要做到的。至于一些世俗的习惯,尤其是一些不适应时代发展,甚至是一些流弊的东西,要果断舍弃,这就需要一些特立独行的勇气,才能不流于世俗。

15

睽之初九,当睽①之时,虽同德者相与,然小人乖异②者至众,若弃绝之,不几尽天下以仇君子乎?如此则失含弘③之义,致凶咎之道也,又安能化不善而使之合乎?故必"见恶人,则无咎"也。古之圣王,所以能化奸凶为善良,革④仇敌为臣民者,由弗绝也。

——《程氏易传·睽传》

【注释】

①睽:违背。②乖异:背离。③含弘:包容博爱。④革:改变。

【译文】

睽卦的初九爻说"和恶人在一起也不会有什么错误",为什么会这样说呢?当有了矛盾分歧时,虽然会跟同样志向的人在一起,但是那些因才德不足与自己意见不合的人也有很多,如果全部抛弃了这些人,那不是让天下的人都来仇视自己吗?而且这样做也失去了君子包容万物的气度,也是招致祸患的做法，又怎么能够把那些不好的人团结到自己身边呢？所以必定就是"和恶人在一起也不会有什么错误"了。古代的圣王之所以能够把奸猾凶恶之辈转化成善良的人，将仇人敌寇变成自己的臣民，就是因为他们没有放弃这些人。

【赏析】

文中的"恶人"不是"坏人"，而是"意见、看法相左"的意思，遇到这种情况，容不能"一棍子打死"，而要"求同存异"，要以更加宽容和尊重的心态博采众长。

16

睽之九二，当睽之时，君心未合，贤臣在下，竭力尽诚，期使之信合①而已。至诚以感动之，尽力以扶持之，明义理以致其知，杜蔽惑②以诚其意，如是宛转以求其合也。"遇"非枉道③逢迎也，"巷"非邪僻曲径也，故象曰："遇主于巷，未失道也。"

——《程氏易传·睽传》

【注释】

①信合：因信任而相合。②蔽惑：蒙蔽迷惑。③枉道：绕道。遇主于巷，无咎。

【译文】

睽卦的九二爻是说，在人心背离的时候，有才能的臣子无法取得君王充分的信任，只能在下面竭尽精力，尽其忠诚，以此获得君王的信任。用至诚的心来感动他，竭尽全力地去辅佐他，阐明义理让君王获得智慧学问，杜绝私弊诱惑让君王心意至诚，如此曲折婉转地取得君王的信任。"遇"是刚巧碰到，而不是绕道迎接来逢迎君王；"巷"虽非通衢大道，但也不是偏僻曲折的小道，所以睽卦的"象"说："即使是在小巷中遇到君主，仍然没有违背臣子的道义"。

【赏析】

既然人心背离，君王自然也就不会像以前那样对他的臣子绝对信任，这时候做臣子的该怎么做呢？也就只有"竭力尽诚"了！但是在"竭力尽诚"的同时，要注意不能曲意逢迎，不能使用歪门邪道，否则就会违背臣子的道义。

17

> 损之九二曰："弗损，益之。"传曰：不自损其刚贞①，则能益其上，乃益之也。若失其刚贞而用柔说，适足以损之而已。世之愚者，有虽无邪心而惟知竭力顺上为忠者，盖不知"弗损，益之"之义也。
>
> ——《程氏易传·损传》

【注释】

①刚贞：刚健坚贞。

【译文】

损卦的九二爻说"不加减损，以增益之。"《程氏易传》中说：不主动减少自己的刚健中正，才能够对尊长有益，这才是"益之"的道理。如果不坚持刚健中正，反而放下身段去取得尊长的欢心，这样恰恰对尊长造成了损害。世上的愚蠢人中，有些虽然本心没有邪念，但是只知道竭尽心力顺应尊长的意图，以为这样就是忠心，就是因为他们不知道"不要减少，对他有好处"这句话的真正含义。

【赏析】

臣子一定要坚持原则不要曲意逢迎，这才是对君王负责，才能助其取得更大的成就。如果君王有了错误，不指正出来，反而顺着他的意见做下去，这样反而是害了他。《新唐书》中也说，"天子有诤臣，虽无道不失其天下；父有诤子，虽无道不陷于不义；故云子不可不诤于父，臣不可不诤于君"，说的都是同样的道理。

> **18**
>
> 益之初九曰:"利用①为大作②,元吉,无咎。"象曰:"元吉,无咎,下③不厚事也。"传曰:在下者本不当处厚事。厚事,重大之事也。以为在上所任,所以当大事,必能济大事而致元吉,乃为无咎。能致元吉,则在上者任之为知人④,己当之为胜任,不然则上下皆有咎也。
>
> ——《程氏易传·益传》

【注释】

①利用:有利……。②大作:重大事件。③下:下位的人。④知人:了解某个人的品行、才能。

【译文】

益卦的初九爻说:"做大事是好的,做到了完美就不会有祸患。""象"说:"做到了完美就不会有祸患,小人物本来是不应该做大事的。"《程氏易传》中说:下级本来不应该去处理厚事,厚事就是重大的事。因为大事是上级交给的任务,所以小人物才担当了重任,必须要把这件事做成而且还要做得完美无缺,才不会有祸患。能够做得完美无缺,对上级来说就是知人善任,对自己来说就是可担大任,如果做不到完美无缺那么不管对上级还是自己都会产生不好的后果。

【赏析】

对于底层下属来说,本不可做大事,但如果得到上司赏识,得到"增益",有了上司的支持,便可以去做,但一定要小心谨慎,并且全力以赴。

> **19**
>
> 革而无甚益,犹可悔也,况反害乎?古人所以重改作①也。
>
> ——《程氏易传·革传》

【注释】

①改作:更改。

【译文】

变革了,却没有获得太大的成效,这样会让人感到后悔,更何况反而带来祸害呢?古人因为这个原因,才对变革如此慎重。

【赏析】

"变革"重在变,是一个除旧迎新的过程,弱则思变,穷则思变,不变就只有原地踏步,甚至不进则退,所以要变革,及时清除陈旧、不利的东西,融入、吸纳先进的、新鲜的血液。只有这样,国家才会不断进步和强大。

但是,变革是因其重要,所以极其谨慎,一定要有适当的手段和方法,才会事半功倍,取得应有的效果。

20

渐之九三曰:"利御寇。"传曰:君子之与小人比①也,自守以正。岂唯君子自完其己而已乎?亦使小人得不陷于非义。是以顺道②相保,御止其恶也。

——《程氏易传·渐传》

【注释】

①比:接近。②顺道:顺从道义。

【译文】

渐卦的九三爻说:"利于抵御贼寇。"《程氏易传》说:君子和小人相处在一起,当然要守持自己的正道。但是君子只需要考虑如何完善自身的修养就行了吗?他还应该让小人不去做那些不符合道义的事!这才是遵循正道互相保全,防止小人做恶啊。

【赏析】

君子仅是洁身自好是不够的,他还应该感化周围的人,让其他人也不再去做坏事,这样不仅保全了自己,也保全了周围所有的人。

21

旅之初六曰："旅琐琐①，斯其所取灾。"传曰：志卑之人，既处旅困，鄙猥琐细②，无所不至，乃其所以致悔辱，取灾咎也。

——《程氏易传·旅传》

【注释】

①琐琐：疑虑重重，计较琐事。②鄙猥琐细：人品低下，猥琐鄙陋。

【译文】

旅卦的初六爻说："人在旅途，最忌讳的就是疑虑不定、斤斤计较，这是招惹是非的祸根。"《程氏易传》中说：没志气的人到了旅途困顿的时候，就会变得人品低下、斤斤计较，什么事都能干得出来，这是他自取其辱、招惹灾祸的原因。

【赏析】

人在困境中，总是容易丧失勇气，变得患得患失，甚至丧失气节，极其注重个人的得失。就是这样，他们给自己套上了精神的枷锁，无法成事不说，还容易招致灾祸。

22

在旅而过刚自高①，致困灾之道也。

——《程氏易传·旅传》

【注释】

①过刚自高：自视过高，过度刚强。

【译文】

出门在外不要自视过高、过度刚强，这些会让人陷入困厄灾难。

【赏析】

自视过高，就看不起周围的人；过度刚强，就接受不了别人的建议和帮助。这样做无形中就给自己增加了敌意、减少了自己的善意，还能妄想剩下的路程一帆风顺吗？

> **23**
>
> 兑之上六曰："引兑①。"象曰："未光②也。"传曰：说既极矣，又引而长之，虽说之之心不已，而事理已过，实无所说。事之盛则有光辉，既极而强引之长，其无意味甚矣，岂有光也？
>
> ——《程氏易传·兑传》

【注释】

①引兑：意为更进一步的喜悦。"兑"是"说"的古代写法，也就是"悦"。②光：光彩。

【译文】

兑卦的上六爻说："再高兴一点。""象"说："没什么光彩。"《程氏易传》中说：已经高兴到极点了，还要更高兴一点，虽说喜欢这个事物的心情还没有结束，但是事情已经过去了，实在没有什么能让人更高兴的。事情做得很好自然光彩，但是已经做到了极致，却仍然想再进一步，这就很没有意思了，哪里还有什么光彩可言？

【赏析】

事情已经做得完美了，可是仍然想着我能不能做得更好一点，这是要不得的。在中国的传统文化中，做事情不能做尽、做绝。如果做到了尽头，那么接下来的就是衰退。

> **24**
>
> 中孚之象曰："君子以议狱①缓死②。"传曰：君子之于议狱，尽其忠而已；于决死③，极其恻而已。天下之事，无所不尽其忠，而议狱缓死，最其大者也。
>
> ——《程氏易传·中孚传》

【注释】

①议狱：审断案情。②缓死：宽缓死刑。③决死：判决死刑。

【译文】

中孚卦的象辞说："能够慎重地审理案件，宽缓死刑的才是君子。"《程氏易传》中说：对于君子来说，慎重地审理案件是尽其职责，尽可能地缓免死刑是其恻隐之心达到了极致。天下所有的事，君子没有不尽心尽责的，而慎重地审理案件，宽缓死刑是其中最重大的事。

【赏析】

既然是案件，就必须公正严明地审理，这既是职责也是对君王的忠诚之所在。这也是儒家"仁德"思想的一个重要体现。

25

事有时而当过，所以从宜①，然岂可甚过也？如过恭、过哀、过俭，大过②则不可，所以小过③为顺乎宜也。能顺乎宜，所以大吉。

——《程氏易传·小过传》

【注释】

①从宜：因时制宜。②大过：极端。③小过：稍微过度。

【译文】

做事情有时候应该过度一点，之所以这样是因为要符合时宜，但是哪里能太过分呢？就像过于恭敬、过于哀痛、过于节俭等，太过度了就不好了，所以稍微过度则是符合时宜。能够符合时宜，因此也就"大吉"。

【赏析】

稍微过度一点，表示自己有情绪，这是可以理解的，但是太过度了就会给人一种做作的感觉，反而起不到应有的效果。

26

防小人之道，正己为先。

——《程氏易传·小过传》

【译文】

防范小人的方法，首先要做到的是端正自己的言行。

【赏析】

古人有一句话：宁可得罪君子，不要得罪小人。世界上有很多庸碌的小人并没有什么真才实学，但却通过挑拨事非、混水摸鱼来达到自己的目的。这种情况下，对其防范，最重要的就是端正自己的言行，不授人以短，不落人口实。

27

周公至公不私，进退以道，无利欲之蔽。其处己①也，夔夔②然存恭畏之心；其存诚也，荡荡③然无顾虑之意。所以虽在危疑④之地，而不失其圣也。诗曰："公孙⑤硕肤⑥，赤舄⑦几几⑧。"

——《程氏经说·诗解》

【注释】

①处己：立身行道。②夔夔 kuí：戒惧敬慎。③荡荡：广博浩大。④危疑：怀疑。⑤孙：通"逊"，谦逊。⑥硕肤：指德高望重之人。肤，美，引申为美德。⑦赤舄：古时天子、诸侯所穿的鞋子，红色，重底。舄 xì：鞋子。⑧几几：步履稳重安和。

【译文】

周公大公无私，进退举止都有章法，不会被利益和私欲蒙蔽双眼。他为人处世时刻保持着戒惧敬慎、恭敬畏惧的心态；他的修养广博浩大，没有犹疑焦虑的思想。虽然周公曾经被大家怀疑其用心，但是仍然没有丧失圣人的风范。《诗经》上说："周公为人谦逊德高望重，穿着红色的鞋子，走起路来安和稳重。"

【赏析】

周公辅政的时候，虽然他尽心竭力，留下了"握发吐哺"的故事，但是他的弟弟管叔、蔡叔却在外面造谣说周公有篡位自立的想法，当时的周成王只有十三岁，也相信了这个谣言。周公对此非常伤心，但是仍然没有放弃对成王的辅佐，最终成就了成康盛世。可见，真正的胸怀坦荡，可以抵挡住一切流言蜚语。

28

采察①求访，使臣②之大务。

——《程氏经说·诗解》

【注释】

①采察：探察。②使臣：指皇帝因特殊使命所派遣的官员。

【译文】

探察天下的民情，访问民间的疾苦，这是使臣的重要任务。

【赏析】

皇帝处于皇宫大内，了解民情的通道只有各地官员的奏章和朝中的大臣。如果皇帝专门派出官员去外地处理某事，那么这个官员除了要办好皇帝交办的事情之外，还要负起探查沿途民情的责任，以供皇帝了解真实的情况，能够做出正确的决定。这才是使臣的真正使命所在。

29

明道先生与吴师礼①谈介甫之学错处，谓师礼曰：为我尽达诸介甫，我亦未敢自以为是。如有说，愿往复②。此天下公理，无彼我，果能明辨，不有益于介甫，则必有益于我。

——《二程遗书》卷一

【注释】

①吴师礼：字安仲，杭州钱塘人。②往复：去转告回来。

【译文】

程颢先生曾和吴师礼谈到王安石的学问有不对的地方，他告诉吴师礼说：你可以将我的话全部告诉王安石。我也不敢说我的意见都是正确的，如果王安石说了什么，麻烦你回来告诉我一声。这是事关天下的公理，不是他和我的私人争议，如果真的能够辨明了，不是对王安石有益，就一定对我有益。

【赏析】

从这一条可以看出，程颢是很谦虚的。他不认为自己的意见一定正确，而是抱着切磋的态度交流，如果真的是自己错了，他也乐于改正，转而认同对方的观点。这种虚怀若谷的态度是值得我们学习的。

30

天祺在司竹①，常爱用一卒长②，及将代③，自见其人盗笋皮，遂治之无少贷④。罪已正⑤，待之复如初，略不介意。其德量如此。

——《二程遗书》卷二上

【注释】

①司竹：司竹监，官署名，掌种植竹苇，以供宫廷及各官署制造竹帘、竹筐等供宫廷使用。②卒长：差役头目。③代：卸任。④贷：宽恕。⑤正：依法治罪。

【译文】

张戬曾经在司竹监任职，那时候他经常喜欢差使一个差役头目，就在这个人快要离任的时候，张戬亲眼看到他在偷笋皮，于是就把他抓了起来按律治罪，没有一点儿饶恕的意思。处罚了之后，仍然对他像以前一样，丝毫不介意他曾经犯过错误。张戬就是这样的德行气量。

【赏析】

道德修养达到了一定的高度，行事作风就会光明磊落，张戬对这位犯错的差役，处分毫无徇情之处，已属难能，更可贵的是，处分之后能够毫不介意，一如既往与之相处，处事原则和胸怀气量，都让人钦佩不已。

31

明道因论"口将言而嗫嚅①"云：若合开口时，要他头也须开口（本注：如荆轲于樊於期②）。须是"听其言也厉"。

——《二程遗书》卷三

【注释】

①嗫嚅：想说又吞吞吐吐地不敢说。②荆轲于樊於期：战国末年，燕国的太子丹想要让荆轲去刺杀秦始皇，荆轲说只有拿着樊於（音wū）期的人头才能见到秦始皇。太子丹于心不忍，于是荆轲就亲自告诉樊於期需要他的人头，樊於期听后自刎而死。

【译文】

在谈到当人们想要说却又不好意思说的时候程颢说："如果应该说，即使是要对方的头也必须说出来（原注：就像荆轲对樊於期做的那样）。应该是义正辞严地说出来。"

【赏析】

不好意思说，是因为还没有到不说不可的地步。真是到了一言决定成败的时候，又有什么说不出口的呢？

32

须是就事上学。蛊"振民育德"，然有所知后，方能如此。"何必读书，然后为学？"

——《二程遗书》卷三

【译文】

应该在具体事务中学习。蛊卦中说："帮助周围的民众，涵养自己的德行"，不过也必须真正明白了这个道理才能做到这一点。《论语·先进》里说：

"何必一定是研读经典，才算真正的做学问呢？"

【赏析】

陆游说"纸上得来终觉浅，绝知此事要躬行。"从书里能够学到的都是理论知识，想要明白为什么这样做、怎样才能够做得更好，就需要亲身实践了。"知行合一"才是最有效的学习方法。

33

先生见一学者忙迫，问其故，曰："欲了几处人事①"。曰："某非不欲周旋人事者，曷尝②似贤③急迫？"

——《二程遗书》卷三

【注释】

①人事：人际交往应酬之事。②曷尝：何尝。③贤：相当于您，一种敬称。

【译文】

程颐先生看见一个学生很着急，就问他为什么这么急，他说："有几个应酬，急着赶场呢"。先生说："我也是有人际交往的人，但是哪里像您这样急迫匆忙呀？"

【赏析】

人际交往是必须的，但"每临大事有静气"，越是有大事、急事，就越要沉着淡定、举重若轻，这样才能应对自如。

34

安定之门人往往知稽古①爱民矣，则于为政也何有？

——《二程遗书》卷四

【注释】

①稽古：考察古代的事迹。

【译文】

胡瑗的学生很多都知道考察古事、仁爱百姓,那么让他们处理政事还会有什么困难呢?

【赏析】

仁爱百姓,也就是把百姓的忧愁当成自己的忧愁,把百姓的痛苦当成自己的痛苦,这样每一个决定都是从百姓的角度做出的,必然能得到百姓的爱戴,处理起政事来也就得心应手了。

35

门人有曰:吾与人居,视其有过而不告,则于心有所不安,告之而人不受,则奈何?道明曰:与之处而不告其过,非忠也。要使诚意之交通①,在于未言之前,则言出而人信矣。又曰:责善之道,要使诚有余而言不足,则于人有益,而在我者无自辱矣。

——《二程遗书》卷四

【注释】

①交通:交流沟通。

【译文】

有个学生说:我和别人相处的时候,看到他有了过错,不告诉他我于心不忍,告诉了他,他却不愿意接受,怎么办呢?程颢对学生说:和人相处却不告诉他的过错,这就是不忠啊。在你说出他的过错之前,你要和他诚恳地进行交流沟通,这样等你说出他的过错时,他就容易接受了。他还说:想要让别人改正错误重归于善,最好的做法就是多一些诚恳、少一些说教,这样不仅对别人有益,对我们自己来说也免得自取其辱。

【赏析】

想要让别人改正错误的时候,要诚恳地和对方交流,不要说那些大道理,用朴实的语言告诉他为什么这样做不对,会引起什么样的不良后果,人们一般都会接受。

36

职事不可以巧①免。

——《二程文集》卷七

【注释】

①巧：投机取巧。

【译文】

如果是自己的本职工作，那就不能投机取巧不去做。

【赏析】

做好本职工作是一个人最基本的职业道德，也是对工作的一个最起码的标准。敬业是基础，乐业是前提，勤业是根本，只有把自己的工作做到位，尽到自己的工作责任，才是称职的。

37

"居是邦，不非①其大夫"，此理最好。

——《二程遗书》卷六

【注释】

①非：非议。

【译文】

子贡说："住在这个国家，就不要去非议批评这个国家的公卿大夫"，这个道理讲得最好。

【赏析】

公卿大夫是父母官，居住在这个地方，当然应该尊敬他们，而不是非议。

> **38**
>
> "克勤小物①"最难。
>
> ——《二程遗书》卷十一

【注释】

①克勤小物：勤勉处理细小之事。

【译文】

"勤勉地做好每一件琐碎的小事"，这是最难做到的。

【赏析】

做好琐碎的小事，需要耗费的精力不一定少，但是却不能立竿见影看到效果，因此许多人都不愿意做琐碎的小事。但是功业的基础往往就是由一件件的小事积累而成，因此要认识到琐碎小事的重要性。

> **39**
>
> 欲当大任，须是笃实①。
>
> ——《二程遗书》卷十

【注释】

①笃实：敦厚朴实。

【译文】

要想担当大任，就要做到敦厚朴实。

【赏析】

本条可以说是上一条的延伸。只有敦厚朴实的人才会脚踏实地从小事做起，一步一步慢慢地做起，而性格奸猾的人是做不到的。

40

凡为人言者，理胜则事明，气忿则招拂①。

——《二程遗书》卷十一

【注释】

①拂：违背，不顺。

【译文】

和人说话的时候，道理说清楚了，事情也就明了了。如果情绪激动语言激愤，会招致不顺。

【赏析】

这一条可以看作是本卷第 11 条的补充。第 11 条说的是从何处入手说服，这一条说的是说服人的态度。心平气和地摆事实讲道理，火气再大的人也会耐住性子听下去；如果态度恶劣用词不当，只会让对方恼羞成怒，达不到想要的结果。

41

居今之时，不安今之法令，非义也。若论为治，不为则已，如复为之，须于今之法度内处得其当，方为合义。若须更改而后为，则何义之有？

——《二程遗书》卷一

【译文】

生活在当今这个时代，却不安于当今这个时代的法律条令，这是不符合道义的。如果说到治理国家，不做也就算了，如果还是要做，就必须在当今的法度允许的范围内处理恰当，才是符合大义。如果一定要改变法度才去做，那么大义又在哪里呢？

【赏析】

程颢对变革的态度非常谨慎，这从本卷的第 19 条就可以看出了。他认为现有的法律条令或许有不适合的地方，但是仍然要执行下去，在法律允许的框架内把事情做好。如果没有做好，那么就是人的问题，而不是法的问题。如果改变了法度，那么法度也就没有了道义上的基础。程颢遇到具体问题时，就是采取这样的做法，例如本卷第3条记载的"及民之事，多众人所谓法所拘者"。

42

今之监司①，多不与州县一体。监司专欲伺察②州县，州县专欲掩蔽。不若推诚心与之共治，有所不逮③，可教者教之，可督者督之，至于不听，择其甚者去一二，使足以警众可也。

——《二程遗书》卷一

【注释】

①监司：负有监察之责的官吏的统称。②伺察：侦视监察。③不逮：不足之处。

【译文】

现在负责监察任务的官员大多不能和当地的知州、知县通力合作。负责监察任务的官员一心想着如何抓几个不称职的官员，知州、知县一心想着如何掩盖自己的过失。其实不如双方开诚布公地合作，如果知州、知县有做得不好的地方，负责监察任务的官员对他们该训诫的训诫，该督促的督促，至于那些不愿意听从训诫、督导的人，选一两个情节比较严重的免去他们的官职，能够让大家警醒就可以了。

【赏析】

程颢的这个建议是很人性化的。朝廷设置监察官员的目的是为了监督当地的主官把事情做好，而不是为了捉拿几个不称职的官员，然而负责监察的官员却本末倒置了。地方官员只要做事，就必然会有失误乃至错误发生，这就给了监察官员弹劾的理由，为了不给监察官员弹劾的理由，也就只好不做事了，这也就让朝廷无法实现设置监察官员的初衷。如果程颢的想法能够实现，那么就会提高地方官员做事的激情，天下大治也就指日可待了。

43

> 伊川先生曰：人恶多事，或人悯之。世事虽多，尽是人事。人事不教人做，更责谁做？
>
> ——《二程遗书》卷十五

【译文】

程颐先生说，很多人对自己要做那么多的事情感到厌烦，还有人对此感到忧愁。世上的事物虽然很多，但全都是人的事。人的事不让人来做，还能让谁来做呢？

【赏析】

事情总要人来做。你不做我也不做，又该让谁来做呢？事务繁多恰恰是能力的体现，如果不具备这样的能力，连做事的机会都未必会得到。

44

> 感慨①杀身者易，从容就义者难。
>
> ——《二程遗书》卷十一

【注释】

①感慨：情感愤慨。

【译文】

慷慨赴死易，从容就义难。

【赏析】

杀生足以成仁，舍生足以取义，但在面对死亡时，仍显出义理上的区别，若从容就义，淡然面对，便是真正的勇士，而不是一时血气所使。

> **45**
>
> 人或劝先生以加礼①近贵②，先生曰：何不见责③以尽礼，而责之以加礼？礼尽则已，岂有加也？
>
> ——《二程遗书》卷十七

【注释】

①加礼：比正常的礼仪更高的礼仪。②贵：贵人，指地位显贵之人。③见责：要求。

【译文】

有人曾经劝程颐先生，和地位比较显贵的人相处时要采用比他的身份更高的礼仪。先生说："你怎么不要求我采用完备的礼仪，而要求我采用更高的礼仪呢？礼仪做到完备就可以了，哪里能够更高呢？"

【赏析】

和庶民在一起有对待庶民的礼仪，和士大夫在一起有对待士大夫的礼仪，和君王在一起有对待君王的礼仪……这些礼仪一点也不能混乱，如果采用的礼仪超过了对方的身份，也就成了僭越了，这是儒家绝对不允许的事。

> **46**
>
> 或问：簿①，佐令②者也。簿所欲为，令或不从，奈何？曰：当以诚意动之。今令与簿不和，只是争私意。令是邑之长，若能以事父兄之道事之，过则归己，善则唯恐不归于令，积此诚意，岂有不动得人？
>
> ——《二程遗书》卷十八

【注释】

①簿：主簿，知县的副手，负责掌管文书、办理事务的正式官员。②令：县令。

【译文】

有人问:"主簿是县令的副手,主薄想要办的事情,有时候县令不肯答应,这样该怎么办呢?"程颐先生说:"那就用诚意来打动他!现在县令和主薄不和睦,只不过是他们私人意见的纠纷。县令是一个县的最高长官,如果主薄能够用对待自己的父亲、哥哥的方式来对待县令,有了错误自己承担责任,有了功劳唯恐县令得不到,诚意如此积累下来,哪里有打动不了的人?"

【赏析】

作为一个副手,他的职责是为主管查缺补漏,维护主官的威信和尊严,而不是独断专行。程颐说"事父兄之道事之"只是一个比喻,不是让副手真的这样做,而是让副手发自内心地尊重主官、爱护主官,这样才能让自己工作得更顺利。

47

问:人于议论,多欲直己,无含容之气,是气不平否?曰:固是气不平,亦是量狭。人量随识长,亦有人识高而量不长者,是识实未至也。大凡别事,人都强得,惟识量不可强。今人有斗筲①之量,有釜斛②之量,有钟鼎③之量,有江河之量。江河之量亦大矣,然有涯,有涯亦有时而满。惟天地之量则无满。故圣人者,天地之量也。圣人之量,道也;常人之有量者,天资也。天资有量须有限。大抵六尺之躯,力量只如此,虽欲不满,不可得也。如邓艾④位三公,年七十,处得甚好,及因下蜀有功,便动了;谢安闻谢玄⑤破苻坚⑥,对客围棋,报至不喜,及归,折屐齿。强终不得也。更如人大醉后益恭谨者,只益恭谨便是动了,虽与放肆者不同,其为酒所动一也。又如贵公子位益高益卑谦,只卑谦便是动了,虽与骄傲者不同,其为位所动一也。然惟知道者,量自然宏大,不待勉强而成。今人有所见卑下者,无他,亦是识量不足也。

——《二程遗书》卷十八

【注释】

①斗筲：斗与筲，和后面的釜、斛、钟都是容量单位。斗是木制的，可以容纳十升；筲是竹制的，可以容纳一斗两升，都是比较小的容器。②釜斛：釜，春秋战国时齐国的量器，也是一种容量单位，标准不一（秦国的釜是炊具，后来成了釜的本意）。斛（hú）也是古代的一种量器和容量单位，最初的时候一斛是十斗，后来改成了五斗。③钟鼎：钟是春秋时齐国的计量单位，十釜为一钟（标准不一）。鼎是古代用来烹煮食物的铜制炊具，一般是三足两耳。④邓艾：字士载，义阳棘阳（今河南新野）人。邓艾是三国时期魏国的名将，指挥了灭亡蜀国的战争。⑤谢玄：谢玄是谢安的侄子，字幼度。谢玄在著名的淝水之战中任东晋的指挥官，以少胜多取得了巨大的战果。⑥苻坚：十六国时期前秦的皇帝，字永固，又字文玉，氐族，略阳临渭（今甘肃秦安）人，在淝水之战中被谢玄打败。

【译文】

有人问程颐先生："人们在讨论的时候，大多都喜欢让别人认同自己的意见，可是对不同的意见和看法却没有包容的气度，这是因为心气不平的缘故吗？"先生说："当然有心气不平的原因，也是因为气量狭小。人的气量是随着自己的见识而增长的，也有的人见识提高了，气量却没有增长，其实这是他的见识没有真正提高。世上其他的事情，都可以勉强做到，只有见识和气量是无法勉强做到的。现在人的气量有像釜斛一样大的，有像钟鼎一样大的，也有像江河一样大的。江河一样大的气量可以说很大了，但是仍然有限度，有了限度就会有满的时候。只有像天地一样大的气量才没有满的时候。所以圣人都是天地一样大的气量。圣人的气量是天道的体现，普通人的气量只不过是天道赋予的资质。天道赋予的资质总是有一个限度的，大概六尺的身躯，一个人的气量只有这么大，想要让它变得不满也是不可能的。就像三国时魏国的邓艾，位列三公，到七十岁的时候修养还是很好的，但是到了灭亡蜀国叙功的时候，也不免喜形于色；东晋时的谢安，听到谢玄大破苻坚的时候正和客人下围棋，捷报到来的时候好像没有什么欢喜的，但是等回去的时候却把木屐的齿都踢断了，说明气量终归是强求不得的。再如一个人，大醉之后比平时更加恭敬谨慎，就因为他更加恭敬谨慎，就说明他的心性动摇了，虽然和其他人喝醉了之后愈发放肆不同，但是与喝了酒而心性动摇是一样的。又比如贵家公子地位越高越显得谦逊有礼，就因为谦逊有礼就说明心性动摇了，虽然和那些目中无人的人不同，但是与因地位而心性动摇是一样的。这样就只有那些通晓大道的人，气量才会自然而然地恢弘广大，不用勉强就能够做到。现在的人之所以见识浅薄，没有别的原因，也就是见识、气量不够罢了。"

【赏析】

气度决定一个人的格局。有气度的人，眼界会很宽阔，不会纠结于一些小事，会控制自己的脾气隐忍不发。这样的人才会广结善缘，结识很多的朋友。

48

人才有意于为公，便是私意。昔有人典选①，其子弟系磨勘②，皆不为理，此乃是私意。人多言古时用直③，不避嫌得。后世用此不得，自是无人，岂是无时？（本注：因言少师典举④、明道荐才⑤事。）

——《二程遗书》卷十八

【注释】

①典选：选拔人才授官的事务。②磨勘：官员考绩升迁的制度，自唐宋始。③用直：指以直爽之心处世。④少师典举：少师指的是程颐的高祖父程羽，程羽曾经担任过兵部侍郎，赠太子少师。宋太宗太平兴国五年，程羽主持贡生考试的时候选拔了很多人才。⑤明道荐才：程颢向宋神宗举荐人才的时候，把他的表叔张载、弟弟程颐列在了最前面，毫不避嫌。

【译文】

人只要起了"我一心为公"的念头，那就是有了私心。过去有个人担任选拔人才的官职，凡是他家族中的子弟在选拔范围内的，他都不予提拔，这就是有了私心。人们经常说古时候的人为人直爽不避嫌疑。现在的人都不这样做了，这是人自己存心的缘故，哪里是没有机会呀！（原注：这句话指的是程颐的高祖父程羽在主持贡生考试的时候提拔了许多人才，以及程颢举荐了他的弟弟和表叔的事。）

【赏析】

内举不避亲，外举不避仇，才是真正的大公无私。

49

君实①尝问先生云："欲除②一人给事中③，谁可为者？"先生曰："初若泛论人才却可。今既如此，颐虽有其人，何可言？"君实曰："出于公口，入于光耳，又何害？"先生终不言。

——《二程遗书》卷十九

【注释】

①君实：司马光的字。②除：任命官职。③给事中：一种官职。

【译文】

司马光曾经问程颐先生："我想任命一个人当给事中，你认为谁能担任这个职务？"先生说："如果是平时我们泛泛地议论人才，我可以告诉你谁合适。但是到了现在这种情况，我虽然有人选，又怎么能够说出来呢？"司马光说："你说说、我听听罢了，又有什么关系呢？"先生始终不说。

【赏析】

平常臧否人物，因为并不涉及人事调整，自然都是秉持的公心，而且也不会干扰相关工作人员的决心；真到了任命的阶段，如果参与了意见，那就是"不在其位而谋其政"了，这是程颐所不齿的。

50

先生云：韩持国①服义②最不可得。一日，颐与持国、范夷叟③泛舟于颍昌④西湖，须臾客将⑤云，有一官员上书谒见大资⑥。颐将为有甚急切公事，乃是求知己。颐云："大资居位，却不求人，乃使人倒来求己，是甚道理？"夷叟云："只为正叔太执。求荐章⑦，常事也。"颐云："不然。只为曾有不求者不与，来求者与之，遂致人如此。"持国便服。

——《二程遗书》卷十九

【注释】

①韩持国：指韩维，韩维是宋初大臣韩亿的儿子，字持国，开封雍丘（今河南省杞县）人。韩维的其他七个兄弟韩纲、韩综、韩绛、韩绎、韩缜、韩纬、韩缅都中了进士，其中韩维、韩绛、韩缜都担任过参知政事（副宰相）以上的职务。②服义：服膺大义。③范夷叟：指范纯礼。范纯礼字夷叟，范仲淹的第三子。④颍昌：今许昌。⑤客将：负责接待宾客、出使等的衙役，也称典客。⑥大资：宋代资政殿大学士的简称。⑦荐章：推荐人才的奏章文书等。

【译文】

程颐先生说：韩维服膺义理的精神是最为难得的。有一天，我和韩维、范纯礼一起在许昌西湖里乘船游玩，刚过一小会儿有个负责接待的衙役来报告说：有个官员送来了名刺，说是要拜见韩大资。我当时还以为是有什么紧急公务，最后竟然是来请求韩维赏识自己的。我开玩笑说："韩大资你身居高位，不去访求人才，却让人才反过来求您，这是什么道理呀？"范纯礼说："正叔太执着于义理了，下位的人向高官请求举荐的奏章太常见了。"我说："不是这样的。就是因为曾经出现过不求者不给，求了就给的情形，所以才会导致这样的事情发生。"韩维对我的话很信服。

【赏析】

如果韩维不是追求圣贤之道的人，那么就不可能认可程颐的观点，更不可能信服他，所以程颐才说韩维的这种精神是很难得的。

51

先生因言：今日供职，只第一件便做他底不得，吏人押①申转运司状②，颐不曾签。国子监③自系台省④，台省系朝廷官。外司⑤有事，合行申状，岂有台省倒申外司之理？只为从前人只计较利害，不计较事体⑥，直得恁地。须看圣人欲正名处，见得道名不正时，便至礼乐不兴，是自然住不得。

——《二程遗书》卷十九

【注释】

①押：在公文、契约上签字或画记号，以做凭信。②申转运司状：呈送给转运司的申状。转运司，宋朝时的一个行政机构，相当于现在的国税局，但是还有部分监察的职能。申状，下级对上级陈述意见的文书。③国子监：国家的最高学府，从隋朝以后开始有了这所机构，也兼有国家教育管理机关的职能，又称国子学或国子寺。④台省：指中央机构，因为汉朝尚书台、三国魏国中书省都是代表皇帝发布政令的中枢机关，后来就用"台省"指政府的中央机构。⑤外司：中央机构以外的政府机构，包括地方政府和中央外派机构。⑥事体：体制。

【译文】

程颐先生又说道：今天上班的时候，只有第一件事就不能做。有个小吏让我签署呈送给转运司的申状，我没有签押。国子监直属中央机关，中央机关里都是中央的官员。本来是地方机构有了事情向中央机关汇报，哪里有中央机关反过来向地方机构汇报的道理？就是因为以前的人只知道关心自己的利害得失，不知道关心国家的礼制体统，直接就这么做了。这些人应该去看看圣人想要辨正名分的那些言论，就能够明白，如果名不正就会让礼乐不兴，所以这自然是做不得的。

【赏析】

公务往来必须按照制度来办，不能为了让自己不承担责任就不遵守制度。这些制度就是"礼",如果"礼"乱了,国家的事务处理起来也就没有了准则,就会容易产生争端。

52

学者不可不通世务①。天下事譬如一家,非我为则彼为,非甲为则乙为。

——《二程遗书》卷二十二下

【注释】

①世务:社会上的事务,指的是谋身治世之事。

【译文】

做学问的人不能不通晓各种谋身治世之事。天下的事就像一家人的事一样,不是我做就是他做,不是甲做就是乙做。

【赏析】

程颐在这里提出,做学问也要精通各种具体的施政手段,这就比两晋时"只尚清谈、轻视实务"的风气有了很大的进步。

53

"人无远虑,必有近忧",思虑当在事外。

——《二程外书》卷二

【译文】

"人无远虑,必有近忧",是说人考虑问题时应当超出事情本身。

【赏析】

每个事物都不是单独存在的,一个事物有了改变,通常也会引起其他事物的变化,也就是所谓的"牵一发而动全身"。所以考虑问题时不能单考虑问题的本身,还要考虑到解决问题的手段或者过程会不会产生其他的影响,这种影响是有益的还是有害的,这样才是长远之道。

> **54**
> 圣人之责人也常缓，便见只欲事正，无显人过恶之意。
> ——《二程外书》卷七

【译文】

圣人即使是责备他人，态度也是宽缓大度的，由此可见圣人责备人的目的只是想要让做错的事情改正过来，并没有刻意凸显他人过错的意图。

【赏析】

责备人不是目的，目的是指出他的错误，让他改正过来以后可以做得更好。既然是为人好，那么和风细雨地劝说就要比大发雷霆的责骂取得的效果更好。

> **55**
> 伊川先生云：今之守令①，唯"制民之产"②一事不得为，其他在法度中甚有可为者，患人不为耳。
> ——《二程外书》卷十二

【注释】

①守令：郡的最高长官叫太守，县的最高长官叫县令。②制民之产：限定百姓的产业。

【译文】

程颐先生说，现在的地方官，只有"规定百姓的产业"这件事由于时代限制不能做以外，其他在法律框架内还有很多的事值得去做，可惜的是这些官员不去做啊。

【赏析】

规定百姓的产业，就是规定某个阶层只能拥有多少财产，这当然是不能做的。除此之外，像劝课农桑、推行教化等都是地方官员的职责，可惜很多人都认为这些事太繁琐，不愿意去做，这是舍本逐末，不利于长远发展。

56

明道先生作县①，凡坐处皆书"视民如伤②"四字，常曰："颢常愧此四字。"

——《二程外书》卷十二

【注释】

①作县：担任县令。②视民如伤：出自《孟子》，原文是"文王视民如伤"，意思是周文王把他的子民当作伤员、病患一样看待，后世用来形容官员对百姓非常关怀。

【译文】

程颢先生在担任县令的时候，凡是能够坐下的地方都挂着"视民如伤"四个字。他经常说："我常感觉自己愧对这四个字。"

【赏析】

从当时的社会环境来说，程颢已经算是一个比较亲民的官员了，但是他仍然对自己感到不满意，总是觉得自己为百姓做得太少，还应该做得更多一些。程颢这样一心为民的想法和作法，值得后人学习。

57

伊川每见人论前辈之短，则曰：汝辈且取他长处。

——《二程外书》卷十二

【译文】

程颐每次看到有人讨论前辈有什么缺点和短处的时候，都会告诉他们：你们只管学习他的长处。

【赏析】

学习古人，学习的就是他的长处，但是他的缺点和所犯下的错误也不能只讨论一下就结束了，而用这些缺点和错误来反省自身，看看自己有没有同样的缺点，是不是也犯过同样的错误，这样才是真的会读书。

58

刘安礼①云：王荆公②执政，议法改令③，言者攻之甚力。明道先生尝被旨赴中堂议事，荆公方怒言者，厉色待之。先生徐曰："天下之事，非一家私议，愿公平气以听。"荆公为之愧屈。

——《二程遗书》附录《门人朋友叙述》

【注释】

①刘安礼：刘立之，字宗礼（此处误作安礼），二程的弟子。②王荆公：指王安石。王安石在元丰二年被封为荆国公。③议法改令：改革法度律制。

【译文】

刘立之说，王安石执政的时候，因为变易新法更改政令，当时的谏官对他的攻击很猛烈。有一天程颢先生奉旨去中书堂中书省政事堂商议国事，当时王安石正因为谏官的话生气，对待先生很不客气。先生却不急不慢地说："这是事关天下的大事，不是某个家庭私底下的讨论，希望你能心平气和地来听。"王安石听后对自己的态度感到十分惭愧。

【赏析】

王安石被御史攻击，心中有火气是可以理解的，不过迁怒于人就说明他的修养还有待提高，但是能够闻过即改，仍然不失宰相的风范。而程颢却对此不以为意，为了使政事能够商议下去并没有针锋相对，这说明程颢的修养比王安石更胜一筹。

59

刘安礼问临民①，明道先生曰：使民各得输②其情。问御吏，曰：正己以格物。

——《二程遗书》附录《门人朋友叙述》

【注释】

①临民：治理百姓。②输：表达。

【译文】

刘立之问程颢先生如何治理百姓，先生说："要让百姓能够充分地表达出他们的情感需求。"又问如何统驭下级官员，程颢先生说："首先端正自己的行为，然后就可以纠正别人的错误行为了。"

【赏析】

充分了解百姓的需求，施政时才能够有的放矢，才能让自己的行为无可指摘，规劝别人时才能够理直气壮。

60

横渠先生曰：凡人为上①则易，为下则难。然不能为下，亦未能使下②，不尽其情伪③也。大抵使人，常在其前，己尝为之，则能使人。

——张载《经学理窟·义理》

【注释】

①为上：做上级、当长官。"为下"则是做下级当下属。②使下：遣使下级。③情伪：真假虚实。

【译文】

张载先生说，一般来说人都是做领导容易，当下属困难。然而没有做过下属，也就差遣不好下属，因为不了解下属的真伪虚实。大致上来说，如果想要给下属分派工作，最好这些工作自己以前就做过，这样才能知道下属是不是阳奉阴违、偷奸耍滑了。

【赏析】

这一条说的是基层工作的重要性。自己做过下属，就知道做某项工作大致需要多少时间，大致需要多少成本；哪里是关键必须重点对待，哪里不需要投入太多的精力。这样当自己走上领导岗位，在安排同样的工作时，就可以有针对性地安排最适合的人去做，既节省了成本也提高了效率。

61

坎"维①心亨",故"行有尚②"。外虽积险③,苟处之心亨不疑,则虽难必济,而"往有功也"。今水临万仞④之山,要下即下,无复凝滞之在前。惟知有义理而已,则复何回避?所以心通。

——张载《横渠易说·习坎》

【注释】

①维:同"唯"。②尚:向上。③积险:艰难险阻接连不断。④万仞:极高极深。仞是古代的一种长度单位,介于尺和丈之间,周朝时一仞合八尺,汉朝时合七尺。

【译文】

坎卦的象辞说:"只要内心通达",就能"行为上进"。虽然外面危险重重,如果决定了并毫不迟疑地去做,那么即使有了厄难也能够解决,所以"做了就会有效果"。就像水流到了万仞高山的巅峰,说下去就下去,在前方没有一丝停留和犹豫。只要心中有了义理,还有什么需要回避的?这就是内心可以通达的原因。

【赏析】

想要成功,就不能畏惧困难而止步不前。其实我们留心生活就会发现,有些困难看起来很大,好像已经超出了我们的能力范围,但是当我们努力去解决的时候,才发现完全没有想象中那么艰巨!有句话"只要思想不滑坡,办法总比困难多",说的也是这个道理。

62

人所以不能行己者，于其所难者则惰，其异俗①者，虽易而羞缩②。惟心弘，则不顾人之非笑③，所趋义理耳，视天下莫能移其道。然为之，人亦未必怪。正以在己者义理不胜，惰与羞缩之病，消则有长，不消则病常在，意思龌龊④，无由作事。在古气节之士，冒死以有为，于义未必中，然非有志概⑤者莫能，况吾于义理已明，何为不为？

——张载《横渠易说·大壮》

【注释】

①异俗：和平常的习俗不一样。②羞缩：因为不好意思而退缩。③非笑：讥笑。④意思龌龊：气量狭隘。⑤志概：节操。

【译文】

人之所以无法立身行事的原因，是因为如果要做的事情比较困难，就会因为畏难情绪懒得去做；如果要做的事情和大家的观念不同，虽然容易做，也可能会因为不好意思而退缩。只有心胸宽宏的人，做事的时候才不会顾忌别人的嘲笑，因为他所向往的是义理，环视天下，没有人能够改变他的志向。即使做了，人们也未必会感到奇怪。因为一般人的作为不能依理而行，"懒得做"和"羞于做"这两种毛病，改正了义理就有了长进，不改正就一直有这些毛病，心胸气量狭小，是没有办法成就大事的。从前那些有气节的人，愿意冒着生命的危险去做事情，虽然未必符合义理，但是如果不是有气节的人，是做不到的，况且我们已经明晓了义理，为什么不做呢？

【赏析】

君子坦荡荡，小人长戚戚。君子心胸坦荡，所以无所畏惧；小人欲念太多，才会心绪不宁。经常处于忧惧之中，终难成事，也只有心胸宽广，我们在面对现实中的困难时，才能够勇敢地去笃行自己的信念，坚定前行。

63

《姤》初六："羸①豕孚②蹢躅③。"豕方羸时，力未能动，然至诚在于蹢躅，得伸则伸矣。如李德裕④处置阉宦，徒知其帖息威伏⑤，而忽⑥于志不忘逞⑦，照察⑧少不至，则失其几⑨也。

——张载《横渠易说·姤》

【注释】

①羸：瘦弱。②孚：相信，希求。③蹢躅 zhí zhú：同"踯躅"。徘徊不前的样子。④李德裕：李德裕字文饶，赵郡赞皇（今河北赞皇）人，唐武宗时任宰相，"牛李党争"中李党的领袖。⑤帖息威伏：因威严制服而驯顺。⑥忽：忽视。⑦志不忘逞：心中一直没有忘记要实现自己的志向，就是潜伏待机的意思。逞，卖弄，放纵。⑧照察：明察，照见，这里是监督的意思。⑨失其几：失去了它的端绪，指没有在事物萌发之时把握住其苗头，终使事物的发展不可控制。

【译文】

姤卦的初六爻说："一头瘦弱的猪在猪圈里来回走动，窥测逃出去的机会。"因为猪还瘦弱，它的力量无法支持它采取比较激烈的活动，然而它仍然专心地在那里走来走去，一旦有了行动的机会就会立刻采取行动。就像李德裕处置宦官，只看到了那些宦官在他的威压下俯首帖耳一副驯服的样子，却忽略了他们其实是潜伏待机，监管稍微不到位，就失去了把变乱扼杀在褟褓之中的机会。

【赏析】

人生在世，难免遭遇这样那样的灾祸，我们很难避免灾祸的发生，但我们可以在灾祸出现征兆前，及时采取措施，加以防范或将祸根消除于褟褓之中，或作好应对准备，当灾祸来临时，便可以从容面对，化险为夷，保护自己。

64

人教小童，亦可取益。绊己①不出入，一益也。授人数数②，己亦了此文义，二益也。对之必正衣冠、尊瞻视③，三益也。常以因己而坏人之才为忧，则不敢惰，四益也。

——张载《经学理窟·义理》

【注释】

①绊己：事务缠身。②数数：屡次，常常。③尊瞻视：一瞻一视庄严合礼。

【译文】

教育小孩子也能让自己获得好处。因为孩子缠着自己而不用进出门庭，这是第一个好处。一遍遍地教他学问，自己也对文章中的含义更加明了，这是第二个好处。因为要给孩子做榜样，所以在孩子面前要衣冠整齐、行为端正，这是第三个好处。经常害怕自己耽误了孩子的未来，所以对孩子的教育一刻也不敢懈怠，这是第四个好处。

【赏析】

在教育孩子的同时，也是对自己学问的一次整理和总结。如果自己对学问都不是太明白，又如何去教育孩子呢？必然要自己研究透彻了才能去引导孩子。孩子的模仿能力很强，在孩子面前老师、父母的言行举止都要十分注意，这样不仅老师、父母的修养得到了提高，孩子也在潜移默化中提升了素质。

卷十一 / 教学之道

1

濂溪先生曰：刚：善①，为义，为直，为断，为严毅，为干固②；恶，为猛，为隘，为强梁③。柔：善④，为慈，为顺，为巽⑤；恶，为懦弱，为无断⑥，为邪佞。惟中也者，和也，中节也，天下之达道⑦也，圣人之事也。故圣人立教，俾人自易其恶，自至其中而止矣。

——周敦颐《通书·师》

【注释】

①刚：善：指气禀刚毅在"善"方面的表现。②干固：干练固守。③强梁：强横。④善：善良。⑤巽：谦让恭顺。⑥无断：处事不果断。⑦达道：普适的准则。

【译文】

周敦颐先生说："如果气禀刚毅，表现在善的方面就是：为人正义、说话率直、决定果断、性格严厉刚毅、做事干练坚持；表现在恶的方面就是：性格猛戾、心胸狭隘、做事强横凶暴。如果气禀柔顺，表现在善的方面就是：为人慈爱、性格和顺、态度谦恭；表现在恶的方面就是：性格懦弱、做事优柔寡断、为人奸邪谄媚。只有中正才是和谐的，才是符合礼节的，才是能够通行于天下的准则，也是圣人一心想要做到的。于是圣人就创立了礼乐教化，想要让人改变自身恶的一面，自己能够达到并且保持在中的境界。"

【赏析】

气禀不管是刚毅还是柔顺，本身是没有善恶之分的，外部的表现完全取决于自己的修养。但是气禀也不能过于刚毅或者柔顺，金庸大师在《射雕英雄传》中提到"刚不可久、柔不可守"，表面讲的是武功，其实说的是人生的道理。太刚毅了会让人无法接受，太柔顺了就无法守护自己，所以只有二者中和一下，既不过刚，也不过柔，才是最好的处世之道。

2

伊川先生曰：古人生子，能食、能言而教之。大学①之法，以豫②为先。人之幼也，知思未有所主，便当以格言至论③日陈于前，虽未晓知，且当薰聒④，使盈耳充腹，久自安习，若固有之，虽以他说惑之，不能入也。若为之不豫，及乎稍长，私意偏好生于内，众口辩言铄⑤于外，欲其纯完⑥，不可得也。

——《二程文集》卷六《上太皇太后书》

【注释】

①大学：大人之学，一般十五岁后可学，包含伦理、政治、哲学等学问。②豫：预先，预防，同"预"。③格言至论：含有教育意义可成为准则的理论。④薰聒：熏陶。⑤铄：渗入。⑥纯完：完备精纯。

【译文】

程颐先生说，古代的人有了孩子后，到了能够吃饭、说话的时候就开始教导他。想要学好立身行道的各种学问，最好的办法就是提前进行熏陶和预备。人在小时候的世界观还没有形成，这时就开始每天都给他讲一些至理名言和精辟的理论，虽然他不知道是什么意思，就当是熏陶了，让他每天听的都是这些，心中想的也是这些，久而久之就形成了习惯，就像与生俱来的一样，就算是用其他的学说来诱惑他，他也不为所动。如果不预先这样做，等到他稍微长大一点，内心就有了自己的想法，加上外面众多学说的渗透，想要让孩子成为一个精纯完备的人，就很难做到了。

【赏析】

程颐的这个观点在现代有一个非常流行的名字，那就是"幼教"，由此可见对于孩子的教育，不管古今都是有着相同的思路。孩童时期的思想是非常单纯的，就像是一块璞玉，我们怎么雕琢，将来就会成为什么样子，所以父母一定要重视对孩子幼时的教育。

3

> 观之上九曰:"观其生①,君子无咎。"象曰:"观其生,志未平②也。"传曰:君子虽不在位,然以人观其德,用为仪法③,故当自慎省。观其所生,常不失于君子,则人不失所望而化之矣。不可以不在于位故,安然放意④,无所事也。
>
> ——《程氏易传·观传》

【注释】

①生:生平所为。②平:实现。③仪法:礼仪法度。④放意:纵情恣意。

【译文】

观卦的上九爻说:"观察君子一生的所作所为,没有发现什么过失。""象"说:"观察他一生的所作所为,志向没有实现啊。"《程氏易传》中说:"君子虽然没有实现自己的志向,但他是让人瞻仰他的德行用来作为榜样的,所以一直审慎地反省自己的所作所为。观察他一生的作为,一直都没有脱离君子的准则,那么人们就不会失去对他的期望而影响自身了。不能因为自己没有处在自己应该得到的位置,就心安理得地放纵自己,什么都不干。

【赏析】

君子是按照道义来行事的。他希望自己能够成为后世的楷模,是为了教化后人进入圣贤之道;他虽然想得到自己应该得到的位置,只是为了能造福天下。这是人生的哲理,对后人有着很大的启迪作用。就像在工作中,如果我们应该提升而没有提升,没有严格地要求自己,没有认真做好应该做的工作,甚至自暴自弃,这样会让局面变得更加糟糕。

4

圣人之道如天,然与众人之识甚殊邈①也。门人弟子既亲炙,而后益知其高远。既若不可以及,则趋望之心怠矣,故圣人之教,常俯而就之。事上临丧,不敢不勉,君子之常行。不困于酒,尤其近也。而以己处之②者,不独使夫资③之下者勉思企及,而才之高者亦不敢易乎近矣。

——《程氏经说》

【注释】

①殊邈：相差太远。②以己处之：指以自己处世的方法教导别人。③资：资质、天资。

【译文】

圣人的学识如天空一般浩渺深远,和一般人的见识相去甚远。圣人的弟子亲自聆听圣人的教导后,更加知道圣人的学识高深博大。不过,如果圣人的学识根本就学不会,那么弟子们也就丧失了向圣人学习的信心,所以圣人教导学生的时候经常根据学生的资质以求使人理解。就像侍奉尊长、参加丧葬时不敢不尽心尽力,就是从君子的日常行为说起;不能为酒所困,就更贴近人们的生活了。圣人之所以采用这样的方式把自己的处世方法教给学生,就是不但让那些资质比较平庸的人经过努力后可以达到这个标准,还要让那些天资出众的人不至于觉得太浅显而轻视了它。

【赏析】

许多学生不喜欢学习,原因之一就是老师教学的方法不对,学生听不懂,又没有切实的体会,怎么能产生学习的欲望呢？孔子对教学目标的制订也是非常科学的：首先这个目标不能订得太高,成绩较差的学生经过努力后可以达到目标,这既让他们有了成功的幸福感也有了自信,此后会更加努力地学习；同时这个目标也不会太低,不会让那些学习比较优秀的学生不费吹灰之力地完成,以鞭策他们继续努力学习。孔子的这种教育方式是值得我们深深体会的。

5

明道先生曰：忧子弟之轻俊①者，只教以经学念书，不得令作文字。子弟凡百玩好②皆夺志。至于书札③，于儒者事最近，然一向好著，亦自丧志。如王、虞、颜、柳④辈，诚为好人则有之，曾见有善书者知道⑤否？平生精力一用于此，非惟徒废时日，于道便有妨处，足知丧志也。

——《二程遗书》卷一

【注释】

①轻俊：轻浮，不庄重。②百玩好：种种爱好。百是泛指。③书札：书信，代指书法。④王、虞、颜、柳：分别指王羲之、虞世南、颜真卿、柳公权，这四人都是书法界的代表人物。⑤知道：通晓大道。

【译文】

程颢先生说，如果担心自家的孩子性格轻浮，就只让他学习经典，不要让他做诗词文章。孩子们一旦有了爱好，就会丧失自己的志向。书法是与儒家的学问最贴近的，但是如果把书法当成了爱好，仍然也会丧失志向。像王羲之、虞世南、颜真卿、柳公权这些人，要说他们确实是好人是可以的，但是有谁见到书法大家是大儒的？如果把一生的精力都放到这方面，不仅仅是虚度光阴，对于圣人之道的学习也有阻碍，足以说明什么是玩物丧志了。

【赏析】

人的精力是有限的，在这方面用得多了，用在其他方面的自然也就少了。学习同样如此，在个人爱好上投入了大量的时间和精力，自然用到学习上的时间和精力也就少了。当然也不是不允许有爱好，爱好可以调节自己的心情，可以让人更有效率地学习，但是要注意分寸，不要让"爱好"变成了"嗜好""癖好"。

6

胡安定在湖州，置"治道斋"，学者有欲明治道者，讲之于中，如治民、治兵、水利、算数之类。尝言刘彝①善治水利，后累为政，皆兴水利有功。

——《二程遗书》卷一

【注释】

①刘彝：刘彝字执中，福州人，幼年时曾跟从胡瑗学习，后来成为北宋著名的水利专家。

【译文】

胡瑗在湖州任教的时候，曾经设立"治道斋"，学生中如果有想知道治国之道的，都可以在这里讨论，诸如治理百姓、管理军队、兴修水利等。他曾说刘彝在水利的治理方面有特长，后来刘彝多次出仕，在兴修水利方面有了功绩。

【赏析】

胡瑗教学不局限于儒学，他对学生的教导是全方位的，所以本书卷十第34条说他的学生"往往知稽古爱民矣"。在北宋时期，儒家已经有了"两耳不闻窗外事，一心只读圣贤书"的不良苗头，胡瑗的这种教育方式显然是浊世中的一股清流。

7

凡立言，欲涵蓄①意思②，不使知德③者厌、无德者惑。

——《二程遗书》卷一

【注释】

①涵蓄：也就是含蓄，指言语、诗文意思含而不露，耐人寻味。②意思：意图；用意。③德：心意。

【译文】

但凡做文章,要让自己的用意表达得含而不露,这样懂得自己心意的人不至于厌倦,不懂得自己心意的人也不至于困惑。

【赏析】

现代关于如何作文有一句话,叫作"文似看山不喜平",与这一条有异曲同工之妙。

8

教人未见意趣,必不乐学。欲且教之歌舞,如古诗三百篇,皆古人作之。如关雎之类,正家之始,故用之乡人,用之邦国,日使人闻之。此等诗,其言简奥①,今人未易晓。别欲作诗,略言教童子洒扫、应对、事长之节,令朝夕歌之,似当有助。

——《二程遗书》卷二上

【注释】

①简奥:用词简约,内容深奥。

【译文】

教育人的时候,如果他没有体会到其中的意趣,他必然不乐于学习。我想教给小孩子一些歌舞,像以前的《诗经》三百篇,都是古人创作的。例如里面的《关雎》之类的诗歌,是家庭关系正常有序的开端,所以周公把这些诗歌用到了教化乡民上,用到了教化邦国上,每天都让人听到。不过这些诗歌用词简约又内容深奥,现在的人不容易明白是什么意思。我想另外再创作一些诗歌,大致内容就是教导小孩子打扫庭院、应对宾客、事奉尊长的礼节,让他们从早到晚地唱,好像应该对他们的成长有所帮助。

【赏析】

这一条可以看作是本卷第 2 条的补充。宋朝的儒者已经意识到了幼儿教育的重要性,例如在我国教育史曾占有重要地位的《三字经》《百家姓》都是在宋朝形成的,这些经典用朴实无华的语言将儒家的至理讲述了出来,让幼儿从启蒙开始就接触到了儒学的精髓。

9

子厚以礼教学者最善，使学者先有所据守①。

——《二程遗书》卷二上

【注释】

①据守：指守持身心。

【译文】

张载用礼仪来教导学生是最好的教育方式，这样一来，学生首先就学会了守持身心的办法。

【赏析】

让学生先学会什么是"礼"，学生就知道了什么该做、什么不该做，日常的行为都会以此作为准则。

10

语学者以所见未到①之理，不惟所闻不深彻，反将理低看了。

——《二程遗书》卷三

【注释】

①所见未到：以他的水平不足以理解的。

【译文】

如果告诉学生以他的水平难以理解的道理，他不但理解得不够透彻，反而还会把这个道理看得浅薄低下。

【赏析】

这句话说得很透彻！如果学生的水平没有达到相应的程度，也就无法把握道理的精髓，就会按照自己的理解来解释，必然与真实的含义大相径庭，也就无怪乎"反将理低看了"！

> **11**
>
> 舞射①便见人诚。古之教人，莫非使之成己②。自洒扫应对上，便可到圣人事。
>
> ——《二程遗书》卷五

【注释】

①舞射：舞蹈和射箭，都是上古教育的项目。②成己：成就自己。

【译文】

从舞蹈和射箭中就能看出一个人是否真诚。古时候，教育人的目的都是想让人成就道德学问。从最基础的洒扫应对开始一步步做，就可以达到圣人的境界。

【赏析】

一屋不扫，何以扫天下？从洒扫应对开始，然后一步步地积累，逐渐地修身、齐家、治国、平天下，最终达到圣人的境界。

> **12**
>
> 自"幼子常视毋诳①"以上，便是教以圣人事。
>
> ——《二程遗书》卷六

【注释】

①幼子常视，毋诳：出自《礼记·曲礼》，指小孩子一直在观察模仿周围的一切，不要说谎话欺骗他。诳，欺骗。

【译文】

从"幼子常视，毋诳"开始，就是教给他成为圣人的事了。

【赏析】

上一条说"自洒扫应对上"，这一条说"自'幼子常视，毋诳'以上"，说明圣人之道的学习都要从小开始，从基础开始，要言传身教，注意潜移默化的影响。

> **13**
>
> "先传"、"后倦"①，君子教人有序。先传以小者近者，而后教以大者远者，非是先传以近小，而后不教以远大也。
>
> ——《二程遗书》卷八

【注释】

①先传后倦：出自《论语·子张》，指先传授与后传授。"倦"有人认为应该是"传"字，后人在抄书的时候抄错了；也有人认为就是"厌倦"的本义，本书取前者。

【译文】

"先教授什么"、"后教授什么"，君子在教导学生的时候是有先后顺序的。先教简单的、贴近自身的事理，再教困难的、深远的事理。并不是说先教授传授简单的、贴近自身的，然后就不教授困难的、深远的事理了。

【赏析】

学习要循序渐进，教导学生同样也要循序渐进。只有学生的水平提高了，才能教给他更深的知识，不然就是本卷第10条说的那样，"不惟所闻不深彻，反将理低看了"。

> **14**
>
> 伊川先生曰：说书①必非古意，转②使人薄。学者须是潜心积虑，优游涵养，使之自得。今一日说尽，只是教得薄。至如汉时说"下帷讲诵"③，犹未必说书。
>
> ——《二程遗书》卷十五

【注释】

①说书：解读经书。②转：反而。③下帷讲诵：指的是董仲舒放下帘子讲学，三年没有向外面看过。这个典故出自《汉书》中的《董仲舒传》："下

帷讲诵，弟子传以久次相受业，或莫见其面。盖三年不窥园，其精如此。"

【译文】

程颐先生说，对经典进行解释必定不是古人原来的意思，反而让听讲的人对经典的理解变得浅薄。做学问必须潜心思考、从容涵养，自己去领悟书中的义理。现在有的学者一天就解说完了一部经典，就是因为他将经典中的义理讲得太浅薄了。即使是像汉朝时候董仲舒那样"下帷讲诵"，也不一定就能把经典解说明白。

【赏析】

每个人对经典的解读都是自己的理解，水平高自然理解得深，水平低自然理解得浅。但是听讲的人是怀着崇敬的心情来聆听的，他们认为这就是作者的原意，其实并不是如此，他们听到的只不过是讲解者自己的理解，因此也就无从得知经典中深邃的内涵了。古人之所以要访求名师，也就是为了防止出现这种情况。

> **15**
>
> 古者八岁入小学①，十五入大学。择其才可教者聚之，不肖②者复之农亩。盖士农不易业，既入学则不治农，然后士农判③。在学之养④，若士大夫之子，则不虑无养；虽庶人之子，既入学则亦必有养。古之士者，自十五入学，至四十方仕，中间自有二十五年学。又无利可趋，则所志可知，须去趋善，便自此成德。后之人，自童稚间已有汲汲趋利之意，何由得向善？故古人必使四十而仕，然后志定。只营衣食却无害，惟利禄之诱最害人。（本注：人有养，便方定志于学。）
>
> ——《二程遗书》卷十五

【注释】

①小学：上古时进行基础教育的机构，与现代意义的小学基本类似。②不肖：不成器，资质不好。③判：区分。④养：供养，抚养。

【译文】

从前,人到了八岁的时候就开始进入小学接受基础教育,到了十五岁的时候进入大学学习。大学挑选的是那些资质好、接受能力强的孩子,对他们进行集中教育,剩下的资质较差的仍然回去务农。因为士人和农民是不能改变他们的职业的,既然进入学校学习就不能再从事农业,之后士人和农民就泾渭分明了。在学校里学习是需要供养的,如果是士大夫的孩子,当然不需要考虑供养的问题;老百姓的孩子,即进了学校就必须有人供养才行。古代的士人从十五岁入学,一直到四十岁才能够出仕,中间有二十五年的学习时间。又没有利益供他们追逐,那么这些人的志向是什么就可想而知了,必定是追求善道,成就自己的德行。后世的人从孩童的时候就已经有了急切地追逐利益的想法,有什么动力去追求善道呢?所以古代的人必定要让士人到了四十岁的时候才出仕,是因为这时候他们的心志已经坚定了,不会被功名利禄所引诱。如果仅仅是为了解决穿衣吃饭的基本需求是无害的,只有财利荣禄的诱惑对人的伤害最大。(本注:有了基本的生活供养,能够坚定一个人求学的志向。)

【赏析】

儒家认为,做官的人必须是有德之士。有了德,即使能力不足也可以补救;没有德,即使能力再强也难以成为一个贤良之臣。如果朝堂上全部都是有德之士,也就是儒家希望的"众正盈朝",那么天下大治也就指日可待了。但是如何保证每一个官员都是有德之士呢?那就是从小就用圣贤之道来教育他们,让他们不为衣食操心,而且一直等他们心志成熟,不会被外物引诱时再让他们出来做官。儒家的这个想法是好的,可惜不具有很强的实用性和可操作性。

16

　　天下有多少才，只为道不明于天下，故不得有所成就。且古者"兴于诗，立于礼，成于乐"，如今人怎生会得？古人于诗，如今人歌曲一般，虽闾巷童稚，皆习闻其说而晓其义，故能兴起于诗。后世老师宿儒①，尚不能晓其义，怎生责得学者？是不得"兴于诗"也。古礼既废，人伦不明，以至治家皆无法度，是不得"立于礼"也。古人有歌咏以养其性情，声音以养其耳目，舞蹈以养其血脉，今皆无之，是不得"成于乐"也。古之成材也易，今之成材也难。

——《二程遗书》卷十八

【注释】

①老师宿儒：指年辈最尊的老师和知识渊博的学者。

【译文】

　　天下的人才太多了，可是就因为圣贤之道无法通行于天下，所以这些人才都无法取得成就。而且古时候的人"从《诗经》开始修身养性，用礼仪来立身立志，以音乐成就德行"，现在的人哪里能体会到呢？对于古人来说，《诗经》就像现代的人听流行歌曲，大街小巷里的小孩子听见了都能够知晓里面的含义，所以才能够"兴于诗"。到了后世，即使是德高望重的老者和学富五车的学者都不能真正明白里面的含义，又怎么能够要求学生明白呢？这就是无法"从《诗经》开始修身养性"的原因。古代的礼仪已经荡然无存了，人和人之间的关系不再泾渭分明，以至于家庭的管理都没有了条理，这就是无法"用礼仪来立身立志"的原因。古代的人用歌咏来涵养自己的性情，用乐声来滋养自己的耳目，用舞蹈来健壮自己的血脉，如今这些都已经没有了，这就是无法"以音乐成就德行"的原因。古代的人想要成为栋梁之才容易，现在的人就难了。

【赏析】

　　《诗经》里的"风"，由于是周王朝各个地区的民歌，使用的都是口语，当时的人读来自然是朗朗上口。经过几千年的变迁，当时的字、词许多已经不再使用或者变成了其他的含义，后来的人自然也就无法自行领悟其中的含义了。

17

孔子教人，"不愤①不启②，不悱③不发"。盖不待愤悱而发，则知之不固；待愤悱而后发，则沛然④矣。学者须是深思之，思而不得，然后为他说便好。初学者须是且为他说，不然，非独他不晓，亦止人好问之心也。

——《二程遗书》卷十八

【注释】

①愤：急切地想要明白。②启：和后面的"发"都是启发、开导的意思。也有人说这两个字是互文。③悱：想说却说不出来。④沛然：原意是充盛、盛大的样子，这里指豁然开朗。

【译文】

孔子教导人的时候，"不到他急切地想要明白的时候不去指点他，不到他有了某种感悟，想说却说不出来的时候不去启发他"。因为如果学生没有到这个程度就去指点他，他虽然明白了但是并不牢固；等学生到了这个程度再去指点他，他就会豁然开朗，进入一个新的境界。做学问的人必须要让他苦苦思索，等到他思而不得的时候，再去告诉他就行了。不过刚开始学习的人必须要为他解说，否则，不但他不明白，还会阻止了他追求上进的心。

【赏析】

"愤"是对于学习的态度，如果不是自己迫切地想要明白某个道理，即使当时明白了，很快也会忘记。我们留心一下，就会发现我们平时学习某种知识很快就会忘记，但是当生活遇到了困难急需这种知识的帮助时，再去查找资料时就会印象深刻，这个就是原因所在。

"悱"是知识积累到了一定的程度，已经到了突破的瓶颈，如果这时候没有人指点他，虽然他也可能会自行突破，但是可能需要相当长的时间，可是一旦指点了他，那么就会豁然开朗，从此进入新的境界。"听君一席话胜读十年书",说的就是这种情况。

18

横渠先生曰:"恭敬、撙节①、退让以明礼",仁之至也,爱道②之极也。己不勉明③,则人无从倡,道无从弘,教无从成矣。

——张载《正蒙·至当》

【注释】

①撙节:节制。②爱道:仁爱之道。③勉明:尽力明达。

【译文】

张载先生说:"'对身边的人态度要恭敬,要时刻抑制自己的私欲,与他人相处要谦逊礼让,这些都是用来彰明礼仪的',做到了这些,仁就到了极点,仁爱之道也到了极点。自己不努力通晓这个道理,那么也就无法去指导别人这样做,圣人之道也就无法弘扬了,百姓的教化也就无法完成了"。

【赏析】

想要教化百姓,就要从身边做起,从自身做起。只有自己按照圣贤之道要求自己,才有资格去倡导别人也这样做;身边这样做的人多了,也就是圣贤之道得到了推广;等到圣贤之道弘扬天下的时候,天下的百姓也就得到了教化。

19

学记曰:"进①而不顾其安②,使人不由其诚,教人不尽其材③。"人未安之,又进之,未喻④之,又告⑤之,徒使人生此节目⑥。不尽材,不顾安,不由诚,皆是施之妄也。教人至难,必尽人之材,乃不误人。观可及处,然后告之。圣人之明,直若庖丁之解牛,皆知其隙,刃投馀地,无全牛矣。人之才足以有为,但以其不由于诚,则不尽其材。若曰勉率⑦而为之,则岂有由诚哉!

——张载《礼记说》

【注释】

①进：向前或向上移动，这里指教学进度的推进。②安：对……感到满意，这里指能够适应老师的教学进度。③材：资质。④喻：明白，理解。⑤告：陈述，解说。这里指教授了新的学习内容。⑥节目：枝节，麻烦。⑦勉率：勉强草率。

【译文】

《礼记》中的《学记》一篇说："老师只顾着推进教学的进度，而不考虑学生是否能够适应，不能让学生发自内心地去学习，不能因材施教。"原来的教学内容还没有等学生学会，教学进度又推进了，还没有等学生掌握上一个知识点，又教给他新的知识点，这样只能使师生之间出现问题。不能因材施教、不考虑学生的适应能力、不能让学生发自内心地去主动学习，这些都是教学工作中的错误。教育人是很困难的，必须要让学生的才能充分发挥出来，才不至于误人子弟。老师应该仔细观察学生能够做到哪种程度，然后教给他相应的内容。圣人的圣明，就像庖丁解牛一样，了解牛身上每一个关节的缝隙在哪里，刀刃插进这些缝隙后还有施展的余地，眼中看到的已经不是一头完整的牛了。每个人的才能都足以让他有所作为，但是就因为不能用心地去做，所以才无法充分发挥自己的才能。如果用很勉强、很草率的态度去做，这样怎么能说是发自内心地想做呢！

【赏析】

因材施教，是经过历史检验的最传统也是最重要的教育方法。它要求老师在教学时要从学生的实际情况和个别差异出发，有的放矢地进行教育，使每个学生都能扬长避短，获得最佳发展。

20

古之小儿便能敬事①。长者②与之提携③，则两手奉④长者之手，问之，掩口而对。盖稍不敬事，便不忠信。故教小儿，且先安详恭敬。

——张载《礼记说》

【注释】

①敬事：恭敬地事奉（尊长）。②长者：指年纪大、辈分高、德高望重的人。③提携：牵引、携领，就是拉着手走。④奉：双手捧着。

【译文】

古时候，小孩子就能够恭敬地事奉长辈和尊贵的人了。如果有长者要牵着他的手走，小孩子就要用双手捧着长者的手，如果长者问话，小孩子就要用手挡着嘴回答问题。因为在侍奉尊长的时候，哪怕只是小小的一点不尊重，就属于不忠不孝的行为。所以，在教育孩子的时候，首先要教给他们的就是仪态从容、态度恭敬。

【赏析】

礼仪要从小孩子抓起。让小孩子从小就接受各种礼仪的教育，让礼仪刻进骨头里、融进血脉里，等长大以后，他的一言一行、一举一动就会自觉地按照礼仪的要求进行，成为一个知礼、有礼的人。我们平常所说的"世家子弟"的风范，就是这样教导出来的。

㉑

孟子曰："人不足与适也，政不足与间也，唯大人为能格①君心之非。"非惟君心，至于朋游②学者之际，彼虽议论异同，未欲深较。惟整理③其心，使归之正，岂小补④哉！

——张载《孟子说》

【注释】

①格：纠正。②朋游：朋友交往。③整理：匡正，完善。④补：益处，好处。

【译文】

孟子说："不应该指摘朝廷的用人方式，不需要非议朝廷的施政方针，只有德性圆满的人能够让君王改正他的错误。"作为一个普通人，不光是不要去妄议君王的错误，就是和同学朋友在一起谈话的时候，如果双方的观点不一致，也不要过于计较。能够让他改正错误，重新回到正确的道路上来，对他来说难道只是微小的益处吗！

【赏析】

　　和朋友在一起的时候，如果对方有了错误，作为朋友是有规劝对方的义务的，这也是作为朋友的道义。但是不要采取过于激烈的言辞，否则这样会影响双方的感情，一定要注意方式方法，寻找合适的机会，这样才会利于他改正错误。

卷十二 / 改过及人心疵病

1

濂溪先生曰：仲由①喜闻过，令名②无穷焉。今人有过，不喜人规，如护疾而忌医，宁灭其身而无悟也。噫！

——周敦颐《通书·过》

【注释】

①仲由：字子路，名仲由。②名：名声。

【译文】

周敦颐先生说：子路乐于听到有人指出他的缺点，所以在后世留下了美名。现在的人，即使有了错误也不喜欢别人指出来，就像害怕别人知道自己有病就不去治疗一样，宁肯丢掉性命也无法醒悟。唉！

【赏析】

一般来说，人是不容易发现自己缺点的，当有人指出我们的缺点和不足的时候，对于我们来说益无害。当然，这种情况会伤及情面，更有甚者还会恼羞成怒，其实这是不对的。我们只有知道了自己有什么缺点、有哪些不足，才能够去改正，才能让我们的修养和能力得到提高。

2

伊川先生曰：德善日积，则福禄日臻。德逾于禄，则虽盛而非满。自古隆盛，未有不失道而丧败者也。

——《程氏易传·泰传》

【译文】

程颐先生说，如果自己的德行和善道每天都有所进步，那么福气利禄也会每天都来。如果德行比利禄多，那么即使获得的利禄再大也不会到极点。自古以来，那些福气利禄很大的人从来没有因为坚守正道而颓败没落的。

【赏析】

所谓"日行一善"并非真的需要每天去做一件善事，这样的"善"过于刻意，未必是真善。真正的"日行一善"应该是：每天保持一颗善心行事。无论对事、对人，都要以善待之。

3

人之于豫乐，心说之，故迟迟①，遂至于耽恋不能已也。豫之六二，以中正自守②，其介③如石，其去之速，不俟终日，故贞正而吉也。处豫不可安且久也，久则溺矣。如二可谓"见几④而作"者也。盖中正，故其守坚，而能辨之早、去之速也。

——《程氏易传·豫传》

【注释】

①迟迟：眷恋不舍。②中正自守：指豫卦六二爻居下卦之中，故中；以阴爻居阴位，故正。③介：清介孤傲。④几：征兆。

【译文】

人们喜欢过舒适快乐的生活，所以一直念念不舍，最后沉迷其中无法自拔。豫卦的六二爻说，坚守中正之德，让自己如同磐石一样清介，这样才能迅速地抛弃安逸的生活，连一天都不肯耽误，所以贞静、中正、吉祥。不要长久地安于舒适的生活，时间长了会让人沉溺其中。要按照六二爻说的这样做，可以说"看到了有沉迷于舒适生活的苗头就立刻采取行动"。因为能够做到中正，所以才能够坚守自己的心志，而且能早早地辨别自己是否有了沉迷于舒适生活的表现，并迅速舍弃它。

【赏析】

孟子说"生于忧患死于安乐"。过分舒适的生活只能消磨人的意志，让人丧失上进的动力。

4

> 人君致危亡之道非一，而以豫为多。
>
> ——《程氏易传·豫传》

【译文】

作为一个君王，能够导致他走上危险甚至亡国道路的原因不止一种，但是贪图享乐一定是最大的原因。

【赏析】

整日沉迷于舒适的生活就没有了上进的动力，人民的疾苦、国家的政务、外部的威胁都不再是他考虑的对象，于是人民的生活日益困苦，直至民怨沸腾，最后揭竿而起。唐玄宗李隆基就是一个典型的例子，青年时期的李隆基是一个英明神武的皇帝，在他的统治下，唐朝的国力达到了巅峰，但是到了晚年他只考虑如何让自己的生活过得更加舒服，沉迷于美色而懈怠了朝政，从而引发了安史之乱，使盛唐从此走向了衰落。这也是他谥号为"玄"的原因，"玄"的意思就是先明后暗。

5

> 圣人为戒，必于方盛之时。方其盛而不知戒，故狃①安富则骄侈生，乐舒肆②则纲纪坏，忘祸乱则萌孽③萌，是以浸淫④不知乱之至也。
>
> ——《程氏易传·临传》

【注释】

①狃：贪图。②舒肆：宽舒恣意。③萌孽：祸害。④浸淫：浸染。

【译文】

当某个事物达到鼎盛的时候，圣人必定就有了戒惧之心。如果在事物鼎盛的时候不知道戒惧，那么贪图享受安逸富贵的生活，就会让心态变得骄傲奢侈起来；喜欢宽松随意的作风，就会让纲常法纪败坏；忘记了灾祸变乱，就会滋生更大的危险，这都是在舒适的生活中迷醉了，不知道灾难就要到了。

【赏析】

"盛极而衰"是自然规律，当一个事物达到鼎盛的时候，不要为一时繁华的景象沾沾自喜，这时候更要注意烈火烹油的表象下面隐藏的那些问题。如果不处理，那么这些问题就会逐渐变大，到了最后无可救药，成为祸乱的根源。

6

复之六三，以阴躁处动之极①，复之频数而不能固者也。复贵安固，频复频失，不安于复也。复善而屡失，危之道也。圣人开其迁善之道，与②其复而危③其屡失，故云"厉④无咎"。不可以频失而戒其复也。频失则为危，屡复何咎？过在失而不在复也。刘质夫⑤曰：频复不已，遂至迷复。

——《程氏易传·复传》

【注释】

①以阴躁处动之极：复卦的六三爻是阴爻，却处于阳位，不正；这一爻又是在下卦的最上面，不中，不正不中，所以叫阴躁；复卦的下卦是"震"，震就是动，所以最上面叫动之极。②与：赞同，鼓励。③危：警示，戒惧。④厉：祸患，危险。⑤刘质夫：刘绚，字质夫，初期曾跟随二程学习。

【译文】

复卦的六三爻是阴躁的属性，却又处在下卦震的最上面，也就是震动最强烈的位置，这代表着频繁地回归本性却又无法稳固下来。回归本性贵在能够坚持下来，频繁地回归又频繁地丢掉，这就是无法坚持下来呀。回归了本性却又丢掉了，这是非常危险的。圣人阐明了回归本善的道理，赞同的是回归，却认为屡屡丢掉是危险的，所以才说"这样有危险，但是没有错误"。不能够因为频繁地丢掉本性就不让他重新回归本性。屡屡丢掉本性当然是危险的，但是一直回归本性又有什么错误呢？错误的是丢掉而不是回归。刘绚说：一次次地回归本性，到了最后就会在回归的道路上迷失了。

【赏析】

　　知错能改善莫大焉。能够改正错误当然是好事，如果从此再也不犯同样的错误那就更好了。也有人一次次地犯错误，又一次次地改正，我们不能因为他没有从根本上杜绝错误，就让他在错误的道路上越走越远，就无视他一次次改正错误的勇气和毅力，这是对人的不负责，就是逼着他"怙恶不悛"了。

> **7**
> 　　睽①极则咈戾②而难合，刚极③则躁暴而不详，明极④则过察⑤而多疑。睽之上九，有六三之正应⑥，实不孤，而其才性如此，自"睽孤"也。如人虽有亲党，而多自疑猜，妄生乖离，虽处骨肉亲党之间而常孤独也。
>
> —— 《程氏易传·睽传》

【注释】

　　①睽：分离，背离。这里指不近人情。②咈戾：悖逆，乖戾。③刚极：睽卦的上九一爻在最上面，又是阳爻居阳位，所以是"刚之极"。这里指人的性格过于刚毅。④明极：睽卦的下卦是离，离为明，九三爻是离卦最上面的一爻，所以说是"明之极"。这里指太敏锐。⑤过察：辨察过度。这里指不能容忍一点过错。⑥正应：睽卦的上九是阳爻居阳位，六三是阴爻居阴位，而且都在各自卦中最上面，二者恰好形成呼应。

【译文】

　　太不近人情，就会乖僻乖戾，难以与人相处；性格过于刚毅，就会暴躁凶狠，给人带来伤害；眼光太敏锐了，就会无法容忍一点过错，从而变得疑神疑鬼。睽卦的上九和六三互相对应，实际是不孤单的，然而人的性格就是这样，很多时候都是"自己造成的孤单"。就像人有亲戚朋友，但是他疑神疑鬼地去猜测别人，妄自有了乖张背离的心思，即使是和兄弟姐妹、亲戚朋友生活在一起也会觉得自己是个孤家寡人。

【赏析】

为人要宽容大度，不要无端地去猜测别人的用心。很多事都是因为猜疑而产生的。大家都是普通人，对于对方的用词不当，或者错误的举动，我们应该就事论事，不去揪着一个用词或举动去追究有什么深层的含义，这才是维护交往的方法。

8

解之六三曰："负且乘①，致寇至，贞吝。"传曰：小人而窃盛位②，虽勉为正事，而气质卑下，本非在上之物，终可吝也。若能大正③则如何？曰：大正，非阴柔所能也。若能之，则是化为君子矣。

——《程氏易传·解传》

【注释】

①负且乘：身份低微的人背着东西坐在车上。负，背负，引申为背着东西，古时需要自己背负东西的人都是低下的。乘，乘坐，引申为坐在车上，古时能够坐车的人都是贵人。②盛位：高位。③大正：中正。

【译文】

解卦的六三爻说："身份低下还带着大量的财物，却乘坐在贵人的车上，卜断的结果是不顺利。"《程氏易传》中说，德行卑下学识短浅的人要阴谋手段占据了高位，虽然他也努力地做正当的事情，但是由于本身气质低下就不是能够身居高位，最终结果终究会有祸患。那么如果这种人变得中正起来又会是什么样呢？先生说，中正不是阴柔的小人能够做到的。如果他能做到，那么他就不再是一个小人，而是变成一个君子了。

【赏析】

能力要配得上自己的地位、职务。如果一个人身居高位，却没有相应的能力，周围的人即使嘴上不说，心中也是不服气的，在工作中很难真心地被下属信服。不过这种情况也不要过于担忧，只要努力增加自己的学识修养，尽快提高自己的能力，很快就能让周围的人改变对自己的看法，也就是"才德称位"了。

9

益之上九曰:"莫益之,或击之。"传曰:理者,天下之至公;利者,众人所同欲。苟公其心,不失其正理,则与众同利,无侵于人,人亦欲与之。若切于好利,蔽于自私,求自益以损于人,则人亦与之力争。故莫肯益之,而有击夺之者矣。

——《程氏易传·益传》

【译文】

《周易·益卦》的上九爻辞说:"没有人愿意帮助他,还有人想要攻击他。"《程氏易传》中说:天理,是天下最大公无私的;利益,是大家都想要追求的。如果内心公正不违背天理,那么他的利益就和大家是一致的,既不侵犯别人的利益,别人也乐于帮助他。如果因为自私而急切地增加自己的利益,进而侵犯了他人的利益,那么别人也会为了保护自己的利益而和他全力争夺。所以就没有人愿意帮助他,而且有了攻击争夺。

【赏析】

为了生活得更好而追求利益,本身是没有错误的,但是一定要采取正当的手段,而且不能损伤别人的利益。每个人都有自己的利益,当自己的利益受到了侵害时,要有勇气采取相应的措施去保护。

10

艮之九三曰:"艮其限①,列②其夤③,厉④熏心。"传曰:夫止道贵乎得宜。行止不能以时,而定于一,其坚强如此,则处世乖戾,与物睽绝,其危甚矣。人之固止一隅,而举世莫与宜者,则艰蹇⑤忿畏焚挠⑥其中,岂有安裕之理?"厉熏心",谓不安之势熏烁⑦其中也。

——《程氏易传·艮传》

【注释】

①艮其限:指艮卦九三爻以阳爻居阳位,在下卦之上,成为上下卦的

分界。②列：割裂，分裂。③夤 yín：通"𦘺"，脊椎骨旁边的肉。④厉：焦灼痛苦。⑤艰塞：行走不便。⑥楚挠：灼烧扰乱。⑦熏烁：熏烤灼烧。

【译文】

艮卦的九三爻说："停在上卦和下卦的界限，就像把人脊椎骨旁边的肉割裂了一样，心中感到极为痛苦。"《程氏易传》中说：停止的原则贵在恰当，如果行动举止不能合乎时宜却一直坚持己见，固执成这个样子，那么为人处世就显得乖戾不合，与万物都没有了联系，这就很危险了。人如果固执于一己之见，周围的人都没有和他说得来的，那么艰险、困迫、愤恨、畏惧就会随之而来，就像是烈火焚身、百爪挠心，哪里还有安闲宽裕的道理？"厉熏心"，说的就是无法安闲的情势在熏烤灼烧着他的内心啊。

【赏析】

为人不能太固执了，人是群居性动物，需要一些和光同尘的智慧。如果过于固执己见，不知变通，就很难取得进步和成长，影响个人的发展。从根本上来说，越是固执的人，越缺少反省能力和及时的觉知能力。而真正优秀的人除了会保持其独特个性外，更会虚怀若谷，兼容并收。

11

大率以说而动，安有不失正者？

——《程氏易传·归妹传》

【译文】

大体上，如果因为喜悦而采取行动，哪里有不丧失中正的？

【赏析】

感到喜悦，就是自己心中的欲望得到了满足，如果这时候采取行动，往往呈现情绪化的表现，而不是理智的决定，所以《孙子兵法》中说"主不可以怒而兴师，将不可以愠而致战"。

> **12**
>
> 虽舜之圣，且畏巧言令色，说之惑人，易入而可惧也如此。
>
> ——《程氏易传·兑传》

【译文】

即使像舜那样圣明的人，尚且害怕谄谀的语言、和悦的容色，可见"喜悦"是多么能迷惑人，多么容易进入人的内心，这也太可怕了！

【赏析】

这一条接着说明"悦"的害处，并且用舜作为例子。舜这样的圣人尚且担心在喜悦的迷惑下做出错误的决定，我们这些普通人更是不能让自己的情绪左右自己的行为。

> **13**
>
> 治水，天下之大任也，非具至公之心，能舍己从人，尽天下之议，则不能成其功，岂方命圮族①者所能乎？鲧虽九年而功弗成，然其所治，固非他人所及也。惟其功有叙②，故其自任③益强，咈戾圮类④益甚，公议⑤隔而人心离矣，是其恶益显，而功卒不可成也。
>
> ——《程氏经说·书解》

【注释】

①方命圮族：不遵守命令、危害同族的人，出自《尚书·尧典》。方，违背；圮，毁坏。②叙：评议等级。③自任：自信，自用。④类：族类。⑤公议：公众共同评论，制订标准。

【译文】

治理洪水是当时天下最大的任务，如果没有一颗大公无私的心，能够抛弃私心听从别人的建议，能够让天下的人都可以发表意见，是不可能成功的，哪里是那些违背法令、戕害同族的人能够做到的？鲧虽然治理了九年仍然没有成功，但是就鲧治水所取得的成绩来说，也不是其他人能够做到的。只是因为他取得了一定的成绩，于是自信心就膨胀了起来，性格变得乖僻了，也开始伤害族人了，而且越来越严重，从此不再听从大家的意见，人心也涣散了，这样他的恶行被大家传得越来越广，最终也没有成就治水之功。

【赏析】

程颐对鲧的评价还是十分中肯的。当初洪水肆虐，在舜问众臣谁能治水的时候，鲧能够被大家推荐，说明这时候的鲧不但有能力，名声也很好。鲧能够坚持治水九年，从本心来说还是愿意治水的，而且必定也取得了一定的成绩，不然舜也不会让他一直待在这个位置上。然而仅仅过了九年，鲧就从一个众人称赞的人变成了"四凶"之一，这又是什么原因呢？应该就是程颐说的这样，鲧骄傲了，不再像以前那样听从大家的建议，而且变得越来越不近人情，于是在离心离德的情况下，治水的工作停顿了，他的一些错误也被放大并流传得越来越远，最终被舜诛杀。从这里我们也可以得到一个教训：取得了成绩不要骄傲自满、固步自封，要比以前更加地谦虚，更加平易近人，更加注意维护与周围人的关系。

14

"君子敬以直内。"微生高①所枉②虽小，害直则大。

——《程氏经说·论语解》

【注释】

①微生高：姓微生，名高，又名尾生高，孔子的学生之一，春秋时鲁国人。据《论语》中记载，有个人向微生高借醋，但是微生高家里正好没有了，他也不好意思直接说没有，于是就向邻居家借了点醋，然后又借给这个人。孔子认为微生高的这种做法是不对的，有就是有，没有就是没有，何必用这样婉转的方式来告诉别人自己没有呢？所以孔子说他不"直"。微生高还是一个十分守信的人，据《庄子》中记载，他和一个女孩约会，地点在一座桥的下面。微生高先去的，但是女孩一直没有去，后来河里涨水，微生高就抱着桥柱一直等在那里，结果被淹死了。这个故事后来演化成了

成语尾生抱柱，用来形容人坚守信约。②枉：不正。

【译文】

"君子要用恭敬使内心正直。"微生高借醋的行为虽然只是稍微偏离了一点正道，这种行为却对正直这一品德损害极大。

【赏析】

《三国志》中说"勿以恶小而为之，勿以善小而不为"，说的就是防微杜渐。做了一件小坏事影响不大，但是如果不在意，就会做得越来越多。而且坏事做得多了，心中便没有畏惧之心，迟早会做出大坏事，最终也会自食其果。

---

⑮

人有欲则无刚，刚则不屈于欲。

——《程氏经说·论语解》

【译文】

人有了私欲就不再刚直，刚直了就不会屈从于私欲。

【赏析】

有了私欲，就会为了实现私欲而采取各种不正当的手段。内心刚直，就不会采取不正当的手段，自然也就没有了私欲的容身之地。

---

⑯

人之过也，各于其类①。君子常失于厚，小人常失于薄；君子过于爱，小人伤于忍②。

——《程氏经说·论语解》

【注释】

①类：种类，引申为习性。②忍：狠心，残酷。

【译文】

人所犯下的错误，都出于自己的习性。品德高尚的人常常因为太宽厚而有了过失，品德低下的人常常因为太刻薄而有了过失；品德高尚的人因为太仁爱而犯下了错误，品德低下的人往往被残忍所害。

【赏析】

宽厚和仁爱是要有限度的，也是要分对象的。就比如一个小孩子犯了错误，如果我们不批评他，这就不是宽厚，而是纵容，不利于他以后的成长；敌人对我们造成了伤害，如果我们还怀着"以德报怨"的态度去应对，这就不是仁爱，而是一种隐患，会造成恶劣的后果。

17

明道先生曰：富贵骄人[①]固不善，学问骄人害亦不细[②]。

——《二程遗书》卷一

【注释】

①骄人：傲视他人。②细：微小。

【译文】

程颢先生说：自己有钱了、升官了，就开始傲视他人当然是不好的，如果因为自己有学问就傲视他人，危害同样不小。

【赏析】

学问增长了是好事，但是觉得自己有学问，就看不起学识不如自己的人，那就不好了。觉得自己高人一等，就会容易看不起人。如果大家都是这样的心思，学问比他高的人会愿意和他交往吗？和他学问相当的人又有几个，其中又有几人愿意和他交往的？这样就是脱离群众，最终的结果就是自己成为一个孤零零的人。

18

人以料事为明，便骎骎[①]入逆诈[②]、亿[③]、不信去也。

——《二程遗书》卷一

【注释】

①骎骎：这里的意思是"很快"。②逆诈：事前就怀疑人家欺骗。逆，

预先猜测。③亿：同"臆"，臆测。

【译文】

如果人把能够预测到将来事物的变化当做智慧的表现时，那么很快就会发展到猜疑别人欺诈、臆测别人、不讲诚信的地步。

【赏析】

预测是以现有的信息为基础，通过分析事物的变化而得到结论，当事物的变化符合自己的分析，预测的结论当然是正确的。如果某个人预测正确的次数多了，这就会使他更加自信，甚至自负。然而事物的变化有着太多的变数，任何一个来自外部或者内部的小因素都会改变走向，从而使预测落空。自负的人认为自己掌握了一切的变化，一厢情愿地认为自己的预测就是事物变化的必然结果，这就会变成臆测，最后伤人伤己。

19

人于外物奉身①者事事要好，只有自家一个身与心，却不要好。苟得外面物好时，却不知道自家身与心却已先不好了也。

——《二程遗书》卷一

【注释】

①奉身：供给自身生活所需。

【译文】

人对于生活所需物资，每一样都要求最好的，却没有要求自己身心要好。如果生活所需的物资都好了的时候，却不知道自己的身心早就已经不好了。

【赏析】

这一条也就是孟子所说的"毋以小害大，以贱害贵"。外物就是物欲，身和心就是德行。为了保证生命的存续，人必须要获得一定的物资供应，这是天理；但是每一样都要求是好的，追求物质享受，这就不是天理了，而是私欲。有了私欲，也就伤害了德行。

> **20**
>
> 人于天理昏者，是只为嗜欲乱著他。庄子言"其嗜欲深者，其天机①浅"，此言却最是。
>
> ——《二程遗书》卷二上

【注释】

①天机：即灵性。

【译文】

人不明白天理，是因为嗜好和欲望在扰乱他的内心。庄子说"嗜好和欲望深重的人灵性浅薄"，这句话说得很对啊。

【赏析】

天理很难研究明白，但是即使是一个普通人，努力探究也一定能够明白。之所以有些人一直不明白天理，就是有了嗜好和欲望，一心追求肉体和感官上的享受，不愿意明白罢了。

> **21**
>
> 伊川先生曰：阅机事①之久，机心②必生。盖方其阅时，心必喜，既喜，则如种下种子。
>
> ——《二程遗书》卷三

【注释】

①机事：机巧的事物。②机心：机巧功利之心。

【译文】

程颐先生说，机巧的事物看得时间长了，必定会生出机巧的心思。当他在看机巧事物的时候，心中必定欢喜；既然喜欢了，就像是在心里种下了一粒机巧的种子。

【赏析】

这一条似乎有些武断，但是其中蕴含的道理是正确的。对某种事物接触得多了，会在不知不觉间受其影响，忽略了这种事物的好坏，会下意识地认为这件事是合理的，也会跟着去做。这也与古人说的"蓬生麻中，不扶而直，白沙在涅，与之俱黑"是一样的道理。

22

疑病①者，未有事至时，先有疑端在心。周罗②事者，先有周事之端在心。皆病也。

——《二程遗书》

【注释】

①疑病：多疑，疑心病。②周罗：包揽。

【译文】

有疑心病的人，事情还没有发生的时候，心里就有了怀疑。爱张罗事的人，心里事先就有了张罗的念头。这都是病啊。

【赏析】

心中有了某种念想，会不自觉地找机会做。现在看来这种观点有失偏颇。二程的意思可能是对事对物不要执迷与偏执。

23

较事①大小，其弊为枉尺直寻②之病。

——《二程遗书》卷三

【注释】

①较事：较量事情，这里指计较利益。②枉尺直寻：自《孟子·滕文公下》，意思是折起来只有一尺，伸直了却有一寻。比喻虽然局部有损失，但是整体上来说是获得了比较大的利益。寻，古代的长度单位，一寻是八尺。

【译文】

计较利益孰多孰少，最大的弊端就是会落下一个"吃小亏占大便宜"的毛病。

【赏析】

程颐也是一个非常风趣的人啊！他用开玩笑的语气告诉我们，不要计较一时的得失和局部的利益，要放眼全局、放眼未来，只要整体利益、长远利益有保证，暂时的一些小的损失是可以接受的。

24

小人、小丈夫①，不合小②了他，本不是恶。

——《二程遗书》卷六

【注释】

①小丈夫：见识短浅、气量狭小之人。②小：看轻，小看。

【译文】

品行低下的人叫"小人"，气量狭小的人叫"小丈夫"，虽然这些称呼里有个"小"字，却不要把他们看小了，这些人毕竟都不是恶人。

【赏析】

品行低下、气量狭小当然不好，有这些毛病的人也不能算作是坏人。但是这些人与坏人还是有着本质区别的，坏人是坏事做得极多、好事做得极少，而小人、小丈夫只是涉及自己的利益时才会显得那么讨厌，但是当不涉及他们利益的时候，他们也不会介意做好人。从这里看来，程颐也是十分重视中间力量的。

25

虽公天下事，若用私意为之，便是私。

【译文】

虽然做的是天下的公事，要是用私心去做的话，那就是私事了。

【赏析】

做事的时候心中有了私心，从存心来说就是为了自己做事，不管公事的结果对多少人有利，其他的人只不过是沾了自己的光，这难道还不是私事吗？某件公事或许自己也是一个受益者，但是办这件事的初衷不是为了自己，而是为了大多数人，这才是公心。

> **㉖**
> 做官夺人志。

【译文】

做官容易让人忘掉原来的理想和志向。

【赏析】

做了官，如果一心为国为民，全部时间都用来处理政务还不够用，哪里有时间去学习圣贤之道？如果只是为了功名利禄，所有的精力都用到官场上还嫌不够，又有什么心情去学习圣贤之道？

> **㉗**
> 骄是气盈，吝①是气歉②。人若吝时，于财上亦不足，于事上亦不足，凡百事皆不足，必有歉歉之色也。
> ——《二程遗书》卷十八

【注释】

①吝：贪心。②歉：不足。后文的"歉歉"是形容不满足的样子。

【译文】

骄傲是心气太高了，贪心是心气太少了。人如果贪心了，就会在财物上不满足，在事情上也不满足，所有的事物都不能得到满足，必定表现出不满足的神色。

【赏析】

贪心的人是无法满足的，这种人希望天下所有的财物都是他的，所有的好事都能让他遇到。显然这是不可能的事，这种人往往会觉得全天下的人都欠他的，看到什么都会不满意、不高兴，自己过得不开心，也会给他人带来困扰。

> # 28
> 未知道者如醉人，方其醉时，无所不至①，及其醒也，莫不愧耻。人之未知学者，自视以为无缺，及既知学，反思前日所为，则骇且惧矣。
>
> ——《二程遗书》卷十八

【注释】

①无所不至：指什么事都能做出来。

【译文】

不明白圣贤之道的人就像喝醉的人一样，人在喝醉的时候，没有什么事是干不出来的，等到酒醒了，想到醉酒时的举动无不羞愧难当。人在学习圣贤之道之前，觉得自己的所作所为完美无缺；等到学习了圣贤之道，再反思一下以前的所作所为，就会又惊又怕。

【赏析】

常言说无知者无畏，不是他不知道害怕，而是他不知道有危险，所以才不害怕。等他知道了有什么危险后，会和别人一样知道害怕。工作和学习也是这样，没有做某件事之前，觉得自己无所不能，等上手之后发现自己是眼高手低；没有学习前，觉得自己无所不知，等深入的学习后才发现自己是坐井观天。

> # 29
> 邢七云："一日三点检①。"明道先生曰："可哀也哉！其馀时理会甚事？盖仿'三省②'之说错了，可见不曾用功，又多逐人面上③说一般④话。"明道责之，邢曰："无可说。"明道曰："无可说，便不得不说。"
>
> ——《二程遗书》卷十二

【注释】

①点检：就是检点，意思是查看自己的行为是否符合圣贤之道。②三省：

出自《论语·学而》："曾子曰：吾日三省吾身。"③逐人面上：跑到人面前。④一般：同样的。

【译文】

邢恕说："一天要三次检点自己的行为是否符合圣贤之道。"程颢先生说："真是太可悲了！那你剩下的时间都用来做什么呢？你的这种说法应该是模仿曾参的'吾日三省吾身'，可是画虎不成反类犬，看来你是没有下功夫学习啊，还多次跑到别人面前说过类似的话。"程颢先生责骂了他，邢恕说："没有其他的话说，所以说了这些。"先生说："既然你没有其他的话说，那我就不能不说了。"

【赏析】

曾参已经有了"三省吾身"的典故，邢恕提出"一日三点检"就是想要跟曾参"蹭热度"，本身是没有新意的，所以程颢批评了他一番，但是没有生气。等到邢恕多次在他人面前说这番话，程颢就生气了，责骂他的时候他还找理由，显然仍然没有意识到自己的错误。

㉚

横渠先生曰：学者舍礼义，则饱食终日，无所猷为①，与下民一致，所事不逾衣食之间、燕游②之乐尔。

——张载《正蒙·中正》

【注释】

①猷为：建功立业。猷，功业，功绩。②燕游：游乐宴饮。

【译文】

张载先生说，做学问的人如果抛弃了礼仪，也就是每天能吃饱饭罢了，是不可能建功立业的，和那些没有见识的人一样，为的就是穿衣吃饭、饮宴游玩这些俗事了。

【赏析】

士人和普通人的区别不是士人有学问，而是士人懂得礼仪，把圣贤之道当成立身的根本。如果士人抛弃了礼仪，也就是不再把圣贤之道当成立身的根本了，这又和普通人有什么区别呢？

> **31**
>
> 郑、卫之音悲哀①，令人意思②留连，又生怠惰之意，从而致骄淫之心，虽珍玩③奇货④，其始惑人也亦不如是切，从而生无限嗜好。故孔子曰必放⑤之，亦是圣人经历过，但圣人能不为物所移耳。
>
> ——张载《礼乐说》

【注释】

①悲哀：悲伤哀怨。②意思：心思，意境。③珍玩：珍贵可赏玩的物品。④奇货：罕见的物品。⑤放：驱逐，放弃。

【译文】

郑国、卫国等地的民乐悲伤哀怨，听得多了会让人心中恋恋不舍，还能让人滋生懒惰懈怠的心思，继而又会产生骄纵放荡的心态，那些珍贵的玩物、罕见的物品，在开始的时候也让人迷惑得深切，让人生出那么多的喜好。所以孔子说一定要抛弃它，圣人也听过这些民乐，不过圣人不会被外物所迷惑罢了。

【赏析】

对于那些对人有极大危害的物品，一定要远离。有人认为自己意志坚定，不会沉迷于里面，其实这种人不知道，太多的人都是抱着"我能够征服它"的心态去试着尝试的，最终沉迷其中，无法自拔。

> **32**
>
> 孟子言"反经"①，特于"乡原"②之后者，以乡原大者不先立，心中初无主，惟是左右看，顺人情，不欲违，一生如此。
>
> ——张载《孟子说》

【注释】

①反经：回归正途。②乡原：外表忠厚老实，但是不辨是非的人。原，同"愿"，谨厚貌。

【译文】

　　孟子讲"回归常道"的时候,专门把它放到"外表忠厚老实,但是不辨是非的人"的后面,因为这种人没有做事的原则,心中没有主见,只是左右摇摆顺着人情做,谁都不想得罪,这样的人一生都是这个样子。

【赏析】

　　孟子说"乡原,德之贼也",把做事摇摆不定当成了影响德行的大问题。做事见风使舵是最要不得的,虽然目的是为了让所有的人都满意,但是最后的结果往往是所有的人都不满意。做事坚持自己的意见,当然不可能让所有的人都认同自己,但是"墙头草"性格的人却是大家最不喜欢的。

卷十三／圣贤气象

> **1**
>
> 明道先生曰：尧与舜更无优劣，及至汤武便别。孟子言"性之①"、"反之②"，自古无人如此说，只孟子分别出来，便知得尧舜是生而知之，汤武是学而能之。文王之德则似尧舜，禹之德则似汤武，要之皆是圣人。
>
> ——《二程遗书》卷二上

【注释】

①性之：出于本性。②反之：回归本性。

【译文】

程颢先生说，儒家谈到尧和舜的时候是没有优劣之分的，但是说到了商汤、周武王，就有了不同。孟子说的"（尧、舜）出于本性"、"（商汤、周武王）回归本性"，自古以来没有人发现其中的问题，只有孟子体会出了这之间的区别，从这里知道尧、舜是生下来就通晓万物，而商汤、周武王是通过学习后才明白的。周文王的德行和尧、舜相似，大禹的德行则和商汤、周武王相似，不过总体上来说都是圣人。

【赏析】

圣人之间也是有区别的。像尧、舜、周文王三人，都是属于生而知之，本身就很完美，而且德行圆满；至于大禹、商汤、周武王，个人的德行就比不上尧、舜、周文王了，但是他们通过不懈地学习，仍然达到了德行圆满的境界，因此仍然可以成为圣人。程颢在这里就是想告诉我们，德行不足也没有什么，只要努力学习圣贤之道，最终还是可以成为圣贤的。

> **2**
>
> 仲尼，元气①也；颜子，春生②也；孟子，并秋杀③尽见。仲尼无所不包；颜子示"不违如愚④"之学于后世，有自然之和气，不言而化者也。孟子则露其才，盖亦时焉而已。仲尼，天地也；颜子，和风庆云⑤也；孟子，泰山岩岩⑥之气象也。观其言，皆可见之矣。仲尼无迹，颜子微有迹，孟子其迹著。孔子尽是明快人，颜子尽岂弟⑦，孟子尽雄辩。
>
> ——《二程遗书》卷五

【注释】

①元气：指天地化生万物的自然之气。②春生：春天的生发之气。③秋杀：秋天的肃杀之气。④不违如愚：像傻子一样言听计从，语出《论语·为政》，指颜回从不违背孔子的教言，如同愚钝之人一样。⑤庆云：就是五色云，古人认为这种云彩代表着喜庆、吉祥。⑥岩岩：高大、高耸的样子。⑦岂弟：和乐平易。

【译文】

孔子就像是天地化生万物的自然之气，颜回就像是春天里万物生发的生气，孟子就像是秋天的肃杀之气。孔子的学识渊博，没有什么是他不知道的；颜回给后世留下的印象就是"听老师的话，大智若愚"，有着自然的温和气息，不用说话就让人感化了。孟子则不时就会露出锋芒，不过也都是时势的需要罢了。孔子的气度如同天地一样广阔，颜回的气度就如同一团五彩祥云，孟子的气度就像是一座高山巍然耸立。仔细体会他们留下的言论，就可以明白这些了。孔子的道与天地一体，完全没有一点痕迹，颜回则稍微能够让我们抓住一些迹象，孟子就不能说是迹象了，完全就是明明白白地摆在了大家面前。孔子完全是个爽快人，颜回完全是个平易近人的人，孟子完全是个雄辩无双的辩论家。

【赏析】

程颢从德行、才能、气度、行事、性情这五个方面总结了孔子、颜回、孟子的不同，不但让三个人高下立判，其生动形象也跃然纸上。

3

曾子传圣人学，其德后来不可测，安知其不至圣人？如言"吾得正而毙①"，且休理会文字，只看他气象极好，被他所见处大。后人虽有好言语，只被气象卑，终不类道。

——《二程遗书》卷十五

【注释】

①正而毙：合乎礼法正道而死。指的是曾参临死的时候要求换席子的事。

【译文】

曾参继承了圣人的学说，他的德行后来达到了什么样的境界我们是不知道的，怎么能够知道他没有达到圣人的境界？就像他说的"我要死得合乎礼法正道"，不要看字面上的意思，只是看他的气度就很好，说明他领悟到了圣贤之道的伟大之处。后世的人虽然说的话很漂亮，只不过气度卑微，终究不像通晓大道的人。

【赏析】

曾参上承孔子之道，下启思孟学派，对孔子的儒学学派思想既有继承，又有发展和建树，在儒家文化中具有承上启下的重要地位。虽然曾参的作品流传下来的不多，但是就从《曾子烹猪》《曾子避席》《不受君邑》这几个典故上，就可以知道曾参有着极高的修养和气度，不是只会说漂亮话的人。

4

传经为难。如圣人之后才百年，传之已差。圣人之学，若非子思、孟子，则几乎息矣。道何尝息，只是人不由经①之，"道非亡也，幽厉②不由也。"

——《二程遗书》卷十七

【注释】

①经：实践。②幽、厉：指周幽王、周厉王，这两个人都是周代有名

的昏君。

【译文】

经学的传授是一件非常困难的事。孔子刚去世不过百十年的时间,他的学说在传授上就有了偏差,如果不是孔伋、孟子,几乎就已经失传了。其实圣人之道哪里是失传了,只是当时的人不按照圣人之道的教导去做罢了,就像董仲舒说的:"周文王、周武王的圣道没有丢失,只不过周幽王、周厉王没有按照祖宗留下的圣道去做罢了。"

【赏析】

这一条讲的是经和道的关系。经的传授困难,主要是因为经中讲述的道很少有人愿意去做,很少有人真正地坚持下去。

5

荀子①才高,其过多;扬雄才短,其过少。

——《二程遗书》卷十八

【注释】

①荀子:儒家代表人物,名况,字卿,战国末期赵国人,著名思想家、文学家、政治家。

【译文】

荀子才识过人,所以他犯的错误多;扬雄才识不足,所以他犯的错误少。

【赏析】

荀子也是儒家一个不世出的天才,而且敢于公然宣扬自己的看法,认为人性本恶,反对思孟学派,所以后世对他褒贬不一。和荀子比起来,扬雄就明显逊色多了,只是模仿圣人言论发表了一些作品,所以错误要更少一些。

6

> 荀子极偏驳①，只一句"性恶"，大本已失。扬子虽少过，然己自不识性，更说甚道。
>
> ——《二程遗书》卷十九

【注释】

①偏驳：偏颇，不纯正。

【译文】

荀子的学说太过驳杂，只是一句"人性本恶"，从根本上来说就已经错了。扬雄虽然错误少一些，然而他自己都没有研究明白本性是什么，还有什么资格来谈论大道。

【赏析】

荀子认为人性本恶，这就从根本上推翻了儒家公认的"人性本善"的观点，也无怪乎后世有人认为荀子是儒家的"叛徒"；扬雄认为人性有善有恶，这也是违背人性本善观点的，再加上他建树不多，程颢已经不屑于驳斥他了。

7

> 董仲舒曰："正其义，不谋其利；明其道，不计其功。"此董子所以度越①诸子。
>
> ——《二程遗书》卷二十五

【注释】

①度越：超越。

【译文】

董仲舒说："为人处世以义为先，不能谋取私利；做事的目的是为了彰显大道，不是为了成效。"这就是董仲舒在儒家的地位超过其他诸子的原因。

【赏析】

不管董仲舒在儒家的地位如何，就从他能说出这样的话来看，就可以证明他是一个心胸广阔的人。做事考虑的是道义，而不是利益，这已经有了圣贤的气象了。

8

汉儒如毛苌①、董仲舒，最得圣贤之意，然见道不甚分明。下此即至扬雄，规模②又窄狭矣。

——《二程遗书》卷一

【注释】

①毛苌：西汉赵(今河北省邯郸市鸡泽县)人，和他的叔叔毛亨(世称"大毛公")一起整理注释了《诗经》，也就是我们现在看到的版本，俗称毛诗。②规模：指人的才情气概。

【译文】

汉朝的儒者中最优秀的是毛苌、董仲舒，这两个人对圣贤的用意理会得最深；再往下数就是扬雄了，他的才情气概就有些窄小狭隘了。

【赏析】

这是程颢对汉朝儒者的评价。程颐认为毛苌、董仲舒最优秀，应该列在第一等，而扬雄气量狭小，应该算在第二等，至于其他的人都不足为道了。

9

林希①谓扬雄为禄隐②。扬雄，后人只为见他著书，便须要做他是③。怎生做得是？

——《二程遗书》卷十八

【注释】

①林希：字子中，福建长乐人，曾任过资政殿学士、同知枢密院事等职。②禄隐：意思是虽然当官，但是只拿俸禄不做政事。③做他是：肯定他。

【译文】

林希说，扬雄虽然是朝廷的官员，但是只拿俸禄不干事。扬雄这个人呀，后世的人看到他写了几本书就肯定他。怎么可以肯定他呢？

【赏析】

从前面几条我们可以看出，程颢对扬雄的印象并不好，诸如"才短""不识性""规模窄狭"等，这里更是直接否定对扬雄的正面评价。

10

孔明有王佐①之心，道则未尽。王者如天地之无私心焉，行一不义而得天下不为。孔明必求有成而取刘璋，圣人宁无成耳，此不可为也。若刘表子琮将为曹公所并，取而兴刘氏可也。

——《二程遗书》卷二十四

【注释】

①王佐：君王的助手，这里指帮助君王成就功业。

【译文】

诸葛亮有帮助君王成就功业的心，但是他的行为并不完全符合圣人之道。君王就应该像是天地没有私心那样，任何不符合道义的事也不会去做。诸葛亮为了保证成功就去抢刘璋的地盘，圣人宁愿不成功，也不会去做这样的事。如果是在曹操即将吞并荆州的时候，抢刘表的儿子刘琮的地盘，是可以把荆州抢过来作为刘备复兴汉室的根据地的。

【赏析】

诸葛亮帮助刘备取得一席立身之地是应该的，但是抢刘璋的地盘就不对了，因为刘璋在四川并没有恶行，抢他的地盘不符合道义；至于刘琮，本身就是一个纨绔子弟，接掌荆州后又不善于治理，属地的百姓民不聊生，抢了他的地盘可以说是为民请命，而且即使诸葛亮不抢，也会落到曹操的手里。

> **11**
> 诸葛武侯①有儒者气象。
> ——《二程遗书》卷十八

【注释】

①诸葛武侯：诸葛亮在世时被封为武乡侯，死后追谥忠武侯，所以后世多称他为武侯。

【译文】

诸葛亮有儒者的气度。

【赏析】

这一条要和上一条结合着看。程颢说诸葛亮有儒者的气象是话中有话，深层的含义就是还不是儒者，原因就是上一条说的诸葛亮也做过不光彩的事，小节上有一点瑕疵，但是他的用心是好的，目的是为了"兴复汉室"，大节上是不亏的，仍然不失儒者宏大的气度。

> **12**
> 孔明庶几礼乐。
> ——《二程遗书》卷二十四

【译文】

诸葛亮或许可以把礼乐重新建立起来。

【赏析】

诸葛亮的长处在于治理内政，可惜蜀国的实力太弱，人才也少，诸葛亮的精力被消耗在了繁琐的政务里，不然诸葛亮也许真的可以治理出一个太平盛世。

> **13**
>
> 文中子①本是一隐君子，世人往往得其议论，附会成书，其间极有格言②，荀、扬道不到处。
>
> ——《二程遗书》卷十九

【注释】

①文中子：即王通，隋代哲学家，隐居不出仕。②格言：可作为准则的话。

【译文】

王通原本是一个隐居的君子，当时的人经常会得到一些他的言论，于是收集整理成了一本书，里面有许多有道理的话，都是荀子、扬雄所无法达到的高度。

【赏析】

王通是隋朝著名的儒家、教育家、思想家，在哲学、文学上都有一定的建树。可惜当时没有受到重用，《隋书》也没有他的记载，所以程颢说他是一个隐居的君子。王通的孙子就是唐初四杰的王勃。

> **14**
>
> 韩愈亦近世豪杰之士，如原道中言语虽有病，然自孟子而后，能将许大①见识寻求者，才见此人。至如断②曰："孟子醇乎醇③。"又曰："荀与扬择焉而不精，语焉而不详。"若不是他见得，岂千余年后便能断得如此分明？
>
> ——《二程遗书》卷一

【注释】

①许大：这般大。②断：决断。③醇乎醇：纯正不驳杂。

【译文】

韩愈也是唐代的一位杰出的人物。就像他写的《原道》这篇文章，虽然里面有些话说的不是那么妥帖，然而从孟子之后，对"道"的认识能够达到如此高度的，也就只有他一个人了。至于他断定"孟子的学问非常纯正，没有一点驳杂在内"。又说："荀子和扬雄的学说，选材不够精炼，论述也不详尽"。如果不是他有真知灼见，哪里能够在一千多年后还能分辨得如此清楚？

【赏析】

现代的人都知道韩愈是唐宋八大家之一，在文学史上占有重要的地位，其实韩愈还是一位大儒。中唐的时候佛教大兴儒学式微，韩愈极力反对佛教，为复兴儒学付出了极大的代价，也取得了不小的成就。就像我们大家都熟悉韩愈倡导的古文运动，其实就是他复兴儒学的重要手段。也正是这个原因，在宋儒的眼里，除了孔子、孟子之后，有成就的就是韩愈了。

15

学本是修德，有德然后有言。退之却倒学了，因学文日求所未至，遂有所得。如曰："轲①之死，不得其传。"似此言语，非是蹈袭②前人，又非凿空撰得出，必有所见。若无所见，不知言所传者何事。

——《二程遗书》卷十八

【注释】

①轲：孟子，名轲。②蹈袭：因循。

【译文】

学习圣贤之道，本来应该先修养德行，有了德行才能写出精辟的文章。可是韩愈却反过来了，为了写出好文章他每天都努力学习自己不知道的学问，于是在圣贤之道上有了收获。像他说的"孟子死后，再也没有圣人的传承了"。像这样的话，既不是抄袭前人的，也不是凭空杜撰的，必定是他自己的感悟。如果不是他自己的感悟，根本就不知道需要传承的是什么。

【赏析】

韩愈三岁丧父，由哥哥韩会抚养长大，到了十一岁时，韩会也去世了，他跟随寡嫂郑氏避居江南宣州，韩愈的童年和少年时期是在困苦与颠沛中度过的。因为家境坎坷，韩愈从小读书就非常刻苦，无须别人督促勉励。韩愈科举考试曾连续失利，这就让他更加发愤读书，最终成为一代大儒。由于韩愈充分了解民间的疾苦，这就让他对圣贤之道理解得更加深刻，也有了自己的感悟。

16

周茂叔胸中洒落，如光风霁月①。其为政精密严恕②，务尽道理。

——《宋史·周敦颐传》、潘兴嗣《濂溪先生墓志铭》

【注释】

①光风霁月：雨过天晴时的温风，雨雪消散后的明月。霁，雨过天晴。②严恕：严肃又宽容。

【译文】

周敦颐胸怀磊落，为人如同雨后和风、雪后明月般和煦纯真。他处理政务精细周密，行事严谨却又待人宽和，务求全力按照圣贤之道去做。

【赏析】

这一条从为人、处世两个方面赞扬了周敦颐。他为人胸怀磊落，待人真诚；处世严谨，有容人之量，是我们学习的楷模。

17

伊川先生撰明道先生行状曰：先生资禀既异①，而充养②有道。纯粹如精金，温润如良玉。宽而有制③，和而不流，忠诚贯于金石，孝悌通于神明。视其色，其接物也，如春阳之温；听其言，其入人也，如时雨之润。胸怀洞然，彻视无间。测其蕴，则浩乎若沧溟④之无际；极其德，美言盖不足以形容。先生行己，内主于敬，而行之以恕，见善若出诸己，不欲弗施于人。居广居而行大道⑤，言有物而行有常。先生为学，自十五六时，闻汝南周茂叔论道，遂厌科举之业，慨然有求道之志。未知其要，泛滥于诸家、出入于老、释亦几十年，返求诸六经而后得之。明于庶物，察于人伦。知尽性至命，必本于孝悌；

穷神知化，由通于礼乐。辨异端似是之非，开百代未明之惑。秦汉而下，未有臻斯理也。谓孟子没而圣学不传，以兴起斯文⑥为己任。其言曰："道之不明，异端害之也。昔之害近而易知，今之害深而难辨；昔之惑人也乘其迷暗；今之入人也因其高明。自谓之穷神知化，而不足以开物成务⑦；言为无不周遍，实则外于伦理；穷深极微，而不可以入尧舜之道。天下之学，非浅陋固滞，则必入于此。自道之不明也，邪诞妖异之说竟起，涂生民之耳目，溺天下于污浊。虽高才明智，胶⑧于见闻，醉生梦死，不自觉也。是皆正路之蓁芜⑨、圣门之蔽塞，辟之而后可以入道。"先生进将觉斯人，退将明之书。不幸早世⑩，皆未及也。其辨析精微，稍见于世者，学者之所传耳。先生之门，学者多矣。先生之言，平易易知，贤愚皆获其益，如群饮于河，各充其量。先生教人，自致知至于知止，诚意至于平天下，洒扫应对至于穷理尽性，循循有序。病世之学者，舍近而趋远，处下而窥高，所以轻自大而卒无得也。先生接物，辨而不间，感而能通。教人而人易从，怒人而人不怨，贤愚善恶，咸得其心。狡伪⑪者献其诚，暴慢⑫者致其恭，闻风⑬者诚服，觌德⑭者心醉。虽小人以趋向之异，顾于利害，时见排斥，退而省其私，未有不以先生为君子也。先生为政，治恶以宽，处烦而裕。当法令繁密之际，未尝从众为应文逃责之事。人皆病于拘碍，而先生处之绰然；众忧以为甚难，而先生为之沛然。虽当仓卒，不动声色。方监司竞为严急之时，其待先生率皆宽厚，设施⑮之际，有所赖焉。先生所为纲条法度，人可效而为也；至其道之而从，动之而和，不求物而物应，未施信而民信，则人不可及也。

——《二程文集》卷十一《明道先生行状》

【注释】

①异：优异，比其他人都要好。②充养：涵养德行。③制：限定、管束，引申为有原则。④沧溟：海水弥漫的样子。常用来指苍天、大海。⑤居广居而行大道：语出《孟子》："居天下之广居，立天下之正位，行天下之大

道。"广居指的是仁,正位指的是礼,大道指的是义。⑥斯文:指礼乐教化、典章制度。⑦开物成务:通晓万物的道理,并按照这个道理行事而得到成功。⑧胶:黏胶,引申为被粘住了。⑨蓁芜:杂草丛生,引申为杂乱、纷乱。蓁,草木茂盛、荆棘丛生的样子。芜,杂乱的荒草。⑩早世:过早地死去。⑪狡伪:狡诈虚伪。⑫暴慢:凶暴傲慢。⑬闻风:指听到消息或事迹。⑭觏德:看见其德行。⑮设施:安排、布置。

【译文】

程颐先生在《明道先生行状》中写道:程颢先生的资质本来就优于常人,而且对扩充善性、涵养德行也很有办法。他的品性既像纯金一样纯粹,又像美玉一样温润;他为人宽厚又不失原则,随和又不媚俗;他对国家的忠诚可以贯穿金石,他对父兄的孝悌可以上达神明。看他的容颜,待人接物就像春天的太阳一样温暖;听他的话语,深入人心就像应时之雨泽润了人们的心田。他的胸怀光明磊落,里里外外没有一点遮蔽。想要估测他的学识有多深,却发现就像蓝天大海一样无边无际;想要穷极他的德行有多高,却发现所有赞美的语言都不足以去形容。先生立身处世,内心以诚敬为主导,行为用宽恕为原则,看到别人有了好的行为,就希望自己也能做到;自己不愿意接受的,决不会施加给别人。心胸之宽就如住在广大的居室中,行为端庄大方就如走在平坦的大路上,说话必定切实不作空言,行动必有常规而不放纵。用仁来提高自己的修养,用义来规范自己的行动;说出的话必定有切实内容,做出的事必然都符合纲常。先生开始学业后,在十五六岁的时候听到汝南周敦颐先生的讲学,从此无心于科举考试,慨然有了探求大道的志向。最初的时候先生还没有掌握大道要领,在诸子百家、佛教、道教间也泛泛地学习了几十年,然而终究还是一无所得,然后又重新回来研读儒家的六经,终于领悟了大道。他明达事物之理,精察人伦之序;知道想要周尽本性上达天命,必须从孝悌开始;明白想要穷极神妙知晓变化,一定要通晓礼乐;他辨明了异端的那些似是而非的错误,阐明了百代人都无法解释的迷惑。从秦汉之后,从来没有人能够真正明白这些道理。他说,孟子去世后,圣贤的学问就失去了传承,要把重兴儒学的大任挑在肩头。他曾经说过:"圣贤之道之所以不能昌盛,就是因为异端邪说的危害造成的。以前,这些危害不大,容易让人发觉;现在,危害已经变大并不易察觉；以前，异端邪说迷惑人是利用人的昏聩；现在，它们深入人心是利用人的高明。它们自称穷极神妙知晓变化，却不足以通晓万物的道理，并按照这道理行事而得到成功；它们说自己的理论囊括了世间的一切，实际上已经背离了人伦的常理；虽然异端邪说也穷研深奥的道理、深究精微的事物，然而始终无法进入尧舜之道。天下的学说，如果不是浅显鄙陋固执拘泥的，就必然属于异端邪说的范围。自从圣贤之道由兴盛渐渐衰落，这些邪诞妖异的学说竞相出现，蒙蔽了人们的眼睛和耳朵，让天下的人处于污泥浊水之中。即使是才智高绝、智慧超群的人，因为迷恋看到的、听到的一切，于是生如沉醉，死如梦寐，无法自己醒过来。这都是正道上的荒草、圣门前的杂物，必须要清理掉才能让人重新回到正确的道路上来。先生的出仕，是要唤醒今世的人民；先生的退隐，是要著书明理警醒后世。先生去世得太早了，这一切都还没有完成。他的辩论分析精妙细微，世人所见到的那些，都是由他的学生传出去的。先生门下的学生很多，他说话浅显易懂，不管是聪明的还是愚笨的都会有所收获，就像一群人在河边喝水一样，虽然各种需求有多又少，但是都能得到满足。先生教育学生的时候，从格物致知到止于至善、从内圣的诚意到外王的平天下、从日用的洒扫进退到穷究天道性命的道理，都是一步步地循序渐进。他担心世间做学问的人，舍弃浅近而追求高远，身处低下而窥视高处，这样做会让他们轻浮自大，最后一无所得。先生待人接物的时候，虽然清楚地知道某个人的善恶贤愚，也不会排斥他，还会努力地感化他，让他通达圣贤的学说。他教导人的时候，人们很容易就会听从他；他责骂人的时候，人们也不会怨恨他，不管是贤者愚夫、善人恶人，都能得到他们的真心敬佩。对于先生，狡诈虚伪的人也会献上他们的真诚，暴躁傲慢的人也会表达他们的恭敬，听说过他风范的人会心悦诚服，看见过他德行的人会为之倾倒。即使是和他的追求不同的小人，虽然因为利害关系不时地排斥他，但是等到没有人时，自己反思的时候，没有不说先生是君子的。先生在处理政务的时候，即使是对待罪恶也有一颗宽容的心，哪怕是繁杂琐事也优裕从容。在朝廷的法令繁密严苛的时候，他从来不会像大多数人那样虚应故事逃避责任，别人都觉得朝廷的法度是一种拘束障碍，先生在同样束缚下却觉得游刃有余；别人都担心事情太难无法做到，先生却做得兴致勃勃。即使是事发突然，先生也安之若素。在负责监察的官员纷纷严密紧急地督查地方主官的时候，对同样做主官的先生却都很宽厚，因为在安排工作的时候还要依赖他的谋划。先生所制定的纲纪条文法令制度，人们可以效仿着去做；至于他教导百姓，百姓就愿意遵从；推动政策，百姓都愿意执行；不勉强行事，事情的发展就能演化成自己希望的样子；不用自己展示信用，百姓已经愿意相信他……这些都是别人无法企及的啊！

【赏析】

这是程颐在哥哥程颢去世后写的行状，相当于现代的悼念文章。文章记述了程颢的为学、修养、功绩、政事等多方面的内容，详实而不繁杂，又不失高度。

18

明道先生曰：周茂叔窗前草不除去，问之，云："与自家意思一般"。

——《二程遗书》卷三

【译文】

程颢先生说：周敦颐的窗户前面有一片杂草，一直都不让人除掉。问他为什么，他说："和我心中的意思一样。"

【赏析】

窗外的杂草欣欣向荣，心中的生机生生不息。周敦颐这是用窗外的杂草来提醒自己时刻记住大道的生生不息。

19

张子厚闻皇子生，喜甚；见饿莩①者，食便不美。

——《二程遗书》卷三

【注释】

①饿莩：饿死的人。莩（piǎo）有时也写作"殍（piǎo）"。

【译文】

张载听说皇子出生了,喜不自胜;在外面看到了饿死的人,吃饭都不知道是什么滋味。

【赏析】

仁者以天地之心为心,天地万物都是和自己休戚相关的,人喜我也喜,人忧我也忧,不会因为皇权而尊贵,也不会因为贫民而鄙薄。

20

伯淳尝与子厚在兴国寺①讲论终日,而曰:不知旧日曾有甚人于此处讲此事?

——《二程遗书》卷一

【注释】

①兴国寺:开封的大相国寺。

【译文】

程颢曾经和张载一起在大相国寺讲学论道了整整一天,他说:"不知道以前是不是曾经有人和我们一样在这里讲论这样的事?"

【赏析】

程颢和张载在一起谈论的必定是儒学,可惜谈论的地点却是佛寺,不知道在佛寺建成之前,是不是也有人在这里谈论过儒学呢?这一条也是在隐晦地感叹儒学的没落和佛教的兴起。

21

谢显道云:明道先生坐如泥塑人,接人则浑①是一团和气。

——《二程外书》卷十二

【注释】

①浑:全然。

【译文】

谢良佐说:"程颢先生坐在那里的时候,就像是一个泥塑的人一样,可是看他待人接物,又全然是一团和气。"

【赏析】

坐在那里一动不动,是在涵养胸中的浩然正气;待人接物一团和气,是通晓了"亲亲""幼幼"的仁德大道。

22

侯师圣①云:朱公掞②见明道于汝③,归谓人曰:"光庭在春风中坐了一个月。"游、杨初见伊川,伊川瞑目而坐,二子侍立。既觉,顾谓曰:"贤辈尚在此乎?日既晚,且休矣。"及出门,门外之雪深一尺。

——《二程外书》卷十二

【注释】

①侯师圣:指侯仲良,侯仲良字师圣,凤翔华阴人,二程的表弟,曾跟随二程学习。②朱公掞:指朱光庭。朱光庭字公掞,河南偃师人,朱景的儿子,程颢的弟子。③汝:汝州。

【译文】

侯仲良说,朱光庭去汝州跟随程颢学习,回来后告诉别人:"我在令人沉醉的春风中坐了一个月。"游酢、杨时第一次拜见程颐先生的时候,先生正在闭目端坐,于是两个人就站在一旁恭敬地等候先生醒来。等程颐先生醒来的时候,发现他们还在旁边站着,就回过头来告诉他们:"你们两个怎么还站在这里呀?天已经不早了,赶快回去吧!"等到先生出门的时候,才发现外面的雪已经下了有一尺深了。

【赏析】

这一条讲的是程颢、程颐两位先生不同的教师风范。程颢先生让人如沐春风,程颐先生则是威严有加。即使是睡着了,弟子们也不敢稍有懈怠。这一条的后半部分后来演化出了一个著名的成语"程门立雪",用来比喻求学心切和对老师的尊敬。

436 近思录

> **23**
> 刘安礼云：明道先生德性充完，粹和①之气，盎于面背②，乐易③多恕，终日怡悦，立之从先生三十年，未尝见其忿厉之容。
> ——《二程遗书》附录《门人朋友叙述》

【注释】

①粹和：精纯和美。②面背：脸上和背部，代指全身。③乐易：平易喜乐。

【译文】

刘立之说："程颢先生德性充沛学养完备，周身洋溢着精纯和美的气息，他和乐平易宽以待人，每天都是乐呵呵的，我曾经跟随先生学习了三十年之久，从来没有见到过先生有严词厉色的时候。"

【赏析】

学养完备虽然不容易，也不是无法做到，历史上学问渊博的学者可谓车载斗量，但是德性充沛就很难了，有才无德的人也比比皆是；至于像程颢先生这样能够三十年都未曾发怒过的人，实属难得。

> **24**
> 吕与叔撰明道先生哀词云：先生负特立①之才，知大学之要。博文强识②，躬行力究，察伦明物，极其所止，涣然心释，洞见道体。其造于约③也，虽事变之感不一，知应以是心而不穷；虽天下之理至众，知反之吾身而自足。其致于一也，异端并立而不能移，圣人复起而不与易。其养之成也，和气充浃④，见于声容，然望之崇深，不可慢也；遇事优为⑤，从容不迫，然诚心恳恻⑥，弗之措⑦也。其自任之重也，宁学圣人而未至，不欲以一善成名；宁以一物不被泽为己病，不欲以一时之利为己功。其自信之笃也，吾志可行，不苟洁其去就⑧；吾义所安，虽小官有所不屑。
> ——《二程遗书》附录

【注释】

①特立：指超出常人。②博文强识：形容知识丰富，记忆力强。③约：简约，要领。④充浃：充盈通浃。⑤优为：做事绰有余力。⑥恳恻：诚恳痛切。⑦措：搁置。⑧去就：离去或接近，代指归隐、出仕。

【译文】

吕大临在《明道先生哀词》中写道，先生才华卓绝超越常人，知道穷理尽性的要领。他学问渊博强于记忆，亲身实践努力探求；明察人伦洞晓事理，完全掌握了万事万物各自的安止之处；他心中的疑惑涣然消失，清楚地了解大道的本体。他在儒学上的造诣很高，已经达到了化繁为简的境界：虽然事物变化多端，他知道以自己的本心就可以应付无穷的变化；虽然天下的事理无穷无尽，他明白反求于自身就可以百理俱足。他的修养已经到了至诚的境界，异端邪说一齐兴起也无法改变他的志向，圣人复生也无法指出他的错误。他的修养已经到了大成的境界：音容笑貌充满了太和之气，让人一眼看上去就满怀敬重而不敢怠慢；他做事举重若轻从容不迫，发自内心地要去做好，绝不半途而废。他给自己制订的目标很高，宁愿像圣人那样无法完成，也不肯凭一件善行让自己声名鹊起；宁愿把所办的事没有受到褒奖当成自己的过失，也不肯把获得一时的利益当成自己的功绩。他非常自信，如果自己的抱负可以得到施展，就不会故作高洁地拒绝出仕；如果能安于自己坚持的大义，即便是小官也不屑于做。

【赏析】

这一条也是程颢先生的学生对他的评价。综合以上三篇对程颢先生的纪念文章，我们可以看到程颢为儒学奉献了一生的精力，应该被后人缅怀和纪念。

25

吕与叔撰《横渠先生行状》云：康定用兵①时，先生年十八，慨然以功名自许，上书谒范文正公②。公知其远器③，欲成就之，乃责之曰："儒者自有名教④，何事于兵？"因劝读中庸。先生读其书，虽爱之，犹以为未足，于是又访诸释，老之书，累年尽究其说，知无所得，反而求之六经。嘉祐⑤初，见程伯淳、正叔于京师，共语道学之要。先生涣然自信，曰："吾道自足，何事旁求！"于是尽弃异学，淳如也。晚自崇文⑥移疾，西归横渠，终日危坐一室，左右简编，俯而读，仰而思，有得则识之，或中夜起坐，取烛以书。其志道精思，未始须臾息，亦未尝须臾忘也。学者有问，多告以知礼成性、变化气质之道，学必如圣人而后已，闻者莫不动心有进。尝谓门人曰："吾学既得于心，则修其辞；命辞无差，然后断事；断事无失，吾乃沛然。'精义入神⑦'者，豫而已矣。"先生气质刚毅，德盛貌严，然与人居，久而日亲。其治家接物，大要正己以感人，人未之信，反躬自治，不以语人，虽有未谕⑧，安行而无悔。故识与不识，闻风而畏，非其义也，不敢以一毫及之。

——《张子全书》卷十五

【注释】

①康定用兵：北宋康定元年（1040年），西夏李元昊入侵西北要地延州，北宋为了抵抗侵略而进行的战争。康定是宋仁宗时的一个年号，只用了两年。②范文正公：范仲淹的谥号文正，所以后世多称他为范文正公。康定元年的时候范仲淹任陕西经略安抚副使，兼知延州。③远器：气度远大，才能非凡，能担当大事。④名教：儒家的自称。名是名分，教是教化。⑤嘉祐：宋仁宗的第九个、也是最后一个年号，总共使用了八年。⑥崇文：宋神宗熙宁二年，张载任崇文院校书。⑦精义入神：对事物的精义研究透彻，达到神妙的地步。⑧谕：同"喻"，明白。

【译文】

吕大临撰写的《横渠先生行状》中说：康定元年的时候，西北大举用兵，当时张载先生才十八岁，慷慨激昂地想要在军事上获得建树，于是上书给当时的延州知州范仲淹。范仲淹知道张载气度非凡，想要让他有更大的成就，就劝诫他说："我们儒家有自己的礼教，为什么要去从军呢？"劝他研读《中庸》。先生读过这本书后，虽然也很喜欢，但是总觉得不满足，于是又去访求佛教、道教的典籍研读，花费了数年的时间对他们的理论尽心研究，先生知道不会在这些方面有收获，就又重新回来从儒家的六经上寻求大道。嘉祐初年，张载先生在京师开封遇到了程颢、程颐兄弟，和他们一起讨论了理学的精要之处。这次谈话给了先生许多启发，让他心中的疑问涣然冰释，自信地说："我们圣贤之道的理论已经很完善了，哪里还需要从其他的学说中需求呢！"从此完全抛弃了异端邪说，开始全身心地研究儒学。张载先生晚年的时候，因为有病辞去了崇文院校书的职务，西归到横渠镇，端坐在房间里，左右摆的都是书籍，低下头就是读书，仰起头就是思索，有了感悟就会记下来，有时候半夜了还会起床，点燃蜡烛坐在那里书写自己的体会。他有志于圣贤之道并精研细思，从未有一刻停止，也从未有一刻忘记。有学生来请教，他大多都是告诉他们要遵守礼仪成就德性、改变自己气质的方法，修学一定要达到圣人的境界才能够停下来，听到他这些话的人没有一个不动心并有进步的。他曾经告诉弟子说："我治学的时候，如果心中有了感悟，就斟酌用词把感悟表达出来；能够准确、恰当地表达出来，就按照这个感悟去判断事情；如果对事情的判断没有错误，就说明我的感悟是正确的，心中就高兴不已。'精研事物的微义达到神妙的境地'，就算事情还没有发生就已经了然于胸了。"先生气质刚毅，看上去德高望重相貌威严，可是相处的时间长了会觉得他和蔼可亲。他不管是管理家庭还是待人接物，宗旨就是先端正自己，然后再感化别人。如果别人不相信自己，就回来反思自己的行为并修养自身，也不会和别人争辩什么，虽然也有人不理解他，但是先生仍旧安心地做下去，一点儿也不后悔。所以不管是认识他的人也好，还是不认识他的人也好，听到他的名字都肃然起敬，那些不符合道义的事情一点儿也不敢加到他的身上。

【赏析】

从吕大临写的这篇文章我们可以看出，张载先生不是一个两耳不闻窗外事的读书人，他更有一颗为国为民的心。当时北宋的风气是读书人的地位高，而军人的地位极低。年轻的张载愿意投笔从戎，不管最后的结果如何，都需要有莫大的勇气不可。他还非常谦虚，当看到二程兄弟在《易经》上的造诣比自己高时，忘记自己是前辈的身份，公开宣扬二程的造诣，并戏谑自己是胡说八道，可见其胸怀宽广。

> **26**
>
> 横渠先生曰：二程从十四五时，便锐然①欲学圣人。
>
> ——张载《横渠语录》

【注释】

①锐然：坚定勇毅的样子。

【译文】

张载先生说：程颢、程颐二人，在十四五岁的时候就坚定地要学做圣人。

【赏析】

程颢、程颐兄弟在少年时期都已经表现出了不同于普通人的志向，日后也都成为了一代大儒。